普通高等教育"十三五"规划教材

创业基础

CHUANGYE JICHU

主　编　刘志超

副主编　沈敏芳　雷　雪

·广州·

内容简介

本书内容包括创新创业与创业教育、创新思维训练、创业者与创业团队、创业机会、创业资源、商业模式、创业计划、创业融资、新创企业、典型创业形式，共10章，阐述了创新、创业和创业教育的意义及含义，介绍了创新和创新思维及创业团队的构建和管理，区分了商业机会、创意和创业机会，强调了商业模式的重要性和组成结构，提出了创业计划、创业融资、新创企业。本书可以作为大学生创新创业教育的本科教材以及高等院校创业教育的基础教材。

图书在版编目（CIP）数据

创业基础/刘志超主编. —广州：华南理工大学出版社，2016.12（2019.7重印）
普通高等教育"十三五"规划教材
ISBN 978 - 7 - 5623 - 5106 - 1

Ⅰ. ①创… Ⅱ. ①刘… Ⅲ. ①创业 - 高等学校 - 教材 Ⅳ. ①F241.4

中国版本图书馆 CIP 数据核字（2016）第 248714 号

创业基础

刘志超　主编

出 版 人：	卢家明
出版发行：	华南理工大学出版社
	（广州五山华南理工大学17号楼，邮编510640）
	http://www.scutpress.com.cn　E-mail：scutc13@scut.edu.cn
	营销部电话：020 - 87113487　87111048（传真）
策划编辑：	潘宜玲
责任编辑：	朱彩翩
印 刷 者：	佛山市浩文彩色印刷有限公司
开　　本：	787mm×1092mm　1/16　印张：14.75　字数：359千
版　　次：	2016年12月第1版　2019年7月第2次印刷
印　　数：	2 001～3 000 册
定　　价：	38.00元

版权所有　盗版必究　　印装差错　负责调换

前 言

创新创业教育是世界高等教育适应科学技术进步、经济社会发展的必然选择。伴随着人类社会进入"后工业社会",高等教育发展面临着来自知识经济和信息社会的诸多新挑战。知识经济背景下,经济发展方式越来越依赖知识的创新、传播与使用,创新成为人们了解自然、改造世界的重要活动;信息社会背景下,信息技术的广泛应用,知识更新加快,社会职业与人力资源市场的变化越来越大,与此同时,新技术革命引起产业结构调整和失业问题,使世界各国高等教育都在围绕"应该给大学生提供什么样的教育?应该将大学生培养成什么样的人?"这样的问题进行对策研究与政策创新。1998年,联合国教科文组织在《世界高等教育会议宣言》中指出:"为方便毕业生就业,高等教育应主要培养创业技能与主动精神;毕业生将越来越不再仅仅是求职者,而首先将成为工作岗位的创造者。"2015年,在我国《国务院办公厅关于深化高等学校创新创业教育改革的实施意见》中进一步强调了创新创业教育的重要意义:深化高等学校创新创业教育改革,是国家实施创新驱动发展战略、促进经济提质增效升级的迫切需要,是推进高等教育综合改革、促进高校毕业生更高质量创业就业的重要举措。创新创业以简政放权的改革为市场主体释放更大空间,持续为李克强总理提出的"大众创业、万众创新"清障搭台,现已成为促进我国经济可持续发展的一项重大战略举措。由此可见,创新创业教育是世界高等教育走向现代化、大众化和国际化的必然要求,是世界高等教育适应经济社会发展的客观要求。

创新创业教育的目的是通过高校的专业教育和系统培训,培养大学生的创新精神和创业意识,提高创新能力和就业能力。实施创新创业教育,不仅是经济社会发展的需要,也是对高校传统教育模式、教育内容、教学体系的全面变革。各大院校应该积极开设创新创业教育课程,建设创业教育基地,培养学生的创业意识、创业知识和创业技能,帮助学生将创业点子孵化成为创业项目乃至创业企业。在这样的客观要求之下,我们根据教育部《普通本科学校创业教育教学基本要求(试行)》,针对"创业基础"教学大纲的内容，编写了关于大学生创新创业教育的本科教材——《创业基础》。

本书共10章，第1章"创新创业与创业教育"，主要阐述了创新、创业和创业教育的意义，界定了创业及创业精神的含义，介绍了创业的构成要素及过程；第2章"创新思维训练"，首先对创新和创新思维做了介绍，接着列出了常见的四种创新思维训练活动和六种创新思维训练的方法，最后详细介绍了创新思维训练中的头脑风暴法和六顶思考帽法；第3章"创业者与创业团队"，探讨了创业者所需具备的素质和能力，创业团队的构建和管理；第4章"创业机会"，首先对商业机会、创意和创业机会做了区分，接着阐述了创业机会的识别和筛选，最后列出了创业机会可能存在的风险；第5章"创业资源"，首先说明了创业资源的定义、类型以及作用，接着详细介绍了创业资源的开发过程以及创业机会与资源的匹配；第6章"商业模式"，介绍了商业模式的重要性和组成结构，给出了商业模式的设计流程和重要的工具——画布，解释了商业模式创新的五大逻辑与方法；第7章"创业计划"，主要介绍了创业计划书的撰写步骤、技巧和展示；第8章"创业融资"，介绍了创业融资的来源和特点，阐述了融资渠道和创业不同时期的选择，最后对创业融资的整个过程及其误区做出了说明；第9章"新创企业"，首先说明了新创企业的筹备和选址策略，接着详细列出了新成立公司的注册流程，最后对新创企业的管理和风险评估技术做了介绍；第10章"典型创业形式"，主要探讨了网络创业、技术创业和社会创业三种典型的创业形式。

这些年来，华南理工大学创业教育学院以工商管理学院为依托，跟多个兄弟院校交流合作，谨记"点燃创业激情，培养创业能力，培育创业精英"的使命，积极进行创业研究、实践和教学。设置以"创业训练营"为核心的创业课程体系，建立创业导师制和"创业班"，通过创业计划竞赛等形式进行系统化的创新创业教育和创新人才培养。本书便是创业教学实践和创业理论研究的融合，可作为国内高等院校创业教育的基础教材，它主要具有如下五大特点：

第一，教材内容创新。注重吸收创新创业管理的最新理论，并且巧妙利用创业教育学院这个大平台，将理论与创业实践相结合，讲究精益创业。在编写教材时，我们组织力量研究国内外最新的创新创业教育和创业管理研究的成果，并将其尽可能地吸收到本教材中。每一章都有一个"读书笔记"，介绍一本有关创业方面的书籍。除此之外，还融合了最新的创业政策法规，比如大学生创业方面的最新规定、财政补贴、税收减免等政策。同时，我们也十分重视研究大学生创业实践，本书的案例主要来自华南理工大学的创业实例，也包括国内外其他高校和校外导师的创业实例，很多创业公司仍在营运，老师和学生可以上网了解它们的最新情况或者进行实地考察。

第二，编写队伍多元。编写该教材的老师既有在大学任教几十年的老教授，又有年轻有为的青年教师，他们都具有多年创业管理课程教学的经验；编写该教材的老师既有研究背景深厚、理论基础扎实的校内创业教师，又有经营企业、实践经验丰富的外聘创业导师，他们都取得了国家创业咨询的资格并积攒了多年创业咨询的实力。这样的编写团队能够兼顾理论与实际、知识教育与能力训练。

第三，教学工具前沿。在辅助教学工具方面，我们考虑到移动互联网时代的碎片化学习特点，通过当下流行的二维码方式扫描查看每章的复习思考题答案和章后的案例全文。另外，案例研讨都会尽可能选择大学生的创业实践案例和有视频资源的案例，以便引起学生共鸣和了解更多资讯。并且，我们会持续运营二维码（活码）后台，及时补充和更新内容，供学生阅读、学习和拓展。

第四，线上资源丰富。我们开设了新浪博客：华南创业（http://blog.sina.com.cn/u/1802799133）——在博客空间，列有大量关于创业基础的文章、案例，甚至相关视频，作为教学资源的补充；我们开通了微信公众号：华工创业（huagongchuangye）——在公众号里，列有最新创业实践案例的推送内容，作为案例研究讨论的扩展。我们会不断更新信息资料以供广大教师和学生学习浏览。

第五，教学交互即时。我们开通了腾讯QQ群：创业基础教师交流群（群号：146965576），使用本教材的教师可以与主编、编写教师即时互动，教师之间可以沟通教学心得，探讨教学案例，共享教学资料，等等。通过创业基础教师群，可以不断丰富自身教学的案例和其他教学材料，同时教师之间可以即时联系沟通，开发新的教学资源。

编者

2016年5月

目 录

第1章 创新创业与创业教育 ·· 1
1.1 创新、创业及创业教育的意义 ··· 1
1.1.1 创新的重要性 ··· 3
1.1.2 创业的重要性 ··· 3
1.1.3 创业教育的重要性 ··· 5
1.2 创业及创业精神的含义 ··· 6
1.2.1 创业的含义 ·· 6
1.2.2 创业精神的含义 ·· 7
1.3 创业的构成要素及过程 ··· 9
1.3.1 创业的构成要素 ·· 9
1.3.2 创业的过程 ·· 12
本章小结 ·· 15
复习思考题 ·· 15
推荐阅读 ·· 16
课堂自测题 ·· 16
测你适不适合创业 ·· 17
案例研讨 ·· 18

第2章 创新思维训练 ·· 21
2.1 创新与创新思维 ·· 21
2.1.1 创新 ··· 21
2.1.2 创新思维 ··· 22
2.2 创新思维训练活动 ·· 23
2.2.1 逻辑思维训练 ·· 23
2.2.2 形象思维训练 ·· 24
2.2.3 发散思维训练 ·· 25
2.2.4 联系思维训练 ·· 26
2.3 创新思维训练的障碍及方法 ·· 26
2.3.1 创新思维训练的障碍 ·· 26
2.3.2 创新思维训练的方法 ·· 30
2.4 头脑风暴法 ·· 32
2.4.1 头脑风暴法的原则 ·· 32
2.4.2 头脑风暴法的实施步骤 ·· 33
2.4.3 头脑风暴法的应用 ·· 34

2.5 六项思考帽法·····34
  2.5.1 "六项思考帽法"的基本概念·····35
  2.5.2 "六项思考帽法"的实施步骤·····36
本章小结·····36
复习思考题·····37
推荐阅读·····37
课堂自测题·····37
案例研讨·····38

第3章 创业者与创业团队·····40
  3.1 创业者的定义与分类·····40
    3.1.1 创业者的定义·····40
    3.1.2 创业者的分类·····41
  3.2 创业者素质与能力·····42
    3.2.1 创业者素质·····42
    3.2.2 创业者能力·····46
  3.3 创业团队的定义及重要性·····49
    3.3.1 创业团队的定义·····49
    3.3.2 创业团队的重要性·····50
  3.4 创业团队的构建·····50
    3.4.1 创业团队的构建原则·····50
    3.4.2 创业团队的构建逻辑及影响·····51
  3.5 创业团队管理·····53
    3.5.1 团队文化形成·····53
    3.5.2 团队冲突管理·····53
    3.5.3 薪酬制度建立·····54
    3.5.4 团队多样性优势发挥·····55
    3.5.5 团队领袖的角色及行为策略·····55
本章小结·····57
复习思考题·····58
推荐阅读·····58
课堂自测题·····59
案例研讨·····59

第4章 创业机会·····64
  4.1 创业机会的概念、来源与分类·····64
    4.1.1 商业机会、创意、创业机会概念·····64
    4.1.2 创业机会的来源·····66
    4.1.3 创业机会的类型·····67

4.2 创业机会识别 ··· 68
    4.2.1 创业机会识别过程 ··· 68
    4.2.2 创业机会识别的影响因素 ······································ 69
4.3 创业机会筛选 ··· 71
    4.3.1 有价值的创业机会的特征 ······································ 71
    4.3.2 创业机会的评价筛选 ·· 71
4.4 创业机会风险 ··· 79
本章小结 ·· 80
复习思考题 ·· 81
推荐阅读 ·· 81
课堂自测题 ·· 82
案例研讨 ·· 83

第5章 创业资源ⵈⵈⵈⵈⵈⵈⵈⵈⵈⵈⵈⵈⵈⵈⵈⵈⵈⵈⵈⵈⵈⵈⵈⵈⵈⵈⵈⵈⵈⵈⵈⵈ 85

5.1 创业资源概述 ··· 85
    5.1.1 创业资源定义 ·· 85
    5.1.2 创业资源类型 ·· 86
    5.1.3 四种重要资源的作用 ·· 88
    5.1.4 创业资源与一般商业资源的异同 ······························ 92
5.2 创业资源的开发与利用 ·· 93
    5.2.1 创业资源的开发及其意义 ······································ 93
    5.2.2 创业资源开发的过程 ·· 94
5.3 创业机会与资源的匹配 ·· 101
    5.3.1 创业三要素的匹配与平衡 ······································ 101
    5.3.2 具体创业资源与创业机会的匹配 ······························ 102
本章小结 ·· 104
复习思考题 ·· 105
推荐阅读 ·· 105
课堂自测题 ·· 106
案例研讨 ·· 107

第6章 商业模式ⵈⵈⵈⵈⵈⵈⵈⵈⵈⵈⵈⵈⵈⵈⵈⵈⵈⵈⵈⵈⵈⵈⵈⵈⵈⵈⵈⵈⵈⵈⵈⵈ 109

6.1 商业模式的含义 ·· 109
    6.1.1 商业模式的重要性 ··· 109
    6.1.2 商业模式的定义及分类 ··· 110
    6.1.3 商业模式的组成 ·· 112
6.2 商业模式的设计流程 ·· 114
6.3 商业模式的工具：画布 ·· 116
    6.3.1 商业模式画布 ·· 117

6.3.2 新商业模式设计 …… 118
6.4 商业模式创新的逻辑与方法 …… 119
6.4.1 以价值创新为灵魂 …… 119
6.4.2 以占领客户为中心 …… 121
6.4.3 以经济联盟为载体 …… 122
6.4.4 以应变能力为关键 …… 123
6.4.5 以信息网络为平台 …… 124
本章小结 …… 125
复习思考题 …… 125
推荐阅读 …… 126
课堂自测题 …… 126
案例研讨 …… 127

第7章 创业计划 …… 129
7.1 创业计划概述 …… 129
7.1.1 创业计划的作用 …… 129
7.1.2 创业计划书的基本结构 …… 131
7.1.3 创业计划书的内容 …… 131
7.2 创业计划书的撰写 …… 139
7.2.1 创业计划书的撰写步骤 …… 139
7.2.2 创业计划书的撰写技巧 …… 141
7.2.3 创业计划书的常见问题及对策 …… 142
7.2.4 创业计划书的评价 …… 144
7.3 创业计划书的展示 …… 145
本章小结 …… 146
复习思考题 …… 146
推荐阅读 …… 146
课堂自测题 …… 147
案例研讨 …… 148

第8章 创业融资 …… 150
8.1 创业融资概述 …… 150
8.1.1 创业融资的来源 …… 150
8.1.2 创业融资的特点 …… 151
8.1.3 创业融资的名词 …… 151
8.2 创业融资的渠道 …… 152
8.2.1 股权融资 …… 152
8.2.2 债权融资 …… 157
8.2.3 其他融资方式 …… 158

8.3 创业融资的选择 ··· 162
　8.3.1 种子期 ·· 162
　8.3.2 初创期 ·· 162
　8.3.3 成长期 ·· 163
　8.3.4 成熟期 ·· 163
8.4 创业融资的过程 ··· 164
　8.4.1 融资前准备 ·· 164
　8.4.2 测算融资需求 ·· 165
　8.4.3 确定融资方式 ·· 166
　8.4.4 确定融资期限 ·· 166
　8.4.5 融资谈判 ··· 167
8.5 创业融资的误区 ··· 168
本章小结 ··· 169
复习思考题 ··· 169
推荐阅读 ··· 169
课堂自测题 ··· 170
案例研讨 ··· 171

第9章 新创企业 ··· 172
9.1 新创企业的筹备 ··· 172
　9.1.1 公司的类型 ·· 172
　9.1.2 公司的组织形式 ··· 178
9.2 新创企业选址策略 ··· 181
9.3 新公司注册流程 ··· 182
　9.3.1 公司法定代表人确立 ·· 183
　9.3.2 企业名称核准 ·· 183
　9.3.3 公司注册资本准备 ··· 185
　9.3.4 银行验资账户办理 ··· 185
　9.3.5 公司注册 ··· 186
　9.3.6 公章刻制 ··· 187
　9.3.7 企业组织机构代码证办理 ··· 187
　9.3.8 银行基本户开设 ··· 188
　9.3.9 税务登记办理 ·· 188
　9.3.10 发票购领 ··· 190
9.4 新创企业管理 ··· 190
　9.4.1 新创企业管理的特殊性 ··· 190
　9.4.2 新创企业风险管理 ··· 191
　9.4.3 新创企业成长管理 ··· 194
本章小结 ··· 195

复习思考题 ……………………………………………………………… 195
　　推荐阅读 ………………………………………………………………… 196
　　课堂自测题 ……………………………………………………………… 196
　　案例研讨 ………………………………………………………………… 197

第 10 章　典型创业形式 ……………………………………………………… 204
　10.1　网络创业 ……………………………………………………………… 204
　　10.1.1　网络创业的概念与特点 ………………………………………… 205
　　10.1.2　网络创业的主要模式 …………………………………………… 207
　10.2　技术创业 ……………………………………………………………… 210
　　10.2.1　技术创业的内涵 ………………………………………………… 210
　　10.2.2　技术创业的主要模式 …………………………………………… 212
　10.3　社会创业 ……………………………………………………………… 213
　　10.3.1　社会创业的概念 ………………………………………………… 213
　　10.3.2　社会创业的过程 ………………………………………………… 215
　本章小结 …………………………………………………………………… 217
　复习思考题 ………………………………………………………………… 218
　推荐阅读 …………………………………………………………………… 218
　课堂自测题 ………………………………………………………………… 219
　案例研讨 …………………………………………………………………… 220

参考文献 ……………………………………………………………………… 221
后记 …………………………………………………………………………… 223

第 1 章　创新创业与创业教育

> 时刻为创业积攒条件并做好准备，当合适的机会"种子"出现时，用最快的速度决定一下，立刻付出巨大的行动，开始你人生中最辉煌的事业征途——自我创业。财富无处不在，创业创造财富，行动成就财富。
>
> ——任宪法（《白手创业》）

【学习目标】
- 了解创新、创业及创业教育的重要性
- 了解创业的含义及创业精神的内容
- 了解创业的构成要素与过程

【读书笔记】

在《白手创业》一书中，有一个读者问"我该不该去创业"，作者巧妙地提出了几个问题供他思考，如果回答好这些问题，就找到了是否应该去创业的答案。

第一个问题是我为什么要创业？为生存而战还是为了自我实现，自己是否有足够的决心，是否愿意承担风险，过去的利益是否舍得放弃？第二个问题是我是否具备创业者应有的能力与素质，是否能承受挫折，是否具有综合全面的素质或是有专项技术特长？第三个问题是自己创业成功的核心资源优势是什么？我具备的条件是行业经验、客户资源、技术创新，还是商业运作能力，能否优于竞争对手？第四个问题是自己是否有足够的耐心与耐力渡过创业期的消耗，估计需要多长时间走过创业困难阶段，自己有多长时间的准备？第五个问题是自己创业最大的风险是什么，最坏的结果是什么，是否还有后路，是否能承受？

1.1　创新、创业及创业教育的意义

"创新是引领发展的第一动力，必须摆在国家发展全局的核心位置。"在 2016 年政府工作报告中，"创新"仍是一个高频词，创新驱动、科技创新、制度创新等话题更是代表委员们热议的焦点。代表委员们认为，当前经济发展正处在速度换挡、结构调整、动力转换的重要节点，要让创新成为中国经济的新引擎。从国内看，资源、人口、土地红利不断消减，拉动增长的传统引擎明显动力不足。老路走不通，必须改造提升传统产业。从企业实践可以看出，把发展动力切换到创新引擎上来，才能保持经济的中高速增长。从国际看，新一轮科技革命和产业变革蓄势待发，创新已成为大国竞争的新赛场。创新是一种不可逆转的力量，把创新作为发展基点，才能更多发挥先发优势，从追赶型发展转变为创新驱动的引领型发展。

创业作为经济发展中最具活力的部分，是提升一个国家经济活力和促进创新的主要驱动力，这已成为社会各界的共识。自 20 世纪 90 年代以来，伴随着经济全球化进程的快速推进以及知识经济时代的到来，创业活动对经济增长的贡献更加凸显，因而日益受到各国政府的普遍关注。在过去的 30 年里，美国一直保持世界经济火车头的地位，其"秘密武器"就是拥有创新能力、创业文化及高水平的创业活动。与西方国家相比，我国的创业活动相对较晚，但伴随着我国市场经济体制改革的不断深入，我国的创业活动也日渐活跃，并成为推动经济发展和缓解社会就业压力的重要手段。有调查显示，"每增加一个机会型创业者，当年带动就业数量平均为 2.77 人，未来 5 年带动的就业数量平均为 5.99 人。"创业不仅有效地缓解了社会就业压力，解决了就业矛盾，而且也成为继续创造"新经济"持续增长奇迹的重要手段。当前，中国经济步入"新常态"，经济发展由要素投入驱动转向创新驱动。习近平指出："主导国家发展命运的决定性因素是社会生产力发展和劳动生产率提高，只有不断推进科技创新，不断解放和发展社会生产力，不断提高劳动生产率，才能实现经济社会持续健康发展。"国务院总理李克强在 2015 年《政府工作报告》中提出，要"打造大众创业、万众创新和增加公共产品、公共服务'双引擎'，推动发展调速不减势、量增质更优，实现中国经济提质增效升级。"可见，创业已经被纳入国家的重要议程，并已提升到国家战略的高度，创业活动对我国具有特别重要的意义。

创业是劳动者通过自主创办生产服务项目、企业或从事个体经营实现市场就业的重要形式。促进劳动者自谋职业、自主创新，一方面能够解决劳动者自身就业的问题，另一方面能够创造出新的就业岗位，带动更多的人实现就业，具有就业的"增倍效应"。除此之外，通过推动创业来促进经济转型也是创业的目的。中国高等教育学会会长瞿振元指出，随着我国经济增长方式的转变，国家需要更多的创新人才成长和创新产业成果涌现。我们应该从原来经济发展的跟跑者变为领跑者，把科技创新摆在经济发展的核心位置。从国家角度看，不管是解决基本的民生就业问题，还是国家发展战略，都要求继续加强创新创业教育，推动大众创业。

人才是支撑创新发展的第一资源，创新驱动实质上是人才驱动。为了贯彻落实党中央、国务院推进自主创业的战略决策，地方政府积极部署全民创业工作，动员广大干部群众行动起来，以知识经济发展为基石，以创新为动力，掀起了一轮又一轮的全民创业热潮。与此同时，我国教育理念正在向更加重视创造力培养的方向转变。义务教育的小学、中学阶段开始加强创业教育，重点培养学生的创业精神和创业意识；立足地方经济社会发展实际，因地制宜发掘地方文化教育的优势资源，开发贴近学生、贴近实际的课程体系。在建设创新型国家的国际竞争中，我国大学所扮演的角色已经不仅仅是培养人才的摇篮，还是技术人文创新的重要载体，在经济发展中发挥着越来越大的带动作用。高校实施创新驱动战略，努力探索创新创业人才的培养规律，在工作中按规律办事，既尊重一般人才规律，也探索创新创业型人才的特殊规律。创业教育要重视在实践中锻炼出人才，在竞争中涌现出人才。

1.1.1 创新的重要性

1. 创新是社会进步的核心动力

社会的进步离不开创新。创新改变了过去，它将继续引领我们走向未来。就像工业革命极大地推进了人的体力的延伸，如今的信息革命则使人类的智力得到了极大的延伸。利用新一代创新信息技术来改变政府、公司和人们，甚至人与物之间互相交流的方式，使得政府、企业和市民可以做出更明智的决策，促进社会得以进步。创新电力、创新医疗、创新城市、创新交通、创新供应链等也将应运而生。我国的劳动力和投资由劳动密集型向"创新型"相关产业的转变将实现经济的可持续发展；利用创新的工具管理环境，减少碳排放、减轻污染，构建创新的能源基础设施，将提高能源的利用率，使环境得到保护；建设创新的基础设施和公共服务设施，使人们过上更便利和高质量的生活；构建一个动态的创新业务机制，整合企业信息系统，将使企业成为快速响应市场的更具竞争性的企业。

2. 创新是国家发展的中坚力量

邓小平曾说过："创新是一个民族的灵魂"，要想国家发展更好，我们必须创新。中国是唯一一个延续至今的四大文明古国，而历史上我们曾站在世界之巅，受万国景仰。这一切都因为我们勤劳勇敢的先贤们，凭借他们的聪明才智不断地开拓创新而得来的结果。我们曾经有司南、火药、印刷术、造纸术这些值得我们骄傲的发明，而随之而来的闭关锁国政策让我们落后于世界其他发达国家。我们错失前两次工业革命的机会，搭上了第三次工业革命的末班车，一项技术能够引发一场革命，国家竞争力体现在创新技术上。当今的中国比以往任何时候都更需要创新来拉动发展，实现转型升级。遥看邻国高科技创新企业群体的骨干作用可知，中国只有坚持创新，并把创新作为国家发展的中坚力量才能重新崛起。

3. 创新是高新人才的培养标尺

创新能力不仅是一个国家核心竞争力的充分体现，还与每个人的工作生活息息相关。人才是创新的发动机，只有源源不断地培养出具有国际视野、创新能力、创新精神与社会责任感的人才，才能为中国发展输送足够的动力。将创新作为培养高新人才的标尺甚为恰当。创新的分类有很多，比如技术创新、源头创新、思想创新等。从思维流向的角度将创新分为：思维意识创新、科学知识创新、技术工艺创新、产品创新和社会创新。社会创新由于与社会管理关系紧密，能分解出体制创新、人才创新等方面。思维意识创新最为核心，只有具有创新思维，才能提出创新机制，培养出创新人才，实施创新管理。着重培养高新人才的创新思维，再借助互联网的力量，群策群力，将会大幅提升国家社会的创新能力。

1.1.2 创业的重要性

1. 创业是经济发展的主要动力源泉

随着我国改革开放的深入和知识经济时代的到来，经济结构的调整和产业的升级，为广大人民群众尤其是大学生创业构建了良好的平台；巨大的市场潜力和市场空间，为新时代有志创业之士提供了前所未有的机遇。但经济增长要素结构仍然以土地和资源消耗型为主，因而技术创新、第三产业创业形成的中小企业便成为打破这种不合理格局的力量，以增强产业技术竞争力，减少发展对资本和资源的依赖作用。美国95%的财富是由创业的一代（1980年以后）创造的。我国的中小企业工业总产值和实现利税也分别占全国总数的60%和40%。中小企业是保持国民经济快速增长的重要力量，在进出口贸易、抵御经济波动、保持市场活力、技术创新等方面发挥着积极的作用。对于大学生创业而言，除了上述优势之外，还有利于在全社会营造出一种鼓励科技创新的氛围，充分体现科学技术是第一生产力的思想，增强我国企业的国际竞争力。

2. 创业是增加就业的主要解决办法

一方面，创业形成的个体、微型和中小企业，可以吸收从农业和农村向城市和非农产业转移的农民，从根本上解决"三农"问题。另一方面，目前我国中小企业已超过800万家，占全国企业总数的99%，中小企业提供了大约75%的城镇就业机会，是解决就业问题的主力军。因此，大力发展个体、微型和中小企业，将政府的投资、国家创业、劳动者就业的道路转变成人民创业，国家提供公共服务和社会管理，就业道路才会越走越宽。大学生自主创业不仅解决了自身就业问题，而且为社会创造了更多就业机会，是一个双赢的选择。

3. 创业是产业升级的主要契机

中国作为世界经济的第二大国，依靠劳动密集型行业实现经济增长，会带来资源的问题、环境的问题和全球化红利分享的阻碍问题。而将推动创业，尤其是大学生创业，作为新的发展思路和契机之一，能够助力加快产业转型升级和经济结构调整。大学生有很好的知识积累、视野开阔、思路活跃，敢闯敢干，他们能够促进创新、创意、创业和创客的融合，助力产业转型升级迈上新的台阶。

4. 创业是收入分配的主要平衡工具

在东亚一些国家和地区，由于中小企业多，就业岗位多，所以中等收入人口多，贫困人口相对少，人民生活水平提高较快，贫富差距小，基尼系数也较低。因此，我国可以通过创业，大力发展个体、微型和中小企业，扩大社会中等收入者的比重，减少因失业造成的贫困人口，提高低收入者收入水平，形成一个较为公平的分配格局。面对"毕业生工资低，住房难"等社会困境，大学生创业成为尽快提高收入的新途径。

5. 创业是自身价值的主要实现形式

创业是培养领袖型人才的一种形式。在创业过程中，创业者往往要面临许多困难和挫折，历经千辛万苦才能取得胜利，所以创业过程是一个人意志不断锤炼的过程，它会使人更加成熟，更加干练；创业过程也是创业者学习提高、锻炼摸索、自身发展的过程。而创业成功后，就可以实现回报社会、为国家做贡献的崇高理想，同时个人也可以获得回报，实现人生价值。大学生创业还能够激发青年人的创新精神，当大学生成为创业者或者转变为创业管理者后，他借助于生产组织与管理创新以及日常的经营管理行为和自身的素质，来创造一种适宜技术创新的组织文化氛围，以促进公司的技术创新，提高技术创新的成功率，求得公司的全面发展，并最终增加社会财富。

1.1.3　创业教育的重要性

由于我国国情以及高等院校开展创业教育的起步比较晚，我国高等院校开展创业教育的工作任重而道远。创业教育的目的就在于让学生在了解和掌握创业理论的基础上，结合自身特点，合理定位，确认自己是否适合创业，如果适合则在创业教育的学习过程中掌握如何进行自我管理和创业孵化的方法和技巧。大学生创业具有风险性和可行性的双重矛盾，因而高校开展创业教育显得尤为重要，具有重要的社会意义和教育意义。其主要表现在以下几个方面：

1. 创业教育是实现国际接轨的基本要求

随着经济全球化、政治多极化、文化多样化的发展，面对知识经济和新技术革命的机遇与挑战，高新技术产业的发展将成为一国竞争力的主要决定因素，而高新技术产业的发展需要大批具有创新精神和创造力的人才。我国高等教育必须紧跟时代发展，与国际接轨，大力发展大学生创业教育，尽快提高大学生素质，培养具有创新能力的高素质人才，适应知识经济和国际竞争的需要。因此，必须从科教兴国的战略高度来认识大学生创业教育的重要意义。

2. 创业教育是改革高等教育的必然措施

高等教育大众化是我国社会发展的一种必然选择，它带来的直接结果之一就是高校毕业生人数的快速增加，致使供需矛盾日益突出，毕业生的就业压力不断上升，从而给大学毕业生造成一定程度上的"就业难"问题。为了方便大学生就业，高校应在大学生中开展创业教育，引导大学生转变择业观、就业观，克服长期计划经济形成的就业依附性，改变那种去企业政府机关工作才能算是工作的观念，使他们不仅成为求职者，而且逐渐成为自主创业的先驱者和工作岗位的创造者，既可以为自己创造就业的机会，还可以为更多的人创造就业的机会。这不仅是现实社会发展的需要，也是高等教育自身发展的需要。

3. 创业教育是推进创新人才培养的必然趋势

目前高等教育培养出来的人才同现代社会发展的需要仍然存在着一定的距离，主要体现在培养出来的毕业生素质普遍不高，对国家和社会的依赖性有余，开拓性和主动性不足；传承能力有余，创新精神不足。知识经济时代中小型高科技产业和企业在经济发展中具有更重要的推动意义，竞争的制胜在一定程度上取决于"创业"，在人才质量上，特别强调重视人的创业能力和开拓精神。通过创业教育，有助于培养人才的创新精神，提升个人的开拓性和主动性，使得个人在社会就业、企业在人才发展中获得竞争优势。

4. 创业教育是学生全面发展的必然要求

当代大学生要在今后具有更强的竞争能力，仅仅掌握扎实的基础理论知识和技能是不够的，还必须培养自己的创业素质和掌握一定的创业知识和技能。创业教育的主要特点是：从学生的实际出发，根据经济社会的发展变化，通过各种教育手段，在教育过程中提高学生发现问题、分析问题和解决问题的能力；同时，又特别强调培养学生的自我意识、参与意识和实干精神，使学生掌握创业技能，以便能在社会生活中随机应变地进行创业活动。因此，开展创业教育也是学生全面发展的必然要求。

1.2 创业及创业精神的含义

1.2.1 创业的含义

创业（entrepreneurship）研究最早可追溯至17世纪末18世纪初法国经济学家理查德·坎蒂隆和英国经济学家亚当·斯密的贡献，但是直到19世纪末20世纪初期，才有学者开始重视创业领域的理论研究，并在最近的40年中由于商业及经济的复兴才使创业领域的实证研究逐渐涌现。而在20世纪中期对创业研究贡献最大的则是奥地利经济学家约瑟夫·熊彼特及卡尔·门格尔、路德维希·冯·米塞斯和弗里德立希·冯·哈耶克。

创业研究的历史虽然只有短短一百年，但是创业作为新兴事物蓬勃发展所带来的积极影响已吸引了越来越多人的关注。那么，何谓创业，创业的本质又是什么呢？

一提到创业，往往认为是指创办企业。其实，创业既有创办企业的含义，也有创办事业的含义。《辞海》把创业解释为开创建立基业、事业。创是开始做、开创、创造、创办、创制、创立等意思；业就是企业、事业、行业、职业、学业等的意思。两个字加起来含义非常广泛。

创业就是创业者对自己拥有的资源或通过努力能够拥有的资源进行优化整合，从而创造出更大经济或社会价值的过程。创业是一种劳动方式，是一种需要创业者运营、组织、运用服务、技术、器物作业的思考、推理和判断的行为。而根据杰弗里·蒂蒙斯所著的创业教育领域的经典教科书《创业创造》的定义：创业是一种思考、推理结合运气的行为方式，它为运气带来的机会所驱动，需要在方法上全盘考虑并拥有和谐的领导能力。

在杰弗里·蒂蒙斯所著《创业学》第六版中指出，创业是一种思考、推理和行动的方法，它不仅受到机会的制约，还要求创业者有完整缜密的实施方法和讲求高度平衡的领导艺术。创业不仅能为企业主，也能为所有的参与者和利益相关者创造、提高和实现价值，或使价值再生。商机的创造和识别是这个过程的核心，随后就是抓住商机的意愿和行动。蒂蒙斯还指出，创业者要有甘愿冒险的精神，既有个人风险，也有财务风险，但所有风险都必须是经过计算的，要不断平衡风险和潜在的回报，这样才能让你掌握更多的胜算。

创业是指某个人发现某种信息、资源、机会或掌握某种技术，利用或借用相应的平台或载体，将其发现的信息、资源、机会或掌握的技术，以一定的方式转化、创造成更多的财富、价值，并实现某种追求或目标的过程。创业必须投入时间和付出努力，承担相应财务、精神和社会的风险，并获得金钱的回报、个人的满足和独立自主。

霍华德·H.斯蒂芬认为："创业是一种管理方式，即对机会的追踪和捕获的过程，这一过程与其当时控制的资源无关。"并且进一步指出："创业可由以下七个方面的企业经营活动来理解：发现机会、战略导向、致力于机会、资源配置过程、资源控制的概念、管理的概念和回报政策。"杰弗里·蒂蒙斯则认为："创业是一种思考、推理和行为方式，这种行为方式是机会驱动、注重方法和与领导相平衡。创业导致价值的产生、增加、实现和更新，不只是为所有者，也为所有参与者和利益相关者。"

科尔于1965年把创业定义为"发起、维持和发展以利润为导向的企业的有目的性的行为"。史蒂文森、罗伯茨和苟斯拜客也提出："创业是一个人——不管是独立的还是在一个组织内部——追踪和捕捉机会的过程，这一过程与当时控制的资源无关。"

本书对创业的定义为：创业是一个发现和捕获机会并由此创造出新颖的产品、服务或实现其潜在价值的过程。创业以及创业教育的实质就是培养既有创业精神、创新精神，又具有创业能力的优秀人才。

对创业概念，可以从以下四个方面理解：

① 创业是一个复杂的创造过程。它创造出某种有价值的新事物。这种新事物必须是有价值的，不仅对创业者本身有价值，而且对社会也有价值。价值属性是创业的重要社会属性，同时也是创业活动的意义和价值。

② 创业要贡献必要的时间和大量的精力，付出极大的努力。要完成整个创业过程，要创造新的有价值的事物，就需要大量时间，而要获得成功，没有极大的努力是不可能的，而且很多创业活动的创业初期是在非常艰苦的环境下实现的。

③ 创业要承担必然存在的风险。创业的风险可能有各种不同的形式，取决于创业的领域和创业团队的资源。但通常的创业风险主要是人力资源风险、市场风险、财务风险、技术风险、外部环境风险、合同风险、精神方面的风险等几个方面。创业者应具备超人的胆识，甘冒风险，勇于承担多数人望而却步的风险责任。

④ 创业将给创业者带来回报。作为一个创业者，最重要的回报可能是从中获得的独立自主，以及随之而来的个人的物质财富的满足。对于追求利润的创业者，金钱的回报无疑是重要的，对许多人来说，物质财富是衡量成功的一种尺度。通常，风险与回报成正相关关系。创业带来的回报，既包括物质的回报也包括精神的回报，它是创业者进行创业的动机和动力。

1.2.2 创业精神的含义

1. 创业精神

米勒指出，如果个人表现出创新、承担风险和主动进取的行为，那么他就具有创业精神。夏莫和克里斯曼将其定义为：创业精神包含现有组织内外创立的新组织、更新及创新活动；他们将"创业精神"以体系观念区分为个体的创业精神与组织的创业精神。个体的创业精神指的是个人在其理想的作用下，从事创新活动，并进而创造一个新事业。而组织的创业精神指在已经存在的一个组织内部，以群体的力量，追求共同愿景，从事组织的创新活动，并进而创造组织的新面貌。

沙梅和西罗鲍里斯认为"创业"是创业者依据自己的想法及努力工作来开创一个新事业，包括新公司的创立、组织中新单位的成立，以及提供新产品和新服务，以实现创业者的理想。创业本身是一种无中生有的历程，只要创业者具备求新、求变、求发展的心态，以创造新价值的方式为新事业创造利润，那么我们就能说这一过程充满创业精神。创业精神所关注的点在于"是否创造新价值"，而不在于设立新公司，因此创业管理的关键在于在创业过程中能否"将新事物带入现存的市场活动中"，包括新产品的服务、新的管理制度、新的流程等。

史蒂文森认为，创业精神指的是一种追求机会的行为，这些机会不存在于目前资源应用的范围，但未来又有可能创造资源应用的新价值。罗伯茨则认为，创业精神即是促成新事业形成、发展和成长的原动力。

综合以上各种说法，我们认为："创业精神"是个体或组织通过以创新为基础的思维和行动方式，敢于冒险，不断进取，追求创造市场新价值所形成的独特心理特质。虽然创业常常是以开办新公司的方式产生，但创业精神不一定只存在于新事业中。一些成熟的组织，只要有旺盛的创新活动，依旧具备创业精神。而另一个概念"企业家精神"指的是企业家组织建立和经营管理企业的综合才能的表述方式，它包括了创业精神、宽容精神和合作精神等等。另外，虽然"创业精神"和"企业家精神"都没有明确指出社会责任的问题，但无疑社会责任是两种精神的现实写照之一。

2. 社会责任

对于一个创业团队，主要面临两大环境，外部环境与内部环境。对于内部环境，要以人为本，为员工提供实现价值的环境。而外部环境瞬息万变，企业要想在这千变万化的环境中生存，就要学会变革，所谓适者生存就是这个道理。但是创业团队在变革与成长的过程中，要树立一个远大的企业理想，体现团队的社会责任感，最终才能够得到顾客的认可。也就是说，创业团队不应只关心利润的最大化，还应该承担除经济责任之外的更为广泛的社会责任。重视社会利益，对社会负责，可以树立企业良好社会形象，获得社会各界的广泛支持，为自身创造更为广阔的生存空间，反过来可以促进企业利润的进一步增长。

企业最基本的责任是赢利与纳税，赢利是对股东的责任，纳税是对国家应尽的社会责任。其中"税金"是值得仔细思考的一个名词，它是企业社会责任的高度浓缩，教育、行政、国防，甚至对外援助等都是从税金中提取出来的，只要企业合理合法地纳税，它就已经基本尽到企业对社会的责任。但优秀的创业团队不应该让团队的社会责任止步于这个最基本的层次，而是应该把社会责任和企业的品牌理想相互结合。

一般而言，企业的品牌理想，体现的就是创业团队对企业未来发展的愿望。在吉姆·斯登格看来，当创业团队注重其社会责任，企业理想就会体现在品牌理想上。企业的品牌理想可以改善人类生活的五方面价值，包括：激发愉悦（激发快乐、好奇和无限可能性的体验）、建立联系（以有意义的方式加强人与人沟通、融入世界的能力）、激励探索（帮助人们探索新领域、追求新体验）、唤起自豪（增强人们的信心、力量、安全感和活力）、影响社会（广泛影响社会，包括挑战现状和重新定义行业领域）。绝大部分大企业（如宝洁、IBM等）的品牌理想无不体现着社会责任，因此，创业团队应主动承担其社会责任，并把企业的社会责任和企业理想，甚至某个产品和服务的品牌理想相结合，做到真正意义上的共赢。

【相关链接】

优秀企业家的四种创业精神

全球最伟大的创业家都拥有四种精神：使命感、产品/服务的愿景、快速创新和自我激励。

1. 使命必达

"我的责任就是为公众提供卓越的产品，丰富他们的生活，并带去乐趣。如果我们公司的利润下降、收入减少，就说明了我们没有履行我们的社会责任。"——松下幸之助（松下电器创始人）。

2. 热爱客户和产品

"这款电脑是我们创造出来的最棒的工具……但最重要的是让电脑走进千家万户。"——史蒂夫·乔布斯。

3. 快速创新

"任何人，只要他的生命维系于创新，就都能创新。"——盛田昭夫（索尼公司创始人）。

4. 自我激励

"我在找人，找那些喜欢赢得胜利的人。如果我没找到，我就找那些憎恨失败的人。"——罗斯·佩罗（电子资讯系统公司（EDS）、佩罗系统公司（PerotSystems）的创始人）。

（资料来源：中国管理传播网，2004年7月，详情请扫二维码）

1.3 创业的构成要素及过程

1.3.1 创业的构成要素

研究创业活动的一个基本方法就是分析创业要素，即具备哪些要素就可以进行创业活动。当前此方面的研究成果颇多，例如三要素说中，一说包含"技术、创新模式和创业团队"，而另一说则包含"产品、资金、团队"，也有人认为是"资金、策划、市场"。在四要素说中则包括"创业者、创业机会、创业组织和创业资源"。此外，在五要素说中则包括了"眼光、思想、魄力、资本和关系"。

本书倾向于认同杰弗里·蒂蒙斯的三要素说，即蒂蒙斯模型，尽管蒂蒙斯模型侧重于创业过程的分析，不过蒂蒙斯所提出的三个要素是重要的。

蒂蒙斯认为，创业过程是由商机驱动的。在大多数情况下，真正的商机要比团队的智慧、才能或可获得的资源重要得多。商业机会是创业过程的核心驱动力，创始人或工作团队是创业过程的主导者，资源是创业成功的必要保证。创始人或工作团队的作用就是利用其自身的创造力在模糊、不确定的环境中发现商机，并利用企业网络和社会资本等外界因素组织和整合资源，主导企业利用搜寻到的商业机会创造价值。商业计划为创业者、商机和资源要素间的匹配和平衡提供语言和规则。创业过程是一个连续不断地寻求动态平衡的行为组合。团队必须做的核心工作是：对商机的理性分析和把握，对风险的认识和规避，对资源的有效利用和配置以及对工作团队适应性的分析和认识。

1. 创业机会

创业机会就是创业的商机。蒂蒙斯指出，创业过程的核心问题是商机问题。成功的创业者和投资家都知道，一个好的思路未必是一个好的商机。有资料显示，以商业计划或创业建议等形式传递给投资者的思路中，每100个仅有4个最后成为投资对象。在这些被否定的思路中，80%以上是在最初的几个小时就被淘汰了，还有10%～15%是在投资者认真审阅之后遭到淘汰的。只有不到10%的创业计划会吸引住投资家，而且投资家会给予详细的审查。在这中间还有一些要被淘汰掉。可见，寻找并利用合适的创业机会是多么重要。

创业机会来自你所处的环境及其变化，包括国家的战略变化、技术的发展和创新、行业结构的变化、管理方式的变革等，其中最主要的，当然还是顾客需求的变化。所以，创业者要善于发现商机，分析和利用好商机。

2. 创业资源

创业资源是指新创企业在创造价值的过程中需要的特定的资产，包括有形资产与无形资产，它是新创企业创立和运营的必要条件，主要表现形式为：创业人才、创业资本、创业技术和创业管理等。

对于创业者来说，拥有多少创业资源在一定程度上体现出创业成功的可能性。创业资源体现在创业者能够如何整合资源。一般而言，创业企业都缺乏资源，例如人才经验不足、资金少、管理经验不足等。对于大学生创业者来说，不断学习扩充自己的资源，建立自己的核心竞争优势是非常重要的。

3. 创业团队

创业团队是创业企业成功的关键因素。很多投资人认为，投资选项目看重的主要是创业团队和项目的发展潜力。也有人认为，一看创业团队，二看商业模式。天使投资人何伯权，是从创业者的基础上发展而成的风险投资家，他成功地投资了像七天连锁店、久久丫连锁店等十几家公司，成功率非常高。何伯权认为，投资选项目要看三个方面：行业趋势、创业团队和商业模式。

何伯权认为，做一件事情，趋势是最重要的。大势把握准了，哪怕是做错一些具体的事情，都没什么关系，假如这个行业整体趋势是往下走的，那么无论付出多大的努力也没有用。创业投资最好选择朝阳产业或者顺应经济大趋势的行业，而且必须有很大的腾挪空间，万一某个方向不行还可以及时调整，机会比较多。

第二是团队。再好的趋势还是要有团队去做，而且整个创业过程可能会遇到很多变化，不是说事先设定的事情就会坚持到底的，团队的应变能力和素质就非常重要。什么样的团队才是好的团队？第一是有激情，最好是很有理性的激情，即这个项目使创业成员激动，能激发出他的潜能。第二是厚道，创业者要有自律性，能让投资人放心。第三是团队要有经验，而且最好是有这个行业的经验。

第三，商业模式很重要。因为最终企业的成功其实还是商业模式的成功，如果他没有钱或者没有向上的趋势，成功的机会就少了；或者是团队能力不够的话，可能最终找不到一个好的商业模式。最初设计的商业模式和最后的实践往往有很大的差异，所以创业者必须有能力随着公司发展而随时调整商业模式。

不管是怎样的创业研究论述，都没有离开过对创业团队的关注。杰弗里·蒂蒙斯指出，创业团队需由一位非常有能力的创业带头人建立和领导的，他的业绩记录不仅展示了公司的成就，也展示了一个团队必须拥有的品质。创业带头人作为一位领跑者和企业文化的创造者，是团队的核心，他既是队员，也是教练。创业者吸引其他关键管理成员，然后建立起团队，这样的能力和技巧，是投资家苦苦寻找的最有价值的东西之一。

创业团队是企业成功的关键因素，相应要求如图1-1所示。研究创业团队，还可以从创业带头人的梦想、素质、团队的知识和能力结构、过去的经验及团队的文化等方面深入。

创业带头人
- 学和教都更快、更好
- 能坦然对付逆境，并很快从中恢复过来
- 表现出正直、可靠、诚实的品质
- 建立创业文化和组织

团队的素质
- 相关经历和业绩记录
- 取胜的意愿
- 敬业、决心和恒心
- 对风险、不确定性的容忍度
- 创造力
- 团队焦点的控制
- 适应性
- 执着于商机
- 领导
- 沟通

图1-1　创业团队素质要求

（资料来源：杰弗里·蒂蒙斯，《创业学》P34）

【华工创业案例】

梦想与工匠精神并驾，助力创业路

范梅，来自越南的留学生，本科就读于华南理工大学设计学院服装设计与工程专业。2014年，她与朋友合伙创立了MAINI STUDIO，开启了自己的创业之路。工作室是一支来自越南和中国的跨国团队，既有国际化的视野，也保留了对东方文化的传承，以"新东方主义"为工作室的设计理念，坚持为客户提供专业的定制服务。在短短的一年时间里，品牌快速成长，吸引了众多国际化的客户群体，除了有固定的越南及中国客户群，还为哈萨克斯坦、俄罗斯等国客户提供专业的定制服务。

其实范梅学习服装设计的时间并不长，到中国上大学之前，她没有接受过任何专业培训，也算半路出家，但如今的她已然走在了很多人前面。当问她有没有什么秘诀，她这样告诉笔者"天道酬勤，努力和付出总会获得回报"。她的父母是做服装生意的，从小耳濡目染，使她对于时尚也有更敏锐的嗅觉。长大后接触到服装设计，她就清楚地知道，这就是她一直在寻找的梦想。此后，她便立志要成为一名优秀的服装设计师，她要创立自己的公司和品牌。用她的原话说就是"我与设计的缘分是上天注定的，既然上帝赐予我一定的天赋，我一定要把这个优势运用起来"。

在服装设计这条路上，范梅遇到了很多坎坷，但她仍以赤诚匠心，赋予每一寸面料、每一个针脚、每一颗珠片以手工的温度，用精湛的工艺赋予它们细腻感性的东方韵味，用真诚对待每一件作品。她的作品不仅频频获奖，还活跃于各大服装展览，曾获得"中国晚礼服设计大赛银奖"、毕业设计获优秀作品一等奖；个人作品曾受邀参加时尚SHOW数十次。而她本人也荣获"2015时尚互联网大赛十佳设计师""2015中国时尚新锐独立设计师"称号。

1.3.2 创业的过程

创业是创建一个新企业的过程，作为一个创业者，要创建一个新的企业或者发展一个新的经营方向，通常要经历五个阶段：产生创业动机，识别和评估市场机会，准备和撰写创业计划，确定并获取创业资源，以及管理新创企业。

这五个阶段有着明确的次序，但各个阶段相互之间并不是完全隔绝的，并不是一定要在前一阶段全部完成之后才进入下一个阶段。

1. 产生创业动机

创业动机回答了你为什么要创业的问题。创业动机是指引起和维持个体从事创业活动，并使活动朝向某些目标的内部动力。它是鼓励和引导个体为实现创业成功而行动的内在力量。

大学生的创业动机来源于以下几种：

第一，仿效名人。榜样的力量是无穷的。比尔·盖茨、史蒂夫·乔布斯、柳传志、马云、李东生、黄宏生、朱江洪、董明珠等在大学生眼中成了最可爱的人。模仿榜样的行为，走进创业的行列，这样的例子很多。

第二，成就梦想。通过创业实现自己伟大的梦想，比如成为一名受人尊敬的人，能够影响他人的人，建立自己王国的人。也有学者把这种动机叫作实现自我价值。

第三，无奈之举。有的人因找不到合适的工作，为求生存，在淘宝网上开一家网店，渐渐地，摸爬打滚之下也有了一定的成绩。

第四，体验。也有大学生没有什么特别的动机，只是想体验一下创业的感觉。另外，当前各种环境都有利于大学生创业，那么跟着潮流走一走，何乐而不为？

第五，同学相约。有的是在提倡创业的环境下，受到同学的影响，或者直接是同学邀约，跟着同学一起创业，也算是志同道合，并不是自己多么主动。

2. 识别和评估市场机会

识别与评估市场机会是创业过程中具有关键意义的一个阶段。许多很好的商业机会并不是突然出现的,而是对于"一个有准备的头脑"的一种回报,或是当一个识别市场机会的机制建立起来之后才会出现。例如,一个创业者可以在每一个公众活动场合都询问与会者,是否在使用某种产品的时候发现有什么不够令人满意之处;另一个创业者则可能时时关注着孩子们正在玩什么玩具,他们是否对玩具感到满意。

在大多数情况下并不存在正式的识别市场机会的机制,但是某些注重分析来源的信息也容易识别和发现创业机会。这些来源包括消费者、营销人员、专业协会成员或技术人员等。无论市场机会的设想来源于何处,都需要经过认真细致的评估,对于市场机会的评估或许是整个创业过程的关键步骤。

创业者创办新企业的动力往往是发现了一个新的市场需求或者发现市场需求能力大于市场的供给能力,或者认为新产品能够开启新的市场需求。但是,这样的市场机会并非只有创业者认识到,其他的竞争者也许同样准备加入这个行列。因此,并不是每个市场机会都需要付出行动去满足它,而是要评估这个机会所能带来的回报和风险,评估这个市场机会所创造的服务周期或产品生命周期,它能否支持企业长期获利,或者能够在适当的时候及时退出。

对于一位目光敏锐的创业者来说,市场机会每时每刻都在出现。但是,并不是所有的市场机会都是通向成功与财富的康庄大道;相反,一个看似前景远大的市场机会背后,往往隐藏着危险的陷阱。毫无经验的创业者,如果仅凭激情行事,匆忙做出决定,就很容易误入歧途,掉进失败的泥沼中无法自拔。因此,在发现市场机会后,对市场机会进行客观的评估,以理性的方式来决定下一步的行动,是一名优秀的创业者所必须具备的能力。一般来说,市场机会评估有如下两个方面:

第一,对市场的了解与把握。

企业要生存,要在市场中占据一定的地位,要保持一定的市场优势,就必须把握市场的消费形态、市场特征等。特别是在产品研究方面,不管新旧产品,都要及时了解消费者和市场的反应,需要经常进行与产品有关的各种调查研究来为产品技术与销售服务注入新的元素。

对市场的了解与把握分为六个层次:①市场定位;②市场结构;③市场规模;④市场渗透力;⑤市场占有率;⑥产品的成本结构。

第二,对竞争者的了解与分析。

许多创业者都会犯这样的错误,认为自己的创意或者技术是独一无二的,因此就不存在竞争,进而忽略了竞争分析的重要性。事实上,除了极少数的垄断性行业之外,世界上不存在没有竞争的生意。竞争者暂时没有出现,不代表以后也不会出现。对来自竞争者的威胁做出客观、准确的评估是非常重要的一件事。

谁是你的竞争对手?那些已经出现在市场上,正在开展业务的竞争者当然是你的竞争对手;另外,也要考虑到那些潜在的竞争对手,即在未来有可能与你竞争的人。那些掌握相关资源、与目标市场有一定的联系的企业是最重要的潜在竞争对手,要分析在相关领域中,有哪些企业有可能把触角伸展到自己的领域中来。

对竞争对手的了解及应对策略分为六个层次:①找出谁是竞争对手;②描述竞争对

手的状况；③分析竞争对手的状况；④掌握竞争对手的方向；⑤洞悉竞争对手的战略意图；⑥引导竞争对手的行动和战略。

3. 准备和撰写创业计划

创业计划是创业者叩响投资者大门的"敲门砖"，一份优秀的创业计划往往会使创业者达到事半功倍的效果。创业计划是创业者计划创立业务的书面摘要。

如何写创业计划书呢？要视目标对象即看计划书的对象的不同而有所不同，是要写给投资者看，还是要拿去银行贷款？目标不同，计划书的重点也会有所不同。创业计划就像盖房子之前要画一个蓝图，才知道第一步要做什么，第二步要做什么，或是同步要做些什么，别人也才知道想要做什么。而且大环境和创业的条件都会变动，事业经营也不只二三年，有这份计划书在手上，当环境条件变动时，就可以逐项修改，不断地更新。撰写创业计划书的内容包括如下：（以一个销售企业为例）

① 概念（Concept）。概念指的就是：在计划书里，要写得让别人可以很快知道要销售什么产品。

② 顾客（Customers）。有了明确的目标产品以后，接下来是要明确顾客。顾客的范围在哪里要很明确，例如认为所有的女人都是顾客，那五十岁以上的女人呢？五岁以下的也是客户吗？适合的年龄层一定要界定清楚。

③ 竞争者（Competitors）。目标产品有没有人卖过？如果有人卖过是在哪里？有没有其他的产品可以取代？跟这些竞争者的关系是直接的还是间接的？

④ 能力（Capabilities）。要卖的东西自己会不会、懂不懂？例如开餐馆，如果师傅不做了找不到人，自己会不会炒菜？如果没有这个能力，至少合伙人要会做，最起码也要有鉴赏的能力，不然最好不要做。

⑤ 资本（Capital）。资本可以是现金也可以是资产，是可以换成现金的东西。资本在哪里、有多少，自有的部分有多少，可以借贷的有多少，要很清楚。

⑥ 经营（Continuation）。当事业做得还可以时，将来的计划是什么？

任何时候只要掌握这6个C，就可以随时检查，随时做更正，不怕遗漏。

创业计划是说服自己，更是说服投资者的重要文件。不仅如此，创业计划书也将使创业者深入地分析目标市场的各种影响因素，并能够得到基本客观的认识和评价，使创业者在创业之前，能够对整个创业过程进行有效的把握，对市场机会的变化有所预警，从而降低进入新领域所面临的各种风险，提高创业成功的可能性。

4. 确定并获取创业资源

创业企业需要对创业资源区别对待，对于创业十分关键的资源要严格地控制使用，使其发挥最大价值。对于创业企业来说，掌握尽可能多的资源有益无害。当然还有一个问题，那就是如何在适当的时机获得所需资源。创业者应有效地组织交易，以最低的成本和最少的控制来获取所需的资源。

5. 管理新创企业

从企业发展的生命周期来说，新创企业需要经过初创期、早期成长期、快速成长期和成熟期。在不同的阶段，企业的工作重心有所不同。因此创业者需要根据企业成长时期的不同来采取不同的管理方式和方法，以有效地促进企业成长，保持企业的健康发展。例如，在初创时期和早期成长期，创业者直接影响着创业企业的命运，在这一时期，集权的管理方式灵活而富有效率，而到快速成长期和成熟期，分权的管理方式才能使企业获得稳步的发展。

本章小结

1. 创新的重要性主要有三个方面：
（1）创新是社会进步的核心动力。
（2）创新是国家发展的中坚力量。
（3）创新是高新人才的培养标尺。

创业的重要性主要有四个方面：①创业是经济发展的主要动力源泉；②创业是就业难题的主要解决办法；③创业是收入分配的主要平衡工具；④创业是自身价值的主要实现形式。

创业教育的重要性主要有四个方面：①创业教育是实现国际接轨的基本要求；②创业教育是改革高等教育的必然措施；③创业教育是推进创新人才培养的必然趋势；④创业教育是学生全面发展的必然要求。

2. 创业是一个发现和捕获机会并由此创造出新颖的产品、服务或实现其潜在价值的过程；创业以及创业教育的实质就是培养既有创业精神、创新精神，又具有创业能力的优秀人才。"创业精神"是个体或组织通过以创新为基础的思维和行动方式，敢于冒险，不断进取，追求创造市场新价值所形成的独特心理特质。虽然"创业精神"和"企业家精神"都没有明确指出社会责任的问题，但无疑社会责任是两种精神的现实写照之一。

3. 创业的构成要素为蒂蒙斯模型提出的三要素学说，即包括创业机会、创业资源及创业团队。其中，创业机会就是创业的商机；创业资源是指新创企业在创造价值的过程中需要的特定的资产，是新创企业创立和运营的必要条件；创业团队是创业企业成功的关键因素。

4. 创业的过程通常要经历产生创业动机、识别和评估市场机会、准备和撰写创业计划、确定并获取创业资源以及管理新创企业五个阶段。这五个阶段有着明确的次序，但各个阶段相互之间并不是完全隔绝的，并不是一定要在前一阶段全部完成之后才进入下一个阶段。

复习思考题

1. 什么是创业？
2. 什么是创业精神，它和企业家精神的区别是什么？
3. 创业的构成要素有哪些？

4. 结合自身实际情况，简要阐述如何开始属于自己的创业过程。

推荐阅读

杰弗里·蒂蒙斯（美），著，《创业学（第6版）》，人民邮电出版社，2005年7月。

课堂自测题

一、单选题

1. 杰弗里·蒂蒙斯的创业构成要素包括（　　）。
   A. 创业机会、商业计划、领导能力
   B. 创业机会、领导能力、创业资源
   C. 创业机会、创业资源、创业团队
   D. 创业机会、商业计划、创业团队

2. 吉姆·斯登格认为企业理想中改善人类生活的五方面价值除了"唤起自豪""影响社会"外，还包括（　　）。
   A. 激发愉悦、建立联系、激励探索
   B. 激发潜能、建立联系、激励创新
   C. 激发潜能、建立联系、激励探索
   D. 激发愉悦、建立联系、激发创新

3. 霍华德·H. 斯蒂芬提出了"创业可由七个方面的企业经营活动来理解"的观点，首先是发现机会、战略导向，再致力于机会，接着有（　　）。
   A. 资源配置过程、资源控制的概念、资源再利用的概念、资源保护的政策
   B. 资源配置过程、资源控制的概念、管理的概念、回报政策
   C. 资源控制的概念、资源再利用的概念、管理的概念、回报政策
   D. 资源配置过程、资源再利用的概念、管理的概念、回报政策

4. 创业资源主要表现形式为（　　）。
   A. 创业思维、创业人才、创业技术、创业资本
   B. 创业思维、创业人才、创业资本、创业管理
   C. 创业人才、创业技术、创业资本、创业管理
   D. 创业思维、创业人才、创业技术、创业管理

5. 何伯权认为，投资选择项目主要看三个方面，不包括（　　）。
   A. 行业趋势　　　　　　　　B. 政府政策
   C. 商业模式　　　　　　　　D. 创业团队

6. 大学生的创业动机主要来源于（　　）

A. 仿效名人、成就梦想、无奈之举、体验、同学相约
B. 仿效名人、成就梦想、无奈之举、兴趣、导师指点
C. 成就梦想、无奈之举、兴趣、导师指点、同学相约
D. 成就梦想、无奈之举、兴趣、体验、同学相约

二、判断题

1. 创业的过程有五个阶段，它们有着明确的次序，虽然各个阶段相互之间并不是完全隔绝的，但一定要在前一阶段全部完成之后才进入下一个阶段。（　　）

2. 创业者在市场评估之后仍然认为自己的创意或技术是独一无二的，这时可以忽略竞争分析。（　　）

3. 创业计划是创业者计划创立业务的书面摘要。（　　）

4. 创业计划主要是说服投资者的重要文件。因此创业计划书不用浪费精力深入分析目标市场，只要做到吸引投资者就可以。（　　）

自测题答案二维码

测你适不适合创业

1. 你父母或兄弟有过创业的经历吗？是：加1分；否：减1分
2. 在学校时你学习成绩名列前茅吗？是：减4分；否：加4分
3. 在学校时，你是否喜欢参加群体活动，如俱乐部的活动或集体运动项目？是：减1分；否：加1分
4. 少年时代，你是否更愿意一个人待着，不太喜欢和小朋友一起玩？是：加1分；否：减1分
5. 你参加过学校工作人员的竞选或是自己做生意吗？如卖柠檬水，办家庭报纸或者出售贺卡。是：加2分；否：减2分
6. 你个性是否很倔强，不轻易改变？是：加1分；否：减1分
7. 你做事情很谨慎吗？是：减4分；否：加4分
8. 你小时候有过比较冒险或者干过富有挑战性的事，并记忆深刻吗？是：加4分；否：减4分
9. 你的行为受别人的意见影响大吗？是：减1分；否：加1分
10. 改变固定的日常生活模式是否是你开创自己生意的一个动机？是：加2分；否：减2分
11. 也许你很喜欢工作，但是你是否愿意晚上也工作？是：加2分；否：减6分
12. 你是否愿意随工作要求而延长工作时间，可以为完成一项工作而只睡一会儿，甚至根本不睡？是：加4分；否：减4分
13. 在你成功完成一项工作之后，你是否会马上开始另一项工作？是：加2分；否：

减 2 分

14. 你是否愿意用你的积蓄开创自己的生意？是：加 2 分；否：减 2 分

15. 你是否愿意把自己喜欢的书或者珍惜的东西与别人分享？是：加 2 分；否：减 2 分

16. 如果你的生意失败了，你是否会立即开始另一个？是：加 4 分；否：减 4 分

17. 如果你的生意失败了，你是否会立即开始找一个有固定工资的工作解决生计问题呢？是：减 1 分；否：加 1 分

18. 你是否认为做一个企业家风险很大，时刻面临失败和倒闭？是：减 2 分；否：加 2 分

19. 你是否规划好了自己长期和短期的目标？是：加 1 分；否：减 1 分

20. 你是否认为自己能够以非常职业的态度对待经手的现金？是：加 2 分；否：减 2 分

21. 你是否很容易烦？是：减 2 分；否：加 2 分

22. 你是否很乐观？是：加 2 分；否：减 2 分

结果说明：

35 分到 44 分——绝对合适。

得 35 分以上的人士不自己创业，简直是资源浪费！

15 分到 34 分——非常合适。

如果你得分在 15 分以上（包括 15 分），那你应该说是个"老板坯子"了。

0 分到 14 分——很有可能。

你的人生其实可以有许多选择，包括选择自己创业还是做个高级白领。你的智商和情商发展均衡，这意味着你在很多选择中可进可退，可攻可守。

－1 分到－15 分——也许有可能。

如果你非要走创业之途，应该说也有属于自己的机会，但首先要克服很多困难，包括环境，也包括你自身的思维方式与性格制约。

－16 分到－43 分——不合适。

你可能不适合创业。不要浪费自己和别人的时间、精力和金钱。你应该仔细考虑自己是否适合做生意，因为你的才华可能并不在这方面。也许为别人工作或是掌握某种技术远比做生意更适合你，可以让你更好地享受生活的乐趣并且充分发挥自己的能力，发展自己的兴趣。

案例研讨

华南理工大学学生成功创业的六种模式

华南理工大学传承并发扬学校"博学慎思，明辨笃行"的办学传统，建设高起点、高水平、重实践、特色化的创业人才培养基地，在创业教育方面启动了一系列的改革尝

试,其目标是培养符合时代创业要求、具有突出的创业意愿和实践能力的未来商界领军人物,为建设创新型国家贡献力量。

作为国内理工科大学中综合排名较前的一所高校,华南理工大学素有"企业家的摇篮"之美誉,除了源于1978届无线电专业出了TCL的李东生、康佳的陈伟荣以及创维的黄宏生这三位知名总裁外,更是因为从此历届均有众多学子踏上自主创业之路。在创新创业教育的本土化实践已初步经受考验并渐显成果,华工学子成功创业可总结为如下六种模式:

(1) 大为模式

胡大为是一个本科、硕士两度跳级的"神奇小子",在他23岁攻读博士时已拥有7项专利及发表了30余篇论文,其中最出名的一项发明是节煤率高达30%的"煤炭燃烧催化剂"。以此为核心技术,胡大为积极参与"挑战杯"等创业比赛,明确公司构思及吸取专家意见,并于2009年在科技园与导师胡小芳教授共同投资成立了广州市芬芳环保有限公司,2011年公司的年销售额已超过2000万元。

大为模式可以概括为先天专利型创业,即以理工科出身的背景,围绕一项或多项领先的原创专利技术进行商业转化,公司创业人拥有扎实的技术,但管理基础薄弱,需要通过创业比赛锻炼及多方吸收专家意见,以完善自我对公司管理的实施。

(2) 云睿模式

曾是贫困生的2007届硕士毕业生胡云睿,为赚取生活费而组建的牛奶订购团队最鼎盛时一天可接下高达6万元的订单,而在校期间参加的商业大赛中胡云睿发现自己具有突出的销售潜力。毕业前夕,胡云睿了解到一种建筑用粘合剂产品市场可观,但当前只能靠国外进口,化学工程专业的他马上想到了通过技术模仿研发替代产品。经过1年的艰苦奋斗,胡云睿终于取得专利,并在2007年5月以勤工俭学积累下的2万元在科技园成立了广州劲诺新型材料科技有限公司,现在公司年产值近300万元。其计划几年内向高科技公司发展。

与大为模式相反,云睿模式是后天专利型创业,同样是理工科出身的背景,但公司创业人通过商业比赛发掘销售能力及创业意愿后才结合专业背景转向技术研发,最后围绕核心专利创立公司。在专利研发成功的前提下,此类模式需完善创业人的管理能力以及公司研发的持续能力。

(3) 陈第模式

陈第是计算机学院的学生,与所有走IT技术路线的同学一样,他热衷于参加各种IT创业类比赛,但目的是奖金而非创业。但当比赛中上传的小游戏达到每天2000次的下载量时,陈第开始考虑"技术变现"的问题。2010年毕业之际,陈第和自己的团队以承接外包软件开发业务赚取的资金在大学城数字家庭孵化基地成立了手机网络广告推广公司,开当时国内之先,实现游戏开发商、广告商和手机广告公司三方受益分成模式,月均营业额约100万元,1年后公司也在1000多万元的风投中逐渐成形。

陈第模式是IT技术型创业,以IT专业出身为背景并专注于该领域的发展,顺应网络营销发展,把握好机遇进行技术变现。该模式能保证持续的研发能力,但受网络发展变化影响较大,需及时寻求稳定且具有竞争力的盈利方式。

(4) 卫刚模式

与此前提到的创业者不同,张卫刚是在毕业八个月后辞去月薪六千的工作重新踏上创业之路的。2011年10月,张卫刚创立的网络YOU商城正式开业,承诺下订单两小时内必定能送货上门。YOU商城主营零食特产、礼品精品等小件商品,并只在广州天河高校圈及大学城校区配送,其最大特点是货源来自周边商家并与其达成联合经营。最初,YOU商城的推出只为参加创业比赛,没想到张卫刚培养了创业意识并在毕业之后进行实践,当前,YOU商城的半年营业额已超10万元。

卫刚模式是服务创新型创业,依靠电子商务平台开拓新的经营模式并打造服务的特殊卖点,其创业重心不依赖于科技更倾向于服务管理,如需做大做强,一要培养核心竞争力,二要有较好的盈利模式维持扩张,三要注重团队执行力。

(5) 君长模式

虞君长的创业也从"挑战杯"开始,那时他才大二,刚转专业至工商管理学院,面临的最大难题是无人脉却要组建一支有价值的参赛队伍。首先,他成功游说材料学硕士陈平绪携国家发明专利"耐水环保标签黏合剂"加入,随后陆续吸引了众多研究生、博士生的加入。作为团队中年龄最小、年级最低却是最重要的队长,1年后虞君长成功带领团队获得了"挑战杯"的全国决赛金奖。毕业之后的虞君长接手家族企业并成功对其进行了转型升级。

君长模式是家族企业型的二次创业,毫无疑问,挑战杯的锻炼促进了他管理水平的提升、增强了他的经营实力,让他在校园内以系统的思维看待企业成长问题并吸纳了诸多专家的指导,最终在实战时成功开启家族企业的全新局面。

(6) 少武模式

来自工商管理学院会计专业的吴少武的创业之旅起步于大二时的一次"大学生恋爱经济"调研比赛,他的认真以及专业得到在速递行业已经打拼将近二十年的韦总经理的赏识。其后,吴少武受邀进驻该公司,参与的内部管理系统优化及毕业生行李托运项目均取得了不俗的成绩。2011年9月,仍在校的吴少武在接受韦总的投资后创办了广州新陆程物流公司,主营华南地区的中短途高端公路运输,并且将业务从广州起步,以无人问津的海口专线作为切入点,开始物流人生。经历一年多的历练,公司从2个人发展到18个人,月营业额也达到了60万元。

少武模式属于人才储备型创业,通过展现个人能力得到投资者的认可,在进一步接触中协助投资者完成项目获取信任,最终被投资者以人才储备的目的赋予子公司的完全管理权。

思考:

请从创业的构成要素及创业的过程两个角度简略分析六种模式的优劣势。

第 2 章　创新思维训练

　　互联网的平台思维就是开放、共享、共赢的思维，这个企业的平台不仅要成为企业与消费者、供应商等联系的平台，还要成为员工发挥最大潜能的平台，甚至是一片属于他们自己的微创新、微创业的小天地。

　　——戴夫·柯本、特雷莎·布朗和瓦莱丽·普里查德（《互联网新思维》）

【学习目标】

- 了解创新与创新思维
- 了解创新思维训练的方法
- 学会使用头脑风暴法进行创新思维训练
- 学会使用六项思考帽法进行创新思维训练

【读书笔记】

　　《互联网新思维》一书中，作者提倡让团队跳出思维局限。阿道比（Adobe）的一项名为"创新的世界"的研究显示，80%的人认为创新能带来经济增长，但只有25%的人认为他们充分发挥了创造的潜能，剩下75%的人则认为他们的雇主太注重生产力而抑制了他们的创造力。因此，要想成功，公司必须有创造性思维。迈向创新的第一步就是主动开始新的事情。如果公司不能打破思维的局限，那就只能永远追随别人。

2.1　创新与创新思维

2.1.1　创新

　　创新是指人们为了发展的需要，运用已知的信息，不断突破常规，发现或产生某种新颖、独特的有社会价值或个人价值的新事物、新思想的活动。创新的本质是突破，即突破旧的思维定式，旧的常规戒律。它追求的是"新异""独特""最佳""强势"，并必须有益于人类的幸福、社会的进步。创新活动的核心是"新"，它或者是产品的结构、性能和外部特征的变革，或者是造型设计、内容的表现形式和手段的创造，或者是内容的丰富和完善。

　　创新具有很强的开拓性，创新实践不是重复过去的实践活动，它不断发现和拓宽人类新的活动领域。创新实践最突出的特点是打破旧的传统、旧的习惯、旧的观念和旧的做法。创新在行为和方式上必然和常规不同，它易于遭到习惯势力和旧观念的阻挠。对于创新主体来讲，应具有思想解放、头脑灵活、敢于批评、勇于挑战的开拓精神。

2.1.2 创新思维

创新思维是人类在探索未知领域过程中,能够打破常规,积极向上,寻求获得新成果的思维活动。创新思维是人类思维活动的精髓。

创新思维是人类思维的最高表现。在思维的类别中,与常规性思维相对,创新思维是指以新颖独创的方法解决问题的思维过程。这种思维不仅能揭示客观事物的本质及规律,而且,在创新思维的驱动下,人类的物质文明和精神文明将会得到极大的提高。不过,只有在正确认识自己的前提下才能建立起创新思维理念,进而产生创新的行为。要创造新的事物,必须具有积极主动和进取的心态,否则就不能"思人之所未思",去创造性地解决问题。在创造的过程中,困难重重,更需要创造者以大无畏的精神全身心地投入,敏锐观察,发挥想象,活跃灵感,标新立异,把一个人的全部积极的心理品质都调动起来。创新思维既具有一般思维的特点,又有不同于一般思维的特性。它主要来源于不断发展的实践,产生于实践主体的不懈追求,使理论与实践有机结合。现代社会特别强调人的创新精神和创造能力,而人的创新精神和创造能力,无不源于人的创新思维。

大学生创业过程中存在很多的风险,一旦出现,应当如何去应对和解决,是创业者都需要去学习的。创业者应自觉培养创业意识,努力提高多方面素质;全面培养创业能力,鼓励自主创新和引进消化再创新;陶冶个性品质,努力克服困难,达到成功创业的目标。

创新思维主要有以下几个方面的特点:

1. 新颖性

这是从思维成果方面来判断的。人们在进行探索和研究的活动中,打破惯常解决问题的方法时所形成新思想的思维特征,称为创新思维的新颖性。它将已有的知识经验进行改组或者重建,创造出个体前所未知和社会前所未有的思维成果。这是创新思维的基本标准和特性。有学者把它看成是创新思维的本质特征。它与创新思维的敏锐性、发散性、集中性等特征存在相关的联系。例如,知道地球是圆的,又知道向东航行能够到达东方,于是哥伦布就预见到,向西航行也能到达东方。这就是创新性思维新颖性的具体表现。

2. 敏锐性

在司空见惯的事物中发现未知的新东西的思维特性,称为创新思维的敏锐性。有一次,著名法国学者巴斯德到田间散步,发现有块土壤的颜色与其他的土壤有些不同,走近一看,原来是蚯蚓从地下带来的大量土粒。于是他想,死于炭疽病的羊,深埋地下,使其周围的泥土含有炭疽病芽孢,会不会是蚯蚓把这种泥土带到土壤表层上来而使得炭疽病继续传播呢?这个想法在不久后得到证实。就是巴斯德的这种思维的敏锐性使他发现了神秘莫测的炭疽病传播途径。

3. 发散性

依据一定的知识和事实求得某一问题的多种可能答案的思维特性,称为创新思维的发散性。这是一种不依赖常规而寻求变异,并沿着不同的方向、向着不同的范围自由发散的思维方式，是从已知信息中衍生出大量变化的、独特而新颖的新信息的思维。

4. 集中性

运用已有知识经验引出正确逻辑结论的思维特性，称为创新思维的集中性。这种思维可以使人获得解决问题的最佳可行方案。例如，美国制订了十年后登上月球的计划。为此，科学家们研制了各式各样的方案。最后，得出结论：月球轨道会合方案是最佳的可行方案。20 世纪 70 年代，阿波罗飞船登上月球一举成功，成为永载史册的人类壮举，同时也向世人表明了集中思维的重要作用。

5. 分合性

运用分析方法把思维对象以崭新的方式捣成碎片，再把这些碎片以崭新的方式或者规格组合起来，从而形成新的创造物，这种思维特性就是创新思维的分合性。

6. 形象性

人脑对已有表象进行加工而产生前所未有的一种新表象的思维特性，称为创新思维的形象性。例如，德国化学家凯库勒研究苯分子六个碳原子的结构，利用自己的梦——长蛇，引起了他的反思而获成功。

2.2 创新思维训练活动

2.2.1 逻辑思维训练

1. 爱丽丝在"健忘森林"

古时候，某地有一片"健忘森林"。如果人们进入了这片森林，会把自己活动的日期忘掉。小姑娘爱丽丝误入了这片森林，她也就忘记了当天的日期。她在这片森林里徘徊了很久，想知道这一天是星期几，但是却回忆不起来。这时候，迎面来了只老山羊，爱丽丝就走上前去打听。

"山羊公公，你知道今天是星期几?"爱丽丝问。

"可怜的小姑娘，我也忘记了。不过，你可以去问问狮子和独角兽。狮子在星期一、星期二、星期三这三天是说谎话的，独角兽在星期四、星期五、星期六这三天是说谎话的，其余的日子，他们俩倒都说真话。"永远说真话的老山羊回答说。

于是，爱丽丝就去找狮子和独角兽。

当爱丽丝问起今天是星期几时，狮子回答说："昨天是我说谎话的日子。"独角兽也说："昨天是我说谎话的日子。"这一天是星期几? 为什么?

2. A、B、C、D、E、F 六人正在某超市排队

F 没有排在最后而且在他和最后一个人之间还有两个人；这最后一个人也不是 E；在 A 前面至少四个人，但他也没有排在最后；D 没有排在第一位，但他前后至少都有两个人；C 没有排在最前，也没有排在最后。现在，请从第一位开始，列出这六个人排队的顺序。

解析：

1. 这一天是星期四。

推理分三个步骤：

第一步，分析狮子说的"昨天是我说谎话的日子"这一句话，推得这一天可能是星期几。

（1）如果这一天是星期一，那么这一天狮子说谎话；如果这一天狮子说谎，那么它必然把星期日说成"昨天是我说谎话的日子"。所以，如果这一天是星期一，那么狮子会说："昨天是我说谎话的日子"。

（2）如果这一天是星期二，那么狮子也是说谎话的；如果这一天狮子是说谎话，那么狮子必然说"昨天是我说真话的日子"。所以，这一天不是星期二。

依此类推，得出结论：只有周一或者周四，狮子才会说"昨天是我说谎话的日子"。

第二步，分析独角兽说的"昨天是我说谎话的日子"这一句话，推理方法一致。结论是：独角兽只有在星期四或者星期日，才可能说。

第三步，综合狮子和独角兽的说法和日期，只能是星期四。

2. E C F D A B。

2.2.2 形象思维训练

1. 用8根火柴摆2个正方形，小意思！可移动其中的4根火柴，使图中有2个正方形、8个三角形。你还有其他招吗？

2. 请问有多少种不同的路线可以从A处到达B处？

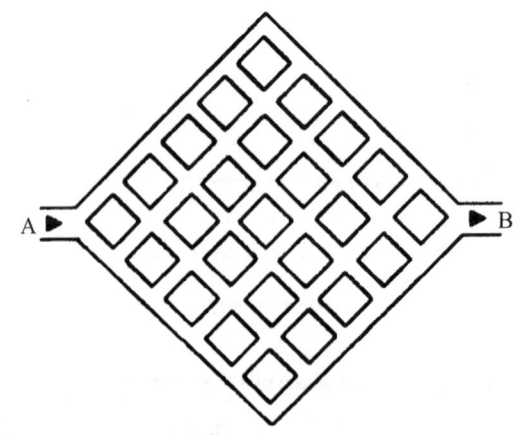

答案：

1.

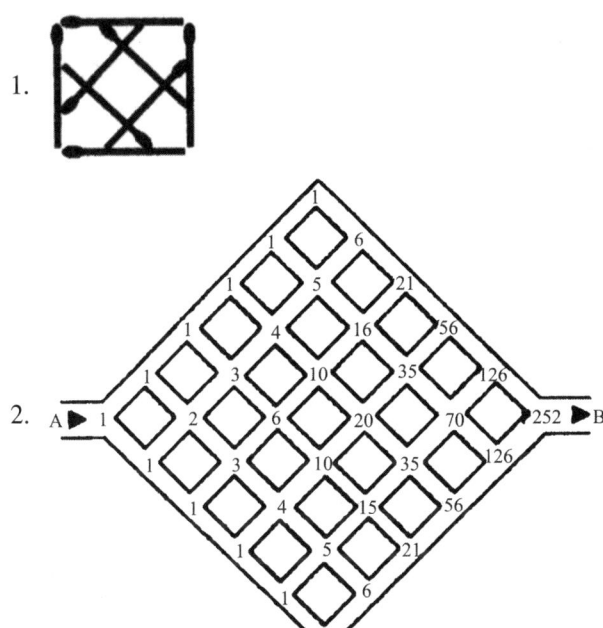

2.

2.2.3 发散思维训练

1. 发散问题

雨伞存在的问题：

（1）容易刺伤人；

（2）拿伞的那只手不能再有其他用途；

（3）乘车时伞会弄湿乘客的衣物；

（4）伞骨容易折断；

（5）伞布透水；

（6）开伞收伞不够方便；

（7）样式单调、花色太少；

（8）晴雨两用伞在使用时不能兼顾；

（9）伞具携带收藏不够方便等。

请用发散思维改进雨伞。

2. 燃绳问题

烧一根绳子，从头烧到尾总共需要1个小时。现在有若干条材质相同的绳子，问如何用烧绳的方法来计时1个小时15分钟。

解析：

1. ①增加折叠伞品种；②伞布进行特殊处理；③伞顶加装集水器，倒过来后雨水不会弄湿地面；④增加透明伞、照明伞、椭圆形的情侣伞、拆卸式伞布等；⑤制成"灶伞"，除了挡风遮雨外，在晴天撑开伞面对准太阳，伞面聚集点可产生500℃的高温，太阳伞成了名副其实的"太阳灶"，用途一下子就拓宽了许多。

2. 如果烧一根这样的绳，从头烧到尾 1 个小时。由此可知，头尾同时烧共需半小时。同时烧两根这样的绳，一个烧一头，一个烧两头。当烧两头的绳燃尽时，共要半小时，烧一头的绳继续烧还需半小时；如果此时将烧一头的绳的另一头也点燃，那么只需 15 分钟。

2.2.4 联系思维训练

1. 门外三个开关分别对应室内三个灯泡，线路良好，在门外控制开关时不能看到室内灯的情况，现在只允许进门一次，确定开关和灯的对应关系？

2. 考生在绝对不能作弊的考场上进行包括作文的语文测试，结果居然出现了两个一模一样的答卷。你认为在什么情况下会出现这种现象？

解析：

1. 众所周知，灯泡打开一会儿会发热，从此入手即可解决问题。打开第一个开关 10 分钟，再关上，打开第二个开关，进屋。亮的灯由第二个开关控制，不亮的灯摸一摸，热的由第一个开关控制，另一个由第三个开关控制。

2. 很多人在回答这一问题时，仅仅从完全一模一样的答卷着手，苦思冥想，推测各种可能的作弊方法。有的说，是其中一个学生用复写纸答卷；有的说，一个学生自己答卷后又给另一个学生抄卷。显然，这些解释违背了题意。其实答案很简单，即两个人都交了白卷。

2.3 创新思维训练的障碍及方法

2.3.1 创新思维训练的障碍

"一代名相"魏征在向唐太宗上奏时，提到这么一句"欲流之远者，必浚其泉源"。思维好比流水，没能突破种种障碍，就只能停留在原地，沦为一滩死水。阻拦创新思维的种种屏障，主要有如下几种：

1. 思维定式

思维定式来自心理学上研究的心理定式。心理定式这种心理现象，最早是德国心理学家缪勒发现的。他提出在人的意识中出现过的观念，有一种在意识中再重复出现的趋势。他曾经通过大量的实验来证明心理定式的存在。比如，当一个人连续 10 次到 15 次手里拿着两个质量不相等的球，然后再让他拿两个质量完全相等的球，他也会感知为不相等。心理学上一般把心理定式解释为"是过去的感知影响当前的感知"。思维现象也属于心理现象，思维现象是心理现象的高级形式。思维定式也可以解释为"是过去思维影响现在的思维"。

一般来说，思维定式对常规思考是有利的。因为我们在思考同类或相似问题的时候，能省去许多摸索、试探的步骤，能不走或少走许多弯路，缩短思考的时间，提高思考的质量和成功率。

但是思维定式不利于创新思考。各个领域里都有一些经过深入研究最后获得成功的例子。为什么总是只有极个别的人才会去注意、重视和研究呢？其中的一个重要原因就是一般人难以摆脱思维定式的束缚。

无论是思考如何解决碰到的新问题，还是对已熟悉的问题寻求新的解决方案，一般都需要多途径进行探索、尝试，需要提出许多新的设想，最后再筛选出最佳方案，这时如果遵循人们所形成的思维定式去思考问题，将对创新思维起妨碍和束缚的作用，会使人们陷在旧思考程序的无形框框中，也就难以产生新的设想。心理学家说过："只会使用锤子的人，总是把一切问题看成是钉子"。

思维定式有从众型思维定式、权威型思维定式、经验型思维定式、从书型思维定式和自我中心型思维定式等，如果要有所创新，我们一定要摆脱这些思维定式的影响。

(1) 从众型思维

从众思维使得个人有一种归宿感和安全感，能够消除孤单和恐惧等有害心理。另外，以众人是非为是非，人云亦云是一种保险的处世态度。

世界上衡量是非的标准往往是主观的感受。在一个群体之中，如果大家都认为某件事情错了，那么，这件事情就是错了。我们常说谣言重复1000次就是真理，因为当某种谣言重复出现时，大家就会把这个谣言当成通行的法则，当成了真实的情况。

从众思维定式有利于常规思维，有利于群体的一致行动，但是它不利于个人独立思考和创新意识。因此，对于一个团体来说，"一致同意"并非好事，在它的背后可能隐藏着从众思维定式。

(2) 权威型思维

在我们的思维中经常会有意无意地遵从权威人士的想法，不少人习惯于引证权威的观点，不加思考地认为权威的言论、看法就是真理，一旦发现与权威相违背的观点或理论，便想当然地认为必错无疑，这就是我们思维的另一误区——权威型思维误区。

我们可以这样说，只要有人群的地方就会有权威，权威在任何时代、任何社会都存在。人们对权威普遍怀有尊崇之心，这在一定程度上来说是有好处的。因为在多数情况下听专家的意见会得到好处甚至成功，如果不慎违反了专家的意见，总是要招致或大或小的失败或损失。久而久之，人们便习惯了以专家的是非为是非，总是想当然地认为"专家不可能出错"。从创新思维培养的角度来说，我们需要突破旧权威的思维束缚，不要沿用权威的思路，时刻警惕权威型思维定式。

(3) 经验型思维

在我们生活的世界里，从幼儿到成年所经历的事会构成我们丰富的经验。通常情况下，经验对于我们处理日常问题是有好处的，特别是一些技术和管理方面的工作，就需要有丰富的经验。试想如果加工一个精密零件，具有熟练技术的工人就能够很好地胜任这个工作；一个熟悉车间运作的管理人员能够很好地管理这个车间。

经验与创新思维之间的关系比较复杂，随着时间的推移，经验是可以不断积累的，具有不断更新的特点。经过经验之间的比较就可以发现人们自身思维的局限性，进而可以开阔眼界、增长见识。经验与创新思维之间的另外一个作用就是经验是相对稳定的东西，有可能导致人们对经验过分依赖乃至崇拜，形成固定的思维模式，这样就会降低人们的创新思维能力。

从思维的角度来说，经验具有很大的狭隘性，束缚了思维的广度。经验的狭隘性表现在经验的时空狭隘性、主体狭隘性和经验之外的偶然性。经验对于需要进行创新思维的人来说就变成了束缚，变成了框框。要想有所创新，就要在创新过程中摆脱经验的影响。

（4）从书型思维

一般人们认为，一个人的书本知识增多了，特别是上了大学，读了硕士、博士，那么他的能力，其中也包括创新能力，自然就会相应地提高。实际情况并不见得是这样。我们应当看到，书本上的知识并非都是真理，往往随着社会的进步、科技的发展，以前被认为是真理的随着时间的推移变成非真理。即使书本上的所有知识都是真理，即使所学习的都是反映着客观事实和客观规律的科学知识，也还得看学习的人是否能够正确、有效地加以利用。

我们常说知识就是力量，但是如果不能将所学的知识灵活运用，知识就不是力量。实际上一般认为知识是潜在的力量，要能够正确、有效地应用知识，它才能成为现实力量。不能认为谁读的书多，知识丰富了，谁的力量就大，创新能力就强。总之，如果能够把握好知识与创新能力之间的对立统一关系，就能够在创新实践中做到既有丰富的知识，同时又不为知识所累。

（5）自我中心型思维

在我们日常的思维活动中，人们自觉或不自觉地按照自己的观念、站在自己的立场、用自己的目光去思考别人乃至整个世界。这是由于每个人都有自己独特的经历、经验和个性，不同的人具有不同的价值观念。这就是我们所说的自我中心型思维定式。

如果被自我中心型思维定式所困，那么就很容易造成人与人之间沟通的困难，造成不能勇于承认自己错误的结果。很多时候傻瓜也会为自己的错误辩护，但如果能够承认自己的错误，就可以化解矛盾，并能获得他人的尊重。

即使别人对你的批评是破坏性的，有时候你也可以从这些线索中进一步了解对方的想法，你可以从破坏性的批评中找寻建设性的意义。

2. 约拿情结

约拿是《圣经》中的人物，他一直渴望得到上帝的宠幸。有一次机会来了，上帝派他去传达圣旨，这本是一桩神圣而光荣的使命，助其如愿以偿，但是，面对突然到来的、渴望已久的荣誉，约拿却莫名其妙地胆怯起来。他逃避了这一神圣的使命。这是人们心理所固有的内心冲突，既渴望成功，又害怕在争取成功的路上遭遇失败，害怕成功到来的瞬间所带来的心理冲击，害怕取得成功所要付出的艰巨劳动。人们的这种心理表现被心理学家称为"约拿情结"。

约拿情结是美国心理学家马斯洛提出的。他指出："我们害怕自己的潜力所能达到的最高水平。在我们最得意的时候，处在最得意的条件下，在我们最雄心勃勃的瞬间，我们通常总是害怕那个时刻的到来，我们又会为这种可能性而感到害怕、软弱和震惊。"这种约拿情结产生的负面影响我们经常会听到。比如在比赛场上曾经创造过辉煌的运动员，由于心理压力的沉重，发挥不出应有的水平而惨遭败绩。

人们为什么既渴望成功，又害怕成功呢？因为人们害怕争取成功的路上要面对的失败，害怕取得成功需要付出的极其艰巨的劳动，害怕成功到来瞬间带来的心理冲击，也害怕成功带来的种种社会压力。

3. 安于现状

有一则煮青蛙寓言说，如果将一只青蛙放进沸水中，它会立刻试着跳出。但是如果把青蛙放入温水中，不去惊吓它，它将在水中不动。这时如果慢慢将温度升高，青蛙仍然不动，随着温度的慢慢上升，青蛙变得越来越虚弱最后无法动弹。为什么会这样？因为青蛙体内感应威胁的器官对外界反应迟钝，最终导致自身生命的丧失，说明青蛙处在温水中容易产生麻木现象。

习以为常是人的思维本能，它一方面规范了我们的行为和思维模式，让我们顺其自然，轻松地生活，但是它又局限了我们的思维。作为需要进行创新思维的人来说是极其不利的。我们需要对各种自然奥秘抱有强烈的好奇心，还要不断培养和加强自己的好奇心，警惕和克服麻木迟钝的思想情绪。强烈的好奇心是创新意识和创新精神的驱动器，年轻人尤其要注意培养自己的强烈好奇心。

4. 只寻求唯一标准答案

一位研究人员曾经统计过一个读完了普通大学的学生，大约进行 2 600 次测试、测验和考试，于是标准答案深刻地印在他们的脑海里。对于某些常见的问题而言，这也许是好的，因为这些问题确实只有一个正确的答案。但是现实生活中大部分问题并不是这样的。生活是模棱两可的，有很多正确的答案，如果你认为只有一个正确的答案，那么当你找到一个时，就会停止寻找。定理和公式是人创造出来的，但在学校里老师往往不告诉学生这些定理和公式是可以改变的。

由于在学校里长期受到唯一标准答案的教育，那么在毕业以后进入工作单位，当企业领导要求他发明一种新的产品、开拓一方市场时，他往往会手足无措。如果在进行创新设计和发明的时候，匆忙地只想出一个主意就急于拍板定案，那么很难有真正高质量高水平的最佳方案。

如果要有所创新，我们就要善于发现众多的可能性，每一种可能性都有成功的希望。有些习惯和行为有助于创新力发挥作用，有些则会严重破坏创新力。寻找唯一答案就会妨碍创新力的发挥，寻找多种可能性则会推动创新力的发挥。

5. 自我怀疑

生活中有许多人总是怀疑自己的能力，让他们学习一门新技术，本来是一次很好的机会，他们却说："我那么笨，能行吗？"让他们负责一项新的研究课题，他们总是说"我不行"。我们通常会听到人们感叹"创新难，创出成功更难"。事情还没有做，怎么就知道自己不行呢。实际上，这些人恰恰犯了一个错误，就是不能相信和肯定自己的力量，没有建立起有所作为的信心。这就是典型的"自我贬抑型思维定式"，就是总认为自己能力低，办不到，从来就不会去尝试一下。如果他能够打破这种思维定式，从内心树立起信心，他会突然间发现自己身上所具有的能力。

我们可能会碰到这样的人，坐在家里与人聊天时说得天花乱坠，描绘出自己将会有百万身家，但是一到上班时又是照样干活。正如人们所说的"一夜千条路，天明照样卖豆腐"。为什么这些人只想不干，原因是多方面的，其中最主要的一点就是他们认为自己不行，缺乏自信。

但是，实际上人的潜能是无穷的。我们可以认为，每一个人的天生能力彼此并没有多少差别，除了一些特殊情况以外，大家都是站在同一起跑线上的。一般来看，人仅仅使用了自身能力的3%，即使被称为20世纪最发达的大脑的拥有者爱因斯坦，也只不过用了10%。

我们可以这样认为，只要自己认定一个目标，这个目标都有实现的可能，关键是如何充分发挥人体的潜能，充分运用人脑所没有使用的97%的潜能。

人成功与否，固然与外部环境有关，但更与自己的成功意识有关。科学家对创新型人才的调查显示，创新型人才的一个重要特征就是不怕失败，不甘示弱，不认为自己不行。

实际上人们的智力差别并不大，智力超常和智力低下的人只占很少部分，大多数人是中等智力。事业上的成功者，并不是他们的智商特别高，而是由于他们的心理素质好。"我能行"的成功意识能够促进事业的成功，"我不行"的失败意识妨碍着自己的努力，减少了成功的可能性。

6. 求稳情绪

我们的社会是以求稳为特点的，因此在人们内心深处不敢冒险，只想着老老实实地过那种千篇一律的平淡生活，这就是人们的求稳型思维。

在求稳型思维的束缚下，我们每次尝试新事物时都会感到不安，心跳加快，冷汗直冒，于是会对自己说"我为什么要这样做，守着我熟悉的环境该多好"。于是不再让自己尝试新事物，进行新的冒险，保持着旧的习惯，旧的思维。

人们的求稳思维实际上是与惧怕失败相联系的。做事一旦失败，首先可能是"自我低估"，这是一个痛苦的过程，而且别人可能会小看我们。再说"成者为王，败者为寇"，失败后我们可能会降低经济收入和政治地位，最后我们会发现，人们对你的热情会降低，不再支持我们今后要做的事情了。这些我们都十分清楚，因此我们害怕失败，不敢冒险。

然而，大多数人对失败的恐惧程度可能有些过分。实际上任何人都有过失败，但调整过来不仅照旧生存得很好，还可能从失败中得到经验教训，从而取得成功。显然，过于夸大挫折的负面作用，会使我们故步自封，畏首畏尾，不求有功，但求无过，限制了自己的创造力。

2.3.2 创新思维训练的方法

1. 头脑风暴法

头脑风暴法是最负盛名、最具有实用性的团体创新方法。它是指以小组讨论会的形式，群策群力，互相启发，互相激励，使人们的大脑产生连锁反应，以引出更多的创意，获得更多的创造性解决问题的答案。精神病学中形容精神病人不合逻辑的胡思乱想、胡说八道的状态，叫"头脑风暴"。头脑风暴法就是借鉴了这个词，强调思维不受约束，创意才能破壳而出。

2. 六项思考帽法

"六项思考帽法"是爱德华·德·博诺博士开发的一种思维训练模式,它提供了"平性思维"的工具,避免将时间浪费在互相争执上。"六项思考帽法"强调的是"能够成为什么",而非"本身是什么",是寻求一条向前发展的路,而不是争论谁对谁错。运用博诺的"六项思考帽法"将会使混乱的思维变得更清晰,使团体中无意义的争论变成集思广益的创造,使每个人变得富有创造性。本章第五节会对"六项思考帽法"做详细的解释与说明。

3. 5W2H 法

5W2H 法为第二次世界大战中美国陆军兵器修理部首创。该方法简单、方便,易于理解、使用,富有启发意义,广泛用于企业管理和技术活动,对于决策和执行性的活动措施也非常有帮助,也有助于弥补考虑问题的疏漏。

1. Why——为什么?为什么要这么做?理由何在?原因是什么?
2. What——是什么?目的是什么?做什么工作?
3. Where——何处?在哪里做?从哪里入手?
4. When——何时?什么时间完成?什么时机最适宜?
5. Who——谁?由谁来承担?谁来完成?谁负责?
6. How——怎么做?如何提高效率?如何实施?方法怎样?
7. How much——多少?做到什么程度?数量如何?质量水平如何?费用产出如何?

5W2H 法用以发现解决问题的线索,寻找发明的思路,进行设计构思,从而达到解决问题或者实现发明创造的目的。我们可以把这一方法理解为"发现问题,解决问题"。

4. 逆向思维法

逆向思维也叫求异思维,它是对司空见惯的似乎已成定论的事物或观点反过来思考的一种思维方式。敢于"反其道而思之",让思维向对立面的方向发展,从问题的相反面深入地进行探索,树立新思想,创立新形象。当大家都朝着一个固定的思维方向思考问题时,而你却独自朝相反的方向思索,这样的思维方式就叫逆向思维。人们习惯于沿着事物发展的正方向去思考问题并寻求解决办法。其实,对于某些问题,尤其是一些特殊问题,从结论往回推,倒过来思考,或许会使问题简单化。逆向思维法具有挑战性,常能出奇制胜,取得突破性解决问题的方法。

【小案例】

反季节养鸭

海南省崖县的农民李照,1984 年开始养鸭,每只都养到 3～3.5 公斤以上才出售,结果因鸭大而滞销,顾客嫌一次性花钱太多不想买。李照反向经营,变大为小,把鸭养到 1～2 公斤就上市,滞销变畅销。通常情况下,人们的思路是鸭养得越大越能赚钱,如果滞销了,只怪顾客中吃鸭的人少了。而李照不仅细细琢磨顾客的心理,还来了个逆向思维,巧妙地解决了这个问题。

后来，李照又从市场供需中得到启示，每年鸭上市，都集中在夏秋两个季节，这时鸭旺价贱，旺季一过，价格回升。能不能反季节养鸭呢？于是，他通过大胆实践，饲养的鸭在淡季上市，从中获得较高的效益。

李照使用的方法叫时差反弹——与季节相进，推出产品。这一逆向思维早在春秋战国时期就有人使用了。越王勾践的谋臣范蠡就指出："水则资车，旱则资舟。"范蠡这句话的意思是：在旱灾时，要准备舟船待涝；在水灾时，要准备车辆待旱。反向经营反而得大利，这就是事物变化的辩证法。

5. 侧向思维法

侧向思维又称"旁通思维"，是发散思维的又一种形式。这种思维的思路、方向不同于正向思维、多向思维或逆向思维，它是沿着正向思维旁侧开拓出新思路的一种创造性思维。通俗地讲，侧向思维就是利用其他领域里的知识和资讯，从侧向迂回地解决问题的一种思维形式，是一种通过把注意力引向外部其他领域和事物，从而受到启发，找到超出限定条件之外的新思路，实质上是一种联想思维。

世界万物是彼此联系的，从别的领域寻求启发、方法，可以突破本领域常有的"思维定式"，打破"专业障碍"，从而解决问题，或者对问题做出新颖的解释。一百多年前，奥地利的医生奥恩布鲁格，想解决怎样检查出人的胸腔积水这个问题，他想来想去，突然想到了自己父亲。他的父亲是酒商，在经营酒业时，只要用手敲一敲酒桶，凭叩击声，就能知道桶内有多少酒。奥恩布鲁格想：人的胸腔和酒桶相似，如果用手敲一敲胸腔，凭声音，不也能诊断出胸腔中积水的病情吗？"叩诊"的方法就这样被发明出来了。历史上甚至有这样的现象，一些人在自己的领域内未见什么大的进展，而在别的行业却成绩斐然。例如美国画家莫尔斯发明了电报，美国自行车修理工莱特兄弟发明了飞机，学医的鲁迅、郭沫若却成为文学、史学领域的"大家"。

6. 金字塔结构思维训练法

金字塔结构思维模式，是指将自己要表达的多个思想依据一定的逻辑关系，或由上而下，或自下而上排列出来，使其形成由单一思想统领的具有递进关系的金字塔模式，从而使所想要表达的思想一目了然。

2.4 头脑风暴法

头脑风暴法是鼓励在小组中进行创造性思维的最常用方法。

2.4.1 头脑风暴法的原则

头脑风暴法是针对要解决的问题召开6～12人的小型会议，与会者按照一定的步骤和要求，在轻松的氛围中展开想象，自由畅想，各抒己见，相互激励和启发，使创造性的思想产生大量的新创意。为了达到这个目的，在头脑风暴法操作中还必须遵循四条基本原则：

第一，自由畅想，鼓励新奇。要解放思想，不受传统逻辑和其他思想框架的束缚，使思想保持自由驰骋的状态;还要尽力求新、求奇、求异,充分发挥联想和想象,从广阔的思维空间寻求新颖的解决问题方案。

第二,禁止批判,延迟判断。这是为克服"批判"对创造性思维的抑制作用,保证自由思考和良好的激励气氛。一个新设想看起来好像很荒诞,但它有可能是另一个好设想的"垫脚石"。贯彻这一原则,既要防止出现那些束缚人思考的扼杀句,如"这不可能""这根本行不通""真是异想天开"等,也要禁止赞扬溢美之词的出现,如"挺好""不错"等,它们都会不同程度地起到扼杀设想的作用。

第三,谋求数量,以量求质。在有限的时间里,所提设想的数量越多越好。因为,设想的数量越多,就越有可能获得有价值的创造性设想,通常,最初的设想往往不是最佳的,而一批设想的后半部分的价值要比前半部分高78%。此外,在追求数量,并且氛围活跃、积极的情况下,与会者为了尽可能地提出新设想,也就不会去做严格的自我评价了。

第四,互相启发,综合改善。创造在于综合,尽量在别人所提设想的基础上加以改进发展,然后提出新设想,或者提出综合改善的思路。因为创造往往就在于综合,在于头脑中已有思想之间、已有设想和新获得的外来信息及设想之间形成新的组合,产生新的思路。此外,会上提出的设想大都未经深思熟虑,很不完善,必须加工整理,并对其综合改善,才能形成优秀的解决方案。

在实际应用中,这四条原则非常重要,特别是前两条,他们可以保证产生足够数量的创意,只有与会人员严格遵守原则,不作批判,会议才能成为名副其实的头脑风暴会议。

2.4.2 头脑风暴法的实施步骤

1. 准备

选择主持人。理想的主持人要熟悉头脑风暴法并了解所要解决的问题,能在必要时恰当地启发和引导大家。

会议人员的遴选。参加头脑风暴法会议的人数以6～12人为宜,可根据待解决问题的性质确定人员。指定一人负责会议记录,或主持人自己承担记录工作。

此外,还应选择安静的开会地点,做好事先通知。

2. 热身

为使参加会议的人员进入"角色",减少僵局或者冷场的局面,需要制造轻松的氛围。例如,可以播放音乐、放些糖果或倒杯茶水等,待与会人员的心情放松之后,主持人便可以提出一个与讨论课题对象无关的简单而有趣的问题,以激活大家的思维。待大家全都积极地投入进来,主持人便可调转话题,切入正题。

3. 明确问题

首先,主持人向与会者简明扼要地介绍所要解决的问题之后,可让与会者简单讨论一下,以取得对问题的一致理解。其次是重新叙述问题,对问题进行分析,也可将问题分成几个小问题。同时,主持人应启发大家的多重解题思路,为提出设想做准备。

4. 自由畅谈

这是头脑风暴法的核心步骤,要求大家突破种种思想羁绊,克服种种心理障碍,任思维自由驰骋。自由畅谈时应借助人们之间的知识互补、信息刺激和热情感染，并通过联想和想象等思维形式提出大量创造性设想。

5．加工整理

会议提出的阶梯设想大都未经仔细斟酌，也未做出认真评价，还应该加工整理，使它更完善才有实用价值。

会议的第二天，主持人应及时收集大家在会后产生的新设想。因为通过会后的休息，思路往往会有新的转换或发展，又能提出一些有价值的设想。还要对方案进行评价筛选，看其是否具有新颖性和可行性。

最后，形成最佳方案。将被筛选出来的少数方案进行逐一推敲斟酌、完善，比较分析，选出最佳方案，或将几个方案的优点进行恰当的组合，形成最佳方案。

2.4.3 头脑风暴法的应用

1．头脑风暴法应用的主要问题类型

头脑风暴法适用于开放性问题。问题的类型可以包括如下几种：

（1）关于产品和市场的创意：新的消费观念、未来市场方案。

（2）管理问题：拓展业务面、改善职业结构。

（3）规划问题：对可能增加的困难性的预期。

（4）新技术的商业化：开发一项可以获得专利权的新技术。

（5）改善流程：对生产流程进行价值分析。

（6）故障检修：追寻不可预期的机器故障的潜在原因。

2．头脑风暴法适用的范围

头脑风暴法是用来产生各种各样的创意和设想的，可以是问题、目标、方法、解答和标准等，但并不只限于寻求解答。要使头脑风暴法发挥最大功效，要清楚它的适用范围，即头脑风暴法要解决的问题必须是开放性的。凡是各种认知型、单纯技艺型、汇总型、评价型的问题，均不需要用头脑风暴法来解决。只有转化角度、改变问题，才可以使用头脑风暴法。如：

（1）列举陈述统一问题的目标或目标的方法。

（2）列举与同一问题或目标有关的问题。

（3）列举可能发生的问题。

（4）列举解决某一问题的方法。

（5）列举应用某一原理、原则的主意。

（6）列举评价某一物品的标准。

2.5 六顶思考帽法

在《六顶思考帽》一书中，具体阐释的是水平思维的应用技巧。思考的最大障碍是混乱，我们总是试图在同一时间做尽量多的事情，大量不同信息蜂拥而至，最终陷于混淆不清的思考困境。作为一个快速产生结果的高效能的平行思维管理工具,"六顶思考帽法"的概念非常简单:通过六种思维角色的扮演,将逻辑与情感、创新与信息等区分开来,将各个观点并列地排放在一起,没有冲突,没有争论,也没有原始的对错判断,取而代之的是一种对问题的真正的探索,在这样的探索中,我们通过一个精心策划的思考框架按照特定的程序进行思考,得出结论或者做出决定,对思考进行过程控制,使人们的思维变得更具体、更有针对性、更积极、更具备创新能力,从而极大地提高企业与个人的效能,降低会议成本,提高创新力,解决深层次的沟通问题。

2.5.1 "六顶思考帽法"的基本概念

"六顶思考帽法"思维方法具有建设性、设计性、计划性和创新性的特点,使我们将思考的不同方面分开,取代了一次解决所有问题的做法,集中分析信息(白帽)、利益(黄帽)、情感(红帽)以及风险(黑帽)等,使人们可以依次对问题的不同侧面给予足够的重视和充分的考虑。如同彩色打印机一样,先将各种颜色(问题)分解成基本色,然后将每种基本色彩打印在相同的纸上,最终得到彩色(对事物的全方位的思考)。"六顶思考帽"所代表的意义如表 2-1 所示。

表 2-1 六顶思考帽的意义

	白色是中立而客观的颜色。白帽思维代表客观的事实和数据。收集已知的或者是需要的信息,仅仅是中立和客观的事实和数据。
	红色是情感的色彩,代表感觉、直觉和预感。为情绪和感情的表白提供机会,这是一个直觉和预感的判断。
	黑色象征冷静、反思和谨慎,以探索事物的真实性、适应性、合法性为焦点,运用负面的分析,帮助人们控制风险。
	黄色是顶乐观的帽子,代表与逻辑相符合的正面观点,代表的是乐观、探索价值和利益,帮助人们发现机会。
	绿色是春天的颜色,是创意的颜色。象征创新和改变,寻找更多的可选方案和可能性,从而获得具有创造力的构想。
	蓝色是天空的颜色,笼罩四野,控制着事物的整个过程。思维中的蓝色,一顶控制思维过程的帽子,就像乐队中的指挥一样来组织思维。

2.5.2 "六项思考帽法"的实施步骤

"六项思考帽法"是一种简单、有效的平行思考程序。它帮助人们做事更有效率，更专注，更加会运用智慧的力量。一旦学会，立即可以投入使用。

1. 集中注意力

你与工作伙伴将思考过程分为六个重要的环节和角色。每一个角色与一项特别颜色的"思考帽子"相对应。在你的脑海中，想象把帽子戴上，然后一顶顶换上，就会很轻易地做到集中注意力。然后，对想法、对话、会议讨论进行重新定向。

一个典型的"六项思考帽"团队在实际中的应用步骤如下：

（1）陈述问题事实（白帽）；

（2）提出如何让问题解决的建议（绿帽）；

（3）评估建议的优缺点：列举优点（黄帽），列举缺点（黑帽）；

（4）对各项选择方案进行直觉判断（红帽）；

（5）总结陈述，得出方案（蓝帽）。

2. 使用"六项思考帽法"应注意的几个问题

（1）控制与应用：掌握独立和系统地使用帽子工具以及帽子的序列与组织方法。

（2）使用的时机：理解何时使用帽子，从个人使用开始，分别在会议、报告、备忘录、谈话和演讲发言中有效地使用六项思考帽。

（3）时间的管理：在规定的时间内高效地运用"六项思考帽"的思维方法，从而整合一个团队所有参与者的潜能。

本章小结

1. 创新指人们为了发展的需要，运用已知的信息，不断突破常规，发现或产生某种新颖、独特的有社会价值或个人价值的新事物、新思想的活动。

2. 创新思维是人类在探索未知领域过程中，能够打破常规，积极向上，寻求获得新成果的思维活动。创新思维是人类思维活动的精髓。创新思维训练总会有种种屏障，只有突破种种屏障，创新思维训练才能有质的提升。创新思维训练的障碍主要有思维定式、约拿情节、麻木、只寻求唯一标准答案和认为我不行等心理。思维定式主要包括从众型思维、权威型思维、经验型思维、书本型思维以及自我中心型思维。

3. 创新思维可以通过头脑风暴法、"六项思考帽法"、5W2H法、逆向思维法、侧向思维法和金字塔结构思维训练法等训练。头脑风暴法是鼓励在小组中进行创造性思维的最常用方法，一般以6～12人为宜，与会者按照一定的步骤和要求，解放思想，各抒己见，相互激励和启发。"六项思考帽法"通过六种思维角色的扮演，将逻辑与情感、创新与信息等区分开来，将各个观点并列地排放在一起，没有冲突，没有争论，也没有原始的对错判断，取而代之的是一种对问题的真正的探索，在这样的探索中，我们通过一个精心策划的思考框架按照特定的程序进行思考，得出结论或者做出决定，对思考进行过程控制，使人们的思维变得更具体、更有针对性、更积极、更具备创新能力，从而极大地提高企业与个人的效能，降低会议成本，提高创新力，解决深层次的沟通问题。

复习思考题

1. 创新思维的障碍有哪些？
2. 创新思维训练的方法有哪些？
3. 头脑风暴法的实施步骤是什么？
4. "六项思考帽"各代表什么含义？

推荐阅读

1. 罗玲玲，著，《创意思维训练》（第一版），首都经贸大学出版社，2008年10月。
2. 王哲，著，《创新思维训练500题》，中国言实出版社，2009年8月。

课堂自测题

一、单选题

1. 以下不属于创新思维特点的是（　　）。
   A. 明锐性　　　　　　　　　B. 集中性
   C. 权威性　　　　　　　　　D. 新颖性
2. 思维定式是创新思维训练的障碍，下列不属于思维定式的是（　　）。
   A. 经验型思维定式　　　　　B. 权威型思维定式
   C. 从众型思维定式　　　　　D. 反思型思维定式
3. 下列（　　）在"六项思考帽法"中没有用到。
   A. 蓝色思考帽　　　　　　　B. 红色思考帽
   C. 黑色思考帽　　　　　　　D. 紫色思考帽
4. "六项思考帽"中，控制思维过程的是（　　）。
   A. 蓝色思考帽　　　　　　　B. 绿色思考帽
   C. 紫色思考帽　　　　　　　D. 红色思考帽
5. （　　）不适合用头脑风暴法进行创新思维训练。
   A. 开发一项可以获得专利权的新技术
   B. 对生产流程进行价值分析

C. 学习如何使用公司新进的大型仪器
D. 追寻不可预期的机器故障的潜在原因

二、判断题

1. 创新实践是不断重复过去的实践活动。（　　）
2. 形象性是指运用分析方法把思维对象以崭新的方式捣成碎片，再把这些碎片以崭新的方式或者规格组合起来。（　　）
3. 约拿情结是人们心理所固有的内心冲突，既渴望成功，又害怕成功到来的瞬间所带来的心理冲击，害怕取得成功所要付出的艰巨劳动。（　　）
4. 黄色是情感的色彩，代表感觉、直觉和预感。（　　）
5. 运用头脑风暴法时要求与会者禁止批判，延迟判断。（　　）

自测题答案二维码

案例研讨

头脑风暴法：专用扫雪直升机

有一年冬天，北方严寒，大雪纷飞，电线上积满冰雪，大跨度的电线被积雪压断，严重影响通信。过去，许多人试图解决这一问题，但都未能如愿。后来，电信公司经理应用奥斯本发明的头脑风暴法尝试解决这一难题。他召开了一种能让头脑卷起风暴的座谈会，参加会议的是不同专业的技术人员，要求他们必须遵守以下原则：

第一，自由思考。即要求与会者尽可能解放思想，无拘无束地思考问题并畅所欲言，不必顾虑自己的想法或说法是否"离经叛道""荒唐可笑"。

第二，延迟批判。即要求与会者在会上不要对他人的设想评头品足，不要发表"这主意好极了！""这种想法太离谱了！"之类的"捧杀句"或"扼杀句"。至于对设想的批判，留在会后组织专人考虑。

第三，以量求质。即鼓励与会者尽可能多而广地提出设想，以大量的设想来保证质量较高的设想的存在。

第四，结合改善。即鼓励与会者积极地进行智力互补，在增加自己提出的设想的同时，注意思考如何把两个或更多的设想结合成另一个更完善的设想。

按照这种会议规则，大家七嘴八舌地讨论开来。有人提出设计直升机专用的电线清理机；有人想到用电热来化解冰雪；也有人建议用振荡技术来清除积雪；还有人提出能否带上几把大扫帚，乘坐直升机去扫电线上的积雪。对于这种"坐飞机扫雪"的设想，大家心里尽管觉得滑稽可笑，但在会上也无人提出批判。相反，有一工程师在百思不得其解时，听到用飞机扫雪的想法后，大脑突然受到冲击，一种简单可行且高效率的清雪方法冒了出来。他想，每当大雪过后，出动直升机

沿积雪严重的电线飞行,依靠高速旋转的螺旋桨即可将电线上的积雪迅速扇落。他马上提出"用直升机扫雪"的新设想,顿时又引起其他与会者的联想,有关用飞机扫雪的主意一下子又多了七八条。不到一小时,与会的 10 名技术人员共提出了 90 多条新设想。

会后,公司组织专家对设想进行分类论证。专家们认为,设计专门清雪机,采用电热或电磁振荡等方法清除电线上的积雪,在技术上虽然可行,但研制费用大,周期长,一时难以见效。那种因"坐飞机扫雪"激发出来的几种设想倒是一种大胆的新方案,如果可行,将是一种既简单又高效的好方法。经过现场试验,发现用直升机扫雪真能奏效,一个久悬未决的难题终于在头脑风暴中得到了巧妙地解决。

思考:

运用头脑风暴法的相关知识来评价"直升机扫雪"这个方案的形成过程。

第 3 章　创业者与创业团队

> 创业者主宰自己的命运不仅仅是一句口号、一种理念，更多的是要靠自己的行动来表现；不仅仅要"我选择，我喜欢"，更要"我努力，我成功"。
>
> ——王达林（《创业天下》）

【学习目标】

- 了解创业者及创业团队的定义
- 分析创业者应该具备的基本素质
- 了解创业团队的组建逻辑
- 了解创业团队的管理方式

【读书笔记】

《创业天下》一书中，作者称创业者为经济发展的引擎、和平时代的新英雄。美国一位风险投资家说：我们更喜欢投资那些屡战屡败、越挫越勇的人。因为在风险投资中60%的投资因素是冲着创业者本人，只有40%的成分是冲着他所要做的事。因为创业者所做的事情很多人都能想到，甚至可能会做得更好，但是许多人都不敢，他们缺乏的就是失败者的经历和素质。对于成功的创业者来说，创新的观念是关键，优良的素质是基础，而卓绝的能力是根本。在书中，作者还举了一个残疾人创业的实例，日本残疾妇女木下纪子专门针对伤残人士设计服装，走出一条独立自主的生活道路，也证实了一点，人人都可以通过创业来实现自身的价值。

3.1　创业者的定义与分类

3.1.1　创业者的定义

在欧美学术界和企业界，创业者被定义为组织、管理一盘生意或一个企业并承担其风险的人。创业者的英文单词是 entrepreneur，entrepreneur 有两个基本含义：一是指企业家，即在现有企业中负责经营和决策的领导人；二是指创始人，通常理解为即将创办新企业或者是刚刚创办新企业的领导人。

创业者一词由法国经济学家坎蒂隆于 1755 年首次引入经济学。1800 年，法国经济学家萨伊首次给出了创业者的定义，他将创业者描述为将经济资源从生产率较低的区域转移到生产率较高区域的人，并认为创业者是经济活动过程中的代理人。1921 年，奈特赋予了创业者不确定性决策者的角色，认为创业者要承担由于创业的不确定性所带来的风险。1934 年，熊彼特认为创业者应为创新者。后来，创业者概念中加入了"具有发现和引入新的质优、利润高的产品、服务和过程的能力"。总之，随着经济的发展，创业者的内涵也逐步扩大。

实际上，从更严谨的角度而言，创业者是指创业活动的推动者，或者是活跃在企业创立和新创企业成长阶段的企业经营者。在此需注意，创业者只是企业经营者，而不直接等同于企业家，因为多数创业者在创业初期并不完全具备优秀企业家所必备的能力，他们往往只拥有其中的一部分。而从中文的释义而言，凡能称得上"家"的，必是事业有成者，只有不断经历磨练并摸索出自己成功的秘诀，才能从"创业者"迈向"创业小家"进而迈向"创业大家"。在创业的道路上没有康庄大道，创业者只有不断完善个人素质，带领企业获得商业上的成功，才可能逐步转变为真正的企业家。

3.1.2 创业者的分类

分类是对事物进行特殊性分析与共同性归纳的结果，是人类认识客观事物的一种基本方法。对事物的类别划分是概念形成的起点，是一切理性思维的前提。研究创业者的分类，是为了更好地了解创业者的特点，总结创业规律，制定更实际的创业支持政策，提供更适宜的创业服务等。

1. 按照创业者的人格特质分类

美国心理学家约翰·麦纳对100位事业有成的创业者进行了长达7年的跟踪调研，发现这些创业者存在共同的人格特质。约翰·麦纳根据人格特质的不同，将创业者分为四种类型：成就上瘾型、推销高手型、超级主管型和创意无限型。

（1）成就上瘾型创业者。这类创业者的人格特质主要表现为，必须拥有成就，渴望回馈，喜欢拟定计划和设计目标，具有强烈的进取心，对组织忠诚，相信以己之力可以改变生活，相信工作上应该由自己制定目标，不能受制于他人。对认定的事业执着，坚持到底，不达目的不罢休，是目标非常确定的上瘾者。

（2）推销高手型创业者。这类创业者的人格特质主要表现为善于观察和体恤他人的感受，喜欢帮助他人，相信社会互动很重要，需要与他人发展良好的关系，有良好的交际能力，有强烈的合作意识，相信销售对执行公司经营战略十分重要。

（3）超级主管型创业者。这类创业者的人格特质主要表现为很讲信用、很负责任，他们的能力、力量来自贯彻目标的决心，期望成为企业中的领导人物，具有决断力，对集体持肯定态度，喜欢与他人竞争，期望享有权力，渴望能够出人头地。

（4）创意无限型创业者。这类创业者的人格特质主要表现为热爱创新、富有创意，相信新产品的研发对企业经营战略的执行十分重要，聪明过人，希望避免风险，有创意，有主见，与众不同，有着强烈的冒险精神及好奇心。

2. 按照创业者的创业内容分类

（1）生产型创业者。生产型创业者是指通过创办企业推出产品的创业者，是以生产技术为主体，通常这种产品科技含量较高。

（2）管理型创业者。管理型创业者是指那些综合能力较强的创业者，他们精通专业知识，而且对企业管理、运作、市场、财务等十分熟悉，能够通过各种有效的企业管理手段，带动企业前进。

（3）市场型创业者。市场型创业者的一个重要特点就是注重市场，善于把握市场变化机会。在中国计划经济向市场经济转轨过程中，涌现出大批的市场型创业者。海尔集团总裁张瑞敏就有一句名言："三只眼睛看世界。"其意思就是计划经济时期企业只要一只眼，即盯住政府就可以了；市场经济条件下的企业则需要有两只眼，一只盯住市场，另一只盯住员工；而转型期的企业则需要具备三只眼，也就是说在盯住市场和员工之外，还要盯住政府出台的政策。

（4）科技型创业者。科技型创业者多与高校和科研机构相关联，以高科技为依托创办企业。20世纪80年代之后，为了鼓励科技成果转化为生产力，国家推出了一系列鼓励高等院校和科研机构创办企业的措施。如今的许多知名科技企业，其前身就是"校办企业"和科研机构创办的"所办企业"，如北大方正、清华同方以及联想集团等。

（5）金融型创业者。金融型创业者实际上是风险投资者，他们向企业提供的不仅仅是资金，更重要的是专业特长和管理经验。他们不仅参与企业的经营方针和规划的制定，而且还参与企业的营销战略制定、资本运营以及人力资源管理。

【相关链接】

创业者之"十要和十不要"

1. 业务选择要聚焦，不要多头出击。
2. 功能设计要做减法，不要大而全。
3. 合作伙伴要职业化，不要哥们义气。
4. 初创队伍要少而精，不要滥竽充数。
5. 股权结构要合理配置，不要平均主义。
6. 早期融资要重资源和快钱，不要高估值。
7. 公司战略要清晰果断，不要面面俱到、犹豫不决。
8. 战术执行要高效放权，不要贻误战机。
9. 业务发展要单点突破，不要双面作战。
10. 要正确认清和用好自己，不要成为瓶颈。

3.2 创业者素质与能力

能力与素质的形成和发展走着同一条道路，它们都是在人的认识和实践活动过程中形成与发展的。能力必须以素质为基础，素质的特点是"内凝"，是人在其活动过程中非对象化的结晶，而能力是"外显"，是人在其活动过程中对象化的呈现。

3.2.1 创业者素质

素质是人活动的主观条件和内在根据，是人完成一定活动与任务所具备的基本条件和特征，是行为的基础和根本因素，包括生理素质和心理素质两大方面，它对一个人的身心的发展、工作潜力和工作成就的提高起决定性的作用。根据以上定义，创业者素质倾向指创业者实现成功创业所具有的独特品质。

而对于创业者素质的分类及具体内容，无论是研究方法还是研究结果，至今仍是众说纷纭，暂未有一个实质性的结论。但一般认为创业活动围绕社会资本、人力资本及组织资本等资源而开展，而创业者自身素质则是人力资本的核心。

3.2.1.1 心理素质

1. 创业意识

要想取得创业的成功，创业者必须具备自我实现、追求成功的强烈的创业意识。强烈的创业意识，帮助创业者克服创业道路上的各种艰难险阻，将创业目标作为自己的人生奋斗目标。创业的成功是思想上长期准备的结果，事业上的成功总是属于有思想准备的人，也属于有创业意识的人。有了强烈的创业意识，创业者就会更积极地挖掘自己大脑的潜力，营造创业的氛围，积极为创业创造条件。

2. 竞争意识

天地万物无不生存在竞争之中，是生存的竞争促进了生物的进化，是残酷的发展竞争孕育了现代社会的文明。人类正是在生存竞争之中学会了制造使用工具，不断丰富了自己的大脑。没有竞争就没有发展，没有竞争就没有进步，没有竞争就没有优胜劣汰。

竞争是市场经济最重要的特征之一，是企业赖以生存和发展的基础，也是立足社会不可缺少的一种精神。人生即竞争，竞争本身就是提高。随着我国社会主义市场经济从低级向高级发展，竞争越来越激烈。从小规模分散竞争，发展到大集团集中竞争；从国内竞争发展到国际竞争；从单纯产品竞争，发展到综合实力的竞争。因此，如果创业者缺乏竞争意识，实际上就等于放弃了自己的生存权利。创业者只有敢于竞争，善于竞争，才能取得成功。创业者创业之初面临的是一个充满压力的市场，如果创业者缺乏竞争的心理准备，甚至害怕竞争，就只能是一事无成。

3. 责任意识

责任心和使命感是驱动创业者勇往直前的力量之源。成功的创业者应具有高度的使命感和强烈的责任意识，创业活动是社会性活动，是各种利益相关者协同运作的系统。只有对自己、对家庭、对员工、对投资人、对顾客、对供应商及对社会有高度的使命感和责任感的创业者，才可能赢得人们的信任、尊重和支持。

创业者要将责任根植于内心，让它成为脑海中一种强烈的意识，在日常行为和工作中，这种责任意识会使创业者表现得更加卓越。责任感是由许多小事构成的，但是最基本的是做事成熟，无论多小的事，都能比以往任何人做得更好。创业者要立下决心，勇于承担责任。责任心是强化企业核心竞争力的秘密武器，强大的责任心会提高完成任务的勇气和决心，增强执行力。

4. 合作意识

在创业过程中，往往是几个合伙人共同创业。创业者想要建立一个完善的创业体系，必须分工合作。孔好为在《浅析大学生创业人格的塑造及健全》中写道："创业离不开合作的品质和精神，创业需要组织一定的人力、物力和财力，为达到一定的目标而共同努力。具有独立创业精神的人必须具备良好的合作精神，真诚的合作态度和妥善处理人际关系的能力。"因此，只有具备合作意识，创业者才可能走上创业成功之路。

在创业道路上,必须摒弃"同行是冤家"的狭隘观念,学会合作与交往。通过语言、文字等多种形式与周围的人进行有效的交流与沟通,可以提高办事效率,增加成功的机会。在创业过程中,需要与客户和顾客打交道,与公众媒体打交道,与外界销售商打交道,与企业内部员工打交道,这些交往、沟通,可以排除障碍,化解矛盾,降低工作难度,增加信任度,有助于创业企业的发展。一个没有合作意识的创业者,不可能将事业做大。

5. 自信乐观

创业是一个漫长曲折的过程,在这个过程中,自信乐观的性格可以使创业者保持愉悦的创业心情。梅强在《创业案例集》中写道:"在创业过程中,难免会遇到错误和各种困难,此时创业者若没有自信乐观的力量,就很难取得创业成功。"李鑫在《大学生创业心理分析及研究》中指出,自信是创业成功的关键性格特征,在选择创业之初就必须具备相当的自信。自信乐观对于创业者起着一个心态调节作用,让坎坷的创业路上洒满阳光。

自信心是一个人相信自己能力的心理状态,自信心关系着一个人的成功与否,没有自信心是很难成功的。创业者要认真学习"潜能教育理论"和"成功教育理论",培养和坚固自己的自信心,最大限度地挖掘和发挥潜能,成就自我,享受人生。创业者还要有自强、自主、自立精神,要通过多种形式学习创业成功者的优秀品质,深刻领会他们在创业过程中经历的风险。

6. 大胆冒险

冒险精神,指的是一个人的胆量,敢于做别人不敢做之事。沃伦·阿维斯曾说:"在某种程度上,在大家的思想中,特立独行的企业家常被比作轻率浮夸的冒险者。"在西方资本主义国家中"企业家"与早期历史上过时的冒险家相比有一些相似之处,他们通过不寻常的冒险调控着人生之路。赵延军在《企业家的冒险精神》一文中写道:"企业家在创业和经营之中,敢于冒险、善于冒险,才能在险峰处欣赏无限风光。"比尔·盖茨也曾说:"成功的首要因素就是冒险"。可见冒险精神对于企业家的作用不容忽视,作为创业者更不能忽视。

只有走在市场前头,才能获得丰硕的回报。不敢冒险就不敢前进,犹豫不决,机会也就稍纵即逝。冒险精神就是要求创业者时时刻刻拥有对市场决断的勇气与洞察力,能审时度势地在复杂环境下洞察到事物的内在本质和运动发展趋势,能通过各种渠道认真听取与分析各方面意见,并不失时机地做出科学合理的决策。

【华工创业案例】

创业需要执行力和冒险精神

张鹏,广州后博商标代理公司总经理。在华工读研期间攻读的是材料方向,创业的方向却选择了商标代理行业。读研期间,他曾在一家专利代理公司实习近8个月,其间了解到许多行业资讯,同时也慢慢了解到专利行业的门槛较高,相对而言商标代理门槛较低,但发展前景非常光明。他在确定了创业的想法和方向后,便开始寻找相关的投资和政策支持,"有好的点子,马上就去做。顾虑太多、患得患失,反而错过黄金机会!"

这便促成了现在的后博商标。

张鹏建议，大学生在刚步入职场时可以选择小公司或者是初创企业，没有那么多条条框框，有更多机会跨界积累到不同的工作经验，个人成长更快。而在大公司每个人都倾向于各司其职，按规章办事，反而缺少了一种冒险和开拓的精神。创业不仅需要热情，更需要思维的转换，选择一个自己感兴趣的行业很重要，同时也要兼顾到自身与市场的实际情况。开发一款很受欢迎的产品固然能够获得丰厚的回报，但前期的投入从资金到技术都很大，不成熟的初创团队很难获得成功。华工很多学生都热衷于选择产品开发这个切入点来挖掘创业的第一桶金，但适当转换思维会发现，大众对于服务行业的隐形需求，选择门槛相对较低的服务行业作为创业的起点，成功的概率可能会更大。

7. 坚持不懈

坚持不懈即面对困难和挫折勇于克服，对于要达成的目标不轻言放弃。沃伦·阿维斯在《企业家的情商修炼》中提到："优秀的创业者、企业家，有着坚定不移的狂热，有着足够的忍耐力以及洞悉他人的性格特质。"宋代大文豪苏轼说："古之成大事者，不唯有超世之才，亦必有坚忍不拔之志"，愈挫愈强的顽强意志，才能在创业的道路上自强不息、竞争进取、顽强拼搏，才能从小到大，从无到有。由此看出，坚持不懈是创业者所需具备的又一性格特征。在创业过程中，遇见困难是在所难免的，若没有坚定的意志力，很难走到成功的终点。坚定的意志就像一根支撑创业者前行的拐杖，依附于它，即使疲惫不堪也能继续前行，直到成功。

创业者要能够根据市场的需要和变化，确定正确而且令人奋进的目标，并带领员工战胜逆境实现目标。遇事沉着冷静，思虑周全，一旦作出行动决定，便咬住目标，坚持不懈。创业过程是一个长期坚持努力奋斗的过程，立竿见影、迅速见效的事是极少的。在方向目标确定后，创业者就要朝着既定的目标一步步走下去，纵有千难万险，坎坷挫折，也不轻易改变初衷，半途而废。创业是艰难的，在创业的过程中难免会遇到这样或那样的苦恼、挫折、压力甚至失败，这就要求创业者必须具备承受挫折、迎接挑战的心理素质，而这些素质的培养就是靠坚持不懈的品质。对创业者来说，必须树立这样一个理念：你一定会赢，一定能战胜困难、挫折乃至失败。总之，创业者只有具有百折不挠的精神，才能到达胜利的彼岸。

8. 诚实守信

诚信乃创业者之本。创业者在创业过程中，要言出必行，讲质量，以诚信打动人；如不讲信誉，就无法开创出自己的事业；失去信誉，就会寸步难行。

李泽楷说过，做诚信之人一定要让人对你放心；经商失去信用，就是自己断了自己的后路。海尔集团董事局主席兼首席执行官张瑞敏也说："一个企业要永续经营，首先要得到社会的承认、用户的承认。企业对用户真诚到永远，才会得到用户、社会的肯定，才能保证企业向前发展。"创业者品质决定着企业的市场声誉和发展空间。不守"诚信"，或可"赢一时之利"，但必然"失长久之利"。反之，则能以良好口碑带来滚滚财源，使创业渐入佳境。诚信是个基石，最基础的东西往往是最难做的。但是谁做好了这个，谁的路就可以走得很顺畅，走得更远。

3.2.1.2 身体素质

几乎所有的企业家都认为良好的身体素质是成功创业的第一大前提。在创业之初，受资金、环境等各方面条件的限制，许多事都需创业者亲力亲为，他们要不断地思考来改进经营，工作时间长，还要承受巨大的风险与压力，若无充沛的体力、旺盛的精力、敏捷的思路，必然力不从心，难以承受创业重任。

身体是完成一切任务的基础，只有拥有良好的身体素质，才能使人心胸宽广、拥有一往无前的魄力。如果想创业，就必须有一个健康的身体。要在日常生活中注意锻炼身体，并且长期坚持，这就要有坚定的意志和志向。人能攀多高，不要问双手，要问意志；人能走多远，不要问双脚，要问志向。有志攀山顶，无志站山脚。

古希腊思想家苏格拉底在教学中有过这样一件事发生。在开学的第一天，苏格拉底对他的学生们说："今天我们只做一件事，每个人尽量把手臂往前甩，然后再往后甩。"说着，他做了一遍示范。"从今天开始，每天做300下，大家能做到吗？"学生都笑了，这么简单的事，谁做不到呢。可是一年以后，苏格拉底再问的时候，他的全部学生却只有一个人坚持了下来，后来这个人继他之后成为新一代思想家，这个人叫柏拉图。要锻炼好身体，关键在于要有坚强的意志和坚持不懈的毅力。

3.2.2 创业者能力

创业能力是一种特殊的能力，创业教育是提升创业能力的重要途径。创业能力这种特殊能力往往影响创业活动的效率和创业的成功与否。创业教育对创业者的创业能力有很大的提升。创业能力一般包括组织领导能力（战略管理能力、学习决策能力）、业务能力（经营管理能力、专业技术能力、交往协调能力和创新能力），如图3-1所示。

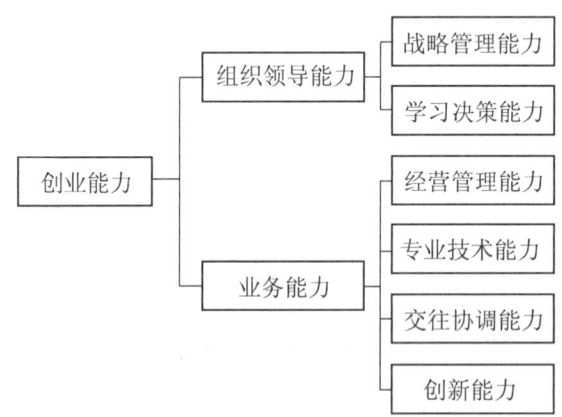

图3-1 创业者需要的创业能力

3.2.2.1 组织领导能力

1. 战略管理能力

战略是依据企业的长期目标、行动计划和资源配置优先原则设定企业目标的方法。因为战略是为企业获取可持续竞争优势，对外部环境中的机遇和威胁以及内部的优势和劣势做出的反应，它是对企业竞争领域的确定，所以战略是企业的生命线，战略也是企业腾飞的起跳板。一个及时、果敢、英明的战略决策是企业由蛹化蝶、由小到大、由平凡到伟大的最初推动之力；错误的战略会葬送一个企业。战略管理能力包括战略思维、战略规划和设计等，是一个创业者的核心领导能力。

2. 学习决策能力

正确决策是保证创业活动顺利进行的前提，尤其是有关创业机会的识别和选择。创业团队的组建、创业资金的融通、企业发展战略的确定以及商业模式的设计等重大决策，直接关系着对创业全局的驾驭和创业的成败。要决策正确，要求创业者具有较强的信息获取和处理能力，能敏锐地洞察环境变动中所产生的商机和挑战，形成有价值的创意并付诸创业行动；特别要随时了解同行业的经营状况及市场变化，了解竞争对手的情况，做到"知己知彼"，以便适时调整创业中的竞争策略，使所创之业拥有并保持竞争优势。同时，通过不断进行创新思维和创新实践，进行反思和学习，总结创新经验，汲取失败教训，及时修正偏差和错误，进一步提高决策能力，促进企业健康成长。

3.2.2.2 业务能力

1. 经营管理能力

经营管理能力是指对人员、资金以及企业的内部运营的能力。它涉及人员的选择、使用、组合和优化；也涉及资金聚集、核算、分配、使用、流动。经营管理能力是一种较高层次的综合能力，是运筹性能力，它包括团队组建与管理能力、市场定位与开拓能力，企业文化设计与培育、应付突发事件能力等。其中团队组建能力十分重要，一个企业需要细致的"内管家"、活跃的"外交家"、战略的"设计师"、执行的"工程师"、发散思维的"开拓者"、内敛倾向的"保守派"；需要技术研发、市场开拓和财务管理等方面的人才，工作分工不同，需要不同个性的人。创业者既需要能够把不同专长、不同个性的人凝聚在一起，更要能够让他们在一起融洽地、愉快地工作，组成优势互补的创业团队，形成协同优势。可以说，经营管理能力是解决企业生存问题的第一要素。

2. 专业技术能力

专业技术能力是创业者掌握和运用专业知识进行专业生产的能力。专业技术能力的形成具有很强的实践性。许多专业知识和专业技巧都要在实践中摸索，逐步提高发展、完善。创业者要重视创业过程中知识积累的专业技术方面的经验和职业技能的训练，对于书本上介绍过的知识和经验，在加深理解的基础上予以提高、拓宽；对于书本上没有介绍过的知识和经验要探索，在探索的过程中要详细记录、认真分析，进行总结、归纳，上升为理论，形成自己的经验特色。只有这样，专业技术能力才会不断提高。

3. 交往协调能力

交往协调能力是指能够妥善地处理与公众（政府部门、新闻媒体、客户等）之间的关系，以及能够协调下属各部门成员之间关系的能力。创业者应该做到妥当地处理与外界的关系，尤其要争取政府部门、工商以及税务部门的支持与理解，同时要善于团结一切可以团结的人，团结一切可以团结的力量，求同存异共同协调发展，做到不失原则、灵活有度，善于巧妙地将原则性和灵活性结合起来。总之，创业者搞好内外团结，处理好人际关系，才能建立一个有利于自己创业的和谐环境，为成功创业打好基础。

协调交往能力在书本上是学不到的,它实际上是一种社会实践能力,需要在实践活动中学习,不断积累、总结经验。这种能力的形成:一是要敢于与不熟悉的人和事打交道,敢于冒险和接受挑战,敢于承担责任和压力,对自己的决定和想法要充满信心、充满希望。二是养成观察与思考的习惯。社会上存在着许多复杂的人和事,在复杂的人和事面前要多观察多思考。观察的过程实质上是调查的过程,是获取信息的过程,是掌握第一手材料的过程,观察得越仔细,掌握的信息就越准确。观察是为思考做准备,观察之后必须进行思考,做到三思而后行。三是处理好各种关系。可以说,社会活动是靠各种关系来维持的,处理好关系要善于应酬。应酬是职业上的"道具",是处事待人接物的表现。心理学家称:应酬的最高境界是在毫无强迫的气氛里,把诚意传达给别人,使别人受到感应,并产生共识,自愿接受自己的观点。搞好应酬要做到宽以待人、严于律己,尽量做到既了解对方的立场又让对方了解自己的立场。协调交往能力并不是天生的,也不是在学校里就形成了的,而是走向社会后慢慢积累社会经验、逐步学习社会知识而形成的。

4. 创新能力

创新是知识经济的主旋律,是企业化解外界风险和取得竞争优势的有效途径,创新能力是创业能力素质的重要组成部分。它包括两方面的涵义:一是大脑活动的能力,即创造性思维、创造性想象、独立性思维和捕捉灵感的能力;二是创新实践的能力,即人在创新活动中完成创新任务的具体工作的能力。创新能力是一种综合能力,与人们的知识、技能、经验、心态等有着密切的关系,它取决于创新意识、智力、创造性思维和创造性想象等。具有广博的知识、扎实的专业基础知识、熟练的专业技能、丰富的实践经验、良好的心态的人容易形成创新能力。

【相关链接】

创业者纲领

有人提出一个开放式的问题,问一些企业家目前及今后5年经营企业最关键的概念、技能和诀窍是什么时,他们的回答很有启发性,多数人提到了创业态度基础上的思想态度和理念,而非特殊的技巧或组织概念。把这些回答结合在一起,被称为创业者纲领。

- 做能给你能量的事情——要从中得到乐趣。
- 找出正确行事的方法并加以实施。
- 说"行",而不是"不行"或"可能行"。
- 如果你相信你能行,任何事情都是可能做成的。
- 如果你不知道这件事不能做,那么你就要继续做下去。
- 杯子是半满的,而不是半空的。
- 不满意事情的现状——寻找改进的方法。
- 以不同的方式做事。
- 不要冒不必要的险——但是如果有适合你的机会,要有计划地冒险。
- 从失败中吸取经验和教训——但要把学费压低。

- 乞求谅解比开始就要求批准更简单。
- 执着于商机和结果而不是金钱。
- 金钱是在合适的时间、合适的商机下，向合适的人提供的工具盒记分卡。
- 赚钱比花钱更有趣。
- 在他人中塑造英雄——团队可以建立企业；个人只能挣钱度日。
- 为你的成就感到自豪——自豪感是会传染的。
- 努力把握对成功起关键作用的细节。
- 正直和可信等同于可长期使用的燃料和粘合剂。
- 把蛋糕做大——不要把时间浪费在试图分割小块蛋糕上。
- 为长远目标竞争——快速致富的可能性很小。
- 只有登到最高才会看清局面的变化。
- 成功是指得到你想要的。

3.3 创业团队的定义及重要性

当今，在国家和地方政府全民创业的号召下，越来越多的人加入自主创业的行列。然而，个人的经验、实力以及经济能力等各方面的局限性都在一定程度上限制了创业企业的发展，更多的创业者选择以团队的形式开展创业，创业团队应运而生。与此同时，由于大学生专业、经验、时间、精力有限，很难以个人的力量去取得创业的成功，所以创业越来越多的是基于一个创业团队而非一个单独的创业个体。当大学生创业热潮掀起之时，也将创业团队的概念和优势明朗化，优秀的创业团队也逐渐成为创业成功的关键因素之一。

3.3.1 创业团队的定义

什么是创业团队呢？关于创业团队的定义，从不同的视角有不同的理解。

从所有权角度分析，卡姆、舒曼对创业团队的定义：创业团队是指两个或两个以上的个人参与企业创立的过程并投入相同比例的资金。这个定义着重于创业团队的创建者和所有权两方面的特性，但"相同比例的资金"这个限定范围太窄。台湾的郭洮村 (1998) 对以上定义作了修正：创业团队是指两个或两个以上的人，他们共同参与创立企业的过程并投入资金。

从人员构成的角度分析，创业团队应该包括对战略选择产生直接影响的个体的集合体，也就是应该把董事会尤其是占有一定股权的创投者包括在内。创业团队是参与且全身心投入公司创立过程，并共同克服创业困难和分享创业乐趣的全体成员。

一般而言，创业团队是由两个以上具有一定利益关系、共同承担创建新企业责任的人组建的工作团队。创业团队是团队而不是群体，团队中成员所作的贡献是互补的，而群体中成员之间的工作在很大程度上是互换的。

3.3.2　创业团队的重要性

创业的项目、资金以及团队，是创业成功的三个重要因素，"一个好汉三个帮！"好的团队是创业成功的基石，许多成功的企业家也都认为，一个好的创业团队，很大程度上决定了创业能否成功。在史玉柱"巨人"倒下的时候，是一直追随他的核心团队使得他东山再起。一项针对104家高科技企业的研究报告指出，在年销售额达到500万美元以上的高成长企业中，有83.3%是以团队形式建立的；而在另外73家停止经营的企业中，仅有53.8%拥有创业团队。这一模式在一项关于"128公路一百强"的研究中表现得更为明显：100家创立时间较短、销售额高于平均数几倍的企业中70%拥有创业团队。可见，创业团队对于创业能否成功，有着十分重大的影响。

微软前首席执行官史蒂夫·鲍尔默说过："一个人只是单翼天使，只有两个人抱在一起才能飞翔。"可见，相比单个创业者独立创业，团队创业具有很多优势。相对于个体创业者而言，创业团队能够集中各个团队成员的创造性，并形成强大的创造力，这是单独创业所不具备的。皮科特通过在德国实地调研，对德国的52家创业企业进行绩效指标的调查，得出结论：团队形式的创业成功率是个人创业成功率的两倍。一个优秀的创业团队，是企业不竭生命力的来源，是新企业生存和发展的核心，新企业的运作，追根究底是人的运作，是创业团队成员的运作。

3.4　创业团队的构建

3.4.1　创业团队的构建原则

1. 确立目标原则

目标必须明确，这样才能使团队成员清楚共同奋斗的方向。与此同时，目标也必须是合理的、切实可行的。

2. 确定发展方式原则

创业团队的领导者在开办公司的筹备阶段就应该清晰知道企业的发展方向和方式，不同的发展方式，对团队组建的时机有着重要的影响。例如，若公司打算寻求风险资本或者私人投资者来达到公司快速发展的话，团队组建得越早，其价值就越高，必须分给他人的所有权份额就会越少。

3. 互补原则

创业者之所以寻求团队合作，其目的在于弥补创业目标与自身能力的差距。只有当团队成员相互间在知识、技能、经验等方面实现互补时，才有可能通过相互协作发挥出"1+1>2"的协同效应。

4. 动态开放原则

创业过程是一个充满了不确定性的过程，团队的构建也是一个动态的过程。团队中可能因为能力、观念等多种原因不断有人离开，同时也有人加入。因此，在组建创业团队时，应注意保持团队的动态性和开放性，使真正完美匹配的人员能被吸纳到创业团队中来。

3.4.2 创业团队的构建逻辑及影响

1. 创业团队的构建逻辑

强调创业团队的重要性，但并不是说，每一个新企业在一开始的时候都必须配备一支完备的团队，才可以得到发展。很多情况下，创业团队的构建是一个演变的过程，是随着企业的发展渐渐实现的。团队有多种构建方式，依据不同逻辑组建创业团队既可能带来优势，也可能带来障碍，对后续创业活动会带来潜在影响。一般而言，有理性逻辑和非理性逻辑这两种团队的构建方式。

选择以理性逻辑来组建创业团队，则创业团队会分析创业所需要的资源和能力，并将其与自己所拥有的资源和能力相比较，将组建创业团队视为弥补自身能力空缺的一种方法，目的是整合优秀的资源来推动创业成功。若选择非理性逻辑来组建创业团队，则创业团队更重视团队成员凝聚力的建设，又或者创业团队看重的不是团队成员拥有什么资源和能力，而是看重团队成员对自身的人际吸引力。遵循理性逻辑组建的创业团队平均规模更大，团队成员之间因强调技能互补性而使异质性更强，但彼此之间的熟悉程度也相对较低，沟通和交流更加谨慎。依据非理性逻辑组建的创业团队平均规模相对较小，团队成员之间因物以类聚而使同质性更强，彼此之间的熟悉程度也相对较高，沟通和交流更加顺畅。

两种逻辑很难说孰优孰劣，采取什么样的逻辑来组建创业团队，还需要仔细评估和分析。

【华工创业案例】

互联网思维下的创业团队

比逗 BEPOTATO，是由 BE together as a big POTATO 的理念转变而来。英语俚语中，"SmallPotato"的含义是"小人物"，而众多的小土豆凝聚在一起就能成就不平凡的大事业。2014 年 3 月，一群在广州五山的年轻人，怀着一颗"成长并帮助他人成长"的心，整合互联网思维在五山地区建立起了一个全新的创新试验田——全国首个以众筹模式建立的青年共享社区。

他们认为，有理想有抱负但限于人脉、平台等资源约束的在校有为青年称为社会上的"SmallPotato"，这是以大学生为首的一群人，希望成就一番大事业的他们也可以通过众筹的方式聚集在一起，以积少成多的趋势，集众人力量去创造更多后，也将会成为社会上了不起的大人物 BigPotato。通过众筹以及线上线下社区品牌活动运作，构建线上线下一体化的青年共享社区，他们在五山地区一炮打响。一时间，《南方日报》《香港大公报》《CCTV 财经》《广东新闻》等媒体争相报道比逗的品牌创业故事。

目前比逗有青年众筹服务平台比逗 Share 线上产品，实现粉丝 20 万，影响覆盖人群近 100 万，并众筹建成 6 个比逗西餐厅，已经开始在上海、北京、天津、武汉、山东、黑龙江、河北等地进行品牌战略扩张。团队规模近200人，控股一家餐饮管理有限公司，年营业额突破5 000万元，是一个快速成长的新兴互联网公司。

2. 创业团队对企业后续发展的影响

依据的逻辑不同，团队结构就会存在一定程度上的差异，也会对创业团队和企业的后续发展带来一定程度的影响。成功的创业者要懂得如何根据商机的要求找到所需的人才并且组建一个高效的团队。如果团队成员的能力可以对创业领导者起到补充和平衡的作用，并且相互之间也可以互补协调，则这样的团队能够对企业的发展作出很大的贡献。

以非理性逻辑构建的团队，会更早地形成团队文化，能够对后续进入的队员产生一定程度的影响，让成员更快地融入团队。但是也可能会因为文化的差异，把一些优秀的人员排除在外。非理性逻辑构建的团队应该在公司的发展还没遇到瓶颈时就按照理性逻辑去完善创业团队，做好迎接未来困难的准备。

对于以理性逻辑构建的团队，固然是各尽所能，可以让公司更加系统和快速地成长。但是需要注意的是，团队领袖在组建团队的时候，一定要对每个队员做一个"相互协调度"测试，组建一个可以协调运作的创业团队。由于理性构建的团队成员之前没有较为深厚的感情基础，所以容易在企业遇到问题，又没有人给他们信心的时候四分五裂。若在一开始便选择以理性逻辑构建团队，需要创业领袖有较好的企业经验，知道怎么处理一些创业初期的问题，同时也需要有较好的人格魅力等，在企业遇到困难的时候，带领团队克服困难继续前行。

选择理性还是非理性取决于创业者看重的是创业的客观要求还是创业者主观偏好，而且在不同的创业时期，也会有不同的构建逻辑。

在创业的最初时期，有可能是几个技术人员发现了好的项目，产生了创业的欲望；有可能是几个管理方面的人才，发现了商机，决定要创业。很多情况下，前期的创业团队都是因为志同道合，相互欣赏而聚到一起的，或是机缘巧合，或是来自同一个行业的伙伴，这是一个非理性的逻辑。对于大学生而言，大学时期的室友或者好伙伴，就很有可能成为日后的商业团队合伙人。但是随着项目开展或者商业计划的执行，创业团队会发现自身需要不同方面的人才来弥补知识或者能力的空缺，这是一个理性逻辑构建的过程。而领导者需要实事求是地认清现有团队存在的优势和劣势，采取逻辑的思维去考虑现在团队需要的是怎样的人才。评价和最终决定在什么时候需要什么样的人才是一个动态的过程，并非一次性就可以完成。该技术的研发需要什么能力？公司的竞争力要怎么形成？这样的商业模式存在哪些不足？诸如此类的问题会随着公司的发展，不断呈现，也决定了人力的需求何时以及如何才能够被满足。对于创业团队知识和能力的空白点，也可以通过外部资源来弥补，如会计师、律师、咨询顾问等。某些只在特殊阶段才需要的人力，比较妥当的方式还是聘请外部资源。

3.5 创业团队管理

3.5.1 团队文化形成

在创业初期，公司并没有很规范的职能网络，更多的是一种非正式的关系网络。这种网络是团队成员相互沟通的感情平台。众多的沟通渠道以及被这些渠道联系起来的个人之间的信任，为一个不断的调节和适应过程创造了条件。当角色之间发生冲突时，那些关系有助于解决争端。最重要的是，这个对话和调和的过程能够产生相互联系、相互兼容的共同目标，而不是遥不可及、相互排斥的企业蓝图。在无形间，团队文化乃至于将来的企业文化，在这种非正式的关系网络中便产生了。

其实，创业团队的建立和管理就像婚姻关系的确立和维持一样，两者在复杂性和因果关系上有着十分相似的地方。创业团队的管理有科学的方法，但是其过程却充满了不确定性和出人意料。创业团队成员之间的非正式关系网络对团队的管理有着十分重要的影响。和婚姻一样，如果两人之间不存在爱情，无论多科学的婚姻维系方法，都很难组成一个幸福的家庭。可见，团队成员之间的相互欣赏、信任和尊重的氛围，即团队文化，会在很大程度上影响团队的管理。

另外，团队在价值观和目标上的准确定位至关重要。在新企业中，创业团队成员会建立起某种心理约定和氛围，这种心理约定和氛围通常是由创业团队领导者在鼓励成员、尊重成员贡献的一系列措施中建立起来的，也就渐渐形成了创业团队文化。在团队组建的过程中，如果成员都是有着同样的价值观，或者高度认可团队文化，将很大程度上巩固团队文化。如果团队形成了公平、积极、感染力强的团队文化，即使后期加入团队的成员，也会渐渐被团队文化感染而同化，利于团队的管理。

3.5.2 团队冲突管理

创业团队的良好运作离不开良好的创业团队管理。就创业团队而言，有合作就会有冲突。创业团队的冲突主要有认知冲突和情感冲突两种。

认知冲突是指团队成员对有关企业生产经营过程中出现的与问题相关的意见、观点和看法的不一致性。一般而言，认知冲突对事不对人，一个有效的团队，在生产经营管理过程中存在分歧是一种正常现象，且这种认知冲突的结果将有助于改善团队决策质量和提高组织绩效，对形成高质量的方案起着关键性的作用。对于创业团队而言更是如此，只有不断地创造和引导认知性冲突，在思想的碰撞中产生智慧的火花，新企业才能不断地在创新中发展壮大。

与此相反，情感冲突则容易在团队成员之间挑起敌对、不信任、冷嘲热讽、冷漠等表现，而情感上的抵触，会极大地降低团队的有效性，降低工作的效率。

对团队的绩效而言，冲突可能是有益的，也可能是有害的，关键看该冲突是认知冲突还是情感冲突。创业团队中的协调者或者领导者在管理创业团队的冲突时，应采取积极措施，杜绝或减少情感冲突，在引导和创造认知性冲突的同时要避免认知性冲突向情感冲突的转变，保持创业团队良好的合作和不断的创新动力。

3.5.3 薪酬制度建立

在成功的企业里，个人目标和团队成员的整体价值能很好地结合在一起，公司的目标也同样得到团队成员的大力支持。由此可见，目标管理的方式可以让团队成员的个人目标和其他团队成员的目标在整体上一致，并且和公司目标也尽可能相同。但是目标管理要求成员的个人利益很好地和公司的整体利益一致，这就需要一个公平的薪酬制度了，该薪酬制度必须贯穿于团队形成、创业团队文化培育的过程中，发挥积极作用。同时，在创业初期，团队成员愿意跟着领袖干，是感情的维系；若要长期维持，则需要一个好的制度。

薪酬制度包括财务上的报酬（工资、补贴、奖金、股票等）和其他一些机会，如：实现个人发展和个人目标，掌握自主权，培训技能使得自己在企业中担当重要的角色等。此外，成员对薪酬的理解也是有所不同的，这取决于个人的价值观和世界观。在企业生命周期的各个阶段，给予创业团队的薪酬可以有所不同，但是像自我发展机会和自我实现机会这样的无形报酬可以贯穿在企业生命的始终，而财务报酬在不同的阶段可以有不同的策略。创业团队的领导者要致力于寻找有关薪酬的最佳解决方案，使其能够尽可能公平地反映出每位成员的责任、风险和相对贡献。

但普遍而言，如果一个团队缺乏良好的团队文化，即使有十分完善的薪酬制度，成员的幸福感和满足感也不会高。能否吸引到高素质的团队成员并且留住他们，在很大程度上取决于给他们的物质报酬和精神报酬。在良好的团队文化中，每一位成员都觉得自己所做的工作要对得起自己的薪酬。可见，如果创业团队文化是团队成员的精神食粮，薪酬则是成员的物质食粮，这两者相辅相成，缺一不可。

要建立一个好的薪酬制度，应该从以下几个方面考虑：

（1）差异化。虽然民主的方案可能行得通，但是与根据每个人贡献价值不同而实行的差异化方案相比，它包含的风险更大，缺陷也更多。多劳多得，对企业作出贡献的差异应该在薪酬中得到体现。

（2）业绩。薪酬应该是业绩的函数，而且该业绩指的是每个人在企业早期生命的整个过程中所表现出来的业绩，而不仅仅是某个过程的业绩。有许多企业，他们的团队成员在企业成立后几年内所作出的贡献变化很大，但报酬却没有多大变化，这种不合理的薪酬制度会使得成员对企业和团队失去信任和认可，最终导致企业土崩瓦解。

（3）灵活性。"好汉不提当年勇"，很多创业团队中存在老成员倚老卖老的现象，在企业步入正轨后，老成员对企业的贡献越来越少，与团队对其预期有很大的出入。另外，在企业进入规范化管理后，企业会面临所谓的成长之痛，部分老成员由于不适应新的运营制度，需要被替换，这样的话就需要另外招聘新成员进入团队。灵活的薪酬制度包括年金补助，提取一定份额的股票以备日后调整等，这些灵活的机制都有助于让成员产生公平感。

3.5.4 团队多样性优势发挥

团队创业成功率高于个体创业者的原因很大程度是因为在创业团队中不同的成员有着不同的能力和技能，团队成员所做的工作在很大程度上是互补的，存在多样性的优势，到达"1+1>2"的效果。

在一个创业团队中，每个人负责的主要职责固然是不同的，要让每位成员各尽所长，做自己最合适、最擅长的工作。实现创业团队的多样化，也有利于团队的日常抉择，不同方面的人才会从不同的角度去分析事情，技术人员更多从技术的可行性上分析，管理人员则更多从市场方面思考，而财务人员就会从能否赚钱方面来思考，最终的结果是得出的结论和决策更加科学，更加全面。

同时，我们不断思考：哪些人是适合哪些关键职责的，以及谁负责什么职责，这样才能把能力重复或职责重复降到最低。但是对于刚刚建立的企业，所有任务的执行者是不可能被精确地固定下来的，每个人都身兼多职，有很多所谓的"杂事"要做。因此在团队创立初期，我们的确要明确好每位成员的职责，但是职责不应该过于细分。让团队保持一个责任共担、信息贡献的适度松散。灵活的扁平结构有利于发挥个人优势和个人灵活性，让成员更好地了解自我特长所在，提高学习的速度和决策制度的效率。

3.5.5 团队领袖的角色及行为策略

3.5.5.1 创业团队领袖的角色及影响

企业的发展需要创业团队，而团队的发展要靠团队领袖的带动。创业团队领袖是创业团队的灵魂，是团队力量的协调者和整合者。在团队建立的前期，团队领导者可能身兼多职，既是领导者，又是管理者，不但要带领团队做正确的事情，也要让每个成员都正确地做事情。但随着队伍的不断壮大，随着分工的逐渐细化，问题开始不断增多。此时，卓越的领导者在稳定大局、协调关系、决策等方面的作用逐步凸显出来。可以说，一个卓越的领导者是一个团队走向卓越的基础，如果把一个企业比作一个生命体，那么，卓越的领导者就是这生命体的大脑，确定企业的发展方向，协调各个组织相互配合地完成任务。

由于投射效应的存在，团队的领导者倾向于把自己拥有的特质推广到全体成员，这对创业团队核心文化和价值观的形成有着至关重要的作用。同时，其对团队的深远影响还会延伸到企业文化的建立，因为，一个创业团队，创业型企业的企业文化，往往就是创建者自身的价值观，尤其是主要领导人的价值观。因此，卓越的领导人，是构建卓越型团队的基础。所以，对于创业者来说，首先要做的是注意培养自己的领导人魅力，这对通过寻找合作伙伴来组建自己团队的创业者来说尤为重要，是未来团队稳定发展的基本保障。同时，优秀的领导创业者善于领导创业团队根据独特的创业理念来发展企业愿景，并引领团队凝聚力与合作精神，不断追求，不断朝着愿景出发。

3.5.5.2 创业团队领袖的行为策略

1. 确定方向

作为创业团队的领导者，需要确定创业的目标，特别是在团队趋于成熟的阶段，更需要把握好企业的发展方向,这和制订计划或者长期规划不是一回事。做计划是管理的一个程序,本质上是演绎性的,目的是要产生有序的结果,而不是变化。确定方向更具归纳性,领导者广泛收集数据,从中寻找能够对事物进行解释的模式、关系和关联。

心理学家马斯洛指出:杰出团队的显著特征是具有共同的愿景与目标。凝聚人心的愿景与经营理念,是团队合作的基础。目标则是共同愿景在客观环境中的具体化,能够为团队成员指明方向,是团队运行的核心动力。领导者要让团队的成员知道企业发展的方向,看到企业未来的样子。大多数关于远景和蓝图的讨论都有走向神秘主义的倾向。创业团队的领导者要清晰知道确定企业的发展方向是一个异常艰巨、有时令人疲惫不堪的、需要大量收集和分析信息并且要承担风险的过程。如果一个连所在行业中的弱小竞争者都不如的公司突然开始说要成为行业老大,那是痴人说梦,不是远景。DCM合伙人卢蓉说,"企业每一步的务实性很重要,做人要真诚,做企业要务实讲实在话,如果你不务实、夸大的话,早晚会出问题的。我绝对不投撒谎的人。"远景的关键之处不是它的独创性和高瞻远瞩,而是它在多大程度上符合客户、团队成员等重要群体的利益,以及它能否很容易被转化成一个实际可行的、具有竞争性的战略。

创业领袖不能错误地把确定企业方向理解为长期规划。长期规划总是很费时间,每当出现意外情况时,计划就必须重新制订。在一个动态的商业环境中,出现意外情况常常是不可避免的,制订长期计划也就成了异常繁重的工作。要使规划过程发挥最大的作用,就要使它成为确定方向的补充,而不是替代物。恰当的规划过程能够成为有效的工具,对确定方向的工作进行现实检验。同样,一个卓有成效的方向确定过程也有助于明确哪些计划至关重要,哪些计划无关紧要。对于初期创业的中小企业,本身就具备"船小好调头"的灵活性优势,领导者要做的便是确定好方向,带领创业团队扬帆启航。

2. 协调团队成员

一个优秀的创业团队经常都是由一群风格各异的优秀人物组成的,成员由于价值观、性格和处事方式方面的差异,难免会产生工作上的配合不协调。即使有了共同的目标和方向,团队领袖也要协调好团队成员之间的工作,避免能量内耗。《克雷洛夫寓言集》里面有这样一个故事:有一天,天鹅、梭鱼和大虾要一起拉车到集市运货,它们同时套上了绳子,使劲地拉,但是车子仍然停留在原地一动不动。要说拉这么一辆小车,它们的力量本来是足够的,但是为啥拉不动呢?原来是天鹅一个劲想冲上云霄,大虾拼命往后退,而梭鱼则一心想往水里面跳。它们是要完成同一个任务,也有着共同的目标,也知道车子前进的方向,结果由于相互之间的行为差异导致无法实现共同的目标。这个时候需要团队领袖来协调好三者之间的工作方式了,有效地协调团队成员,能够使他们沿着既定的路线前进。因此,团队领袖需要对团队成员有一定的了解,才能更好地协调他们的工作。同时,团队领袖也可以利用团队的自我调节能力。优秀的团队成员,都有着十分敏锐的嗅觉,能够及时发现问题。而团队领袖更多情况下是在成员不确定自己判断是否正确的时候,给予其肯定,让团队更快地回到正常的运作当中。

对于创业初期的中小企业,成员们的工作并不需要过于细分,即团队的领导者不应该过于注重组织具体职务的分配。领导者若希望通过"组织"来建立能够尽量准确、高效地实施计划的人员系统，一般来说，可能需要作出大量的复杂决策。而且，成员们很可能会发现所需要做的工作和组织分配的工作存在较大的差异。这样的情况会给团队成员带来一种不知所措的情绪，不利于企业的发展。成员协调一致，更多的是沟通方面的挑战，而不是设计方面的问题。与组织人员相比，协调人员总是需要更多地与团队成员进行交流。

从另一方面来看，与组织团队成员相比，协调团队成员需要更大程度的放权，特别是在企业发展到一定规模的时候。对此，团队领袖需要调整好自我心态。要知道，培养了具有较好领导能力的创业团队成员，当企业步入正轨的时候，成员就可以独当一面，让企业更加快速地发展。

3. 激励员工

在创业的过程中，难免会遇到许多挫折和困难，因此，团队领袖对成员的激励，能够让成员有克服困难的勇气和力量。

创业团队领袖切忌把鼓励成员和管理混为一谈。管理过程必须尽可能地防止失败和规避风险，这意味着各个流程不能依赖于非常规的或者难以实现的因素。建立系统和结构的整个目的就是帮助那些中规中矩的普通员工日复一日成功完成常规工作。这既不激动人心，也不令人向往。不过，这就是管理。团队成员不单单是员工，更是亲密的合作伙伴，是企业的中流砥柱。要实现宏伟的远景，创业团队常常需要一股干劲。激励和鼓舞能够振奋人心，但依靠的手段并不是像控制机制那样推着人们沿着正确的方向前进，而是满足人们的一些基本需要，比如成熟感、归属感、成就感、得到承认、得到尊重、能够掌握自己的生活、实现自己的理想等等。这样的感觉会使团队成员深深感动，并做出巨大的积极反应。

优秀的创业团队领袖要学会通过各种各样的方式激励队友。首先，团队领袖总是向成员清晰地描绘企业远景，并且强调成员的重要价值。这使得此项工作对每个成员来说都十分重要。领导者还经常让成员参与制定如何实现组织远景的决策，这就赋予人们一种控制感。另一种重要的激励手段是，通过辅导、提供反馈意见和树立楷模来支持成员实现远景的努力，从而帮助成员的职业发展，增强他们的自尊。最后，优秀的领袖对成员的成功给予认同和奖励，这不仅让成员拥有一种成就感，还让他们感受到团队的温暖。做到了以上几点，工作本身就有了一种内在的激励作用。

本章小结

1. 本章从创业者的定义与分类，创业者素质及能力提升，创业团队的定义、构建以及管理五个角度阐述创业者与创业团队。

2. 创业者是指创业活动的推动者，或者是活跃在企业创立和新创企业成长阶段的企业经营者。在此需注意，创业者只是企业经营者，而不直接等同于企业家。从创业者的人格特质上看，可把创业者划分成成就上瘾型创业者、推销高手型创业者、超级主管型创业者及创意无限型创业者四种；从创业者的创业内容上看，可把创业者划分成生产型创业者、管理型创业者、市场型创业者、科技型创业者与金融型创业者。

3. 对于一个创业者而言，应具备心理和身体两方面的素质。心理素质包括了创业意识、竞争意识、责任意识、合作意识等方面。通过创业学习和创业实践的锻炼，创业者主要会得到领导能力和业务能力两方面的提升；领导能力又具体分为战略管理能力和学习决策能力两方面，业务能力又分为经营管理能力、专业技术能力、交往协调能力和创新能力。

4. 创业团队是由两个以上具有一定利益关系、共同承担创建新企业责任的人组建形成的工作团队。它是团队而不是群体，因为团队中成员所作的贡献是互补的，而群体中成员之间的工作在很大程度上是互换的。有调查表明，团队形式的创业成功率是个人创业成功率的两倍。一个优秀的创业团队，是企业不竭生命力的来源，是新企业生存和发展的核心。

5. 创业团队的构建遵循以下原则：①确立目标原则；②确定发展方式原则；③互补原则；④动态开放原则。团队有多种构建方式，一般而言，有理性逻辑和非理性逻辑这两种团队的构建方式。依据不同逻辑组建创业团队既可能带来优势，也可能带来障碍，对后续创业活动会带来潜在影响。依据的逻辑不同，团队结构便会存在一定程度上的差异，也会对创业团队和企业的后续发展带来一定程度的影响。

6. 创业团队的管理主要有五个方面：①团队文化形成管理；②团队冲突管理；③薪酬制度建立；④发挥团队多样性优势；⑤团队领袖的角色及行为策略。团队文化形成管理，具体来讲，心理约定和氛围渐渐形成创业团队文化，如果成员高度认可团队文化，将在很大程度上巩固团队文化。即使后期加入团队的成员，也会渐渐被团队文化感染而同化，利于团队的管理。

复习思考题

1. 创业者应该具备的基本素质有哪些？
2. 什么是创业团队？它的重要性体现在什么地方？
3. 创业团队构建原则有哪些？
4. 创业团队管理内容包括哪些？如何规避团队冲突？

推荐阅读

1. （美）普南·莎马，著，《哈佛企业家创业指南（第一版）》，世界知识出版社，2006年1月。
2. 周星潼，著，《芝麻开门》，华中科技大学出版社，2012年1月。

课堂自测题

一、选择题

1. 按照创业者的人格特质分类，（   ）不是创业者的类型。
   A. 推销高手型   B. 超级主管型   C. 科技生产型   D. 成就上瘾型
2. 通过创业教育可以提高创业者的业务能力，不包括（   ）。
   A. 战略管理能力   B. 创新能力   C. 专业技术能力   D. 经营管理能力
3. 创业团队的构建原则包括（   ）。
   A. 确立目标原则、确定发展方式原则、互补原则、动态开放原则
   B. 确立目标原则、确定分工的原则、确定股权份额的原则、维持固定规模的原则
   C. 确立目标原则、确定分工的原则、互补原则、动态开放原则
   D. 确立目标原则、确定分工的原则、互补原则、维持固定规模的原则
4. 创业团队中形成的冲突主要指（   ）。
   A. 情感冲突、价值冲突   B. 情感冲突、分配冲突
   C. 情感冲突、认知性冲突   D. 价值冲突、认知性冲突

二、判断题

1. 创业者就是创办新企业的领导人。（   ）
2. 创业者是天生的。（   ）
3. 创业者都是大胆冒风险的。（   ）
4. 创业团队是由三个以上具有一定利益关系、共同承担创建新企业责任的人组建形成的工作团队。（   ）
5. 遵循理性逻辑组建的创业团队一般比依据非理性逻辑组建的创业团队更加有利于未来的发展。（   ）
6. 创业团队成员之间的非正式关系网络不利于团队文化的形成。（   ）

自测题答案二维码

案例研讨

案例1：胡大为——掌握核心技术的科研创业先锋

2009年创办广州市芬芳环保科技有限公司，到2011年，公司的销售额已经达到2000余万元，为国家创造税收120多万元，同时成立2家子公司，解决了40多人的就

业问题，取得了良好的经济效益和社会效益，这是华南理工大学胡大为博士真实的创业故事。

胡大为从一个普通的本科生起步，经历两次"跳级"，23岁就读到博士。他拥有7项专利，发表过30多篇论文，经过4000多次试验，他成功研发的"高效煤炭催化剂"，节煤率最高可达30%。正是胡大为扎实认真的求学生涯，一路指引他成为掌握核心技术的优秀的创业者。那究竟是什么样的经历和优秀品质成就了胡大为呢？

认真学习一路跳级

2002年9月，胡大为进入华南理工大学工业装备与控制工程学院（现为"机械与汽车工程学院"）过程装备与控制工程专业学习，在大多数学生还在好奇地感受大学的新鲜时，这位大学新生就已经每天早起晨读英语，认真上好每一堂课，课后抓紧读书自习。这个学习认真刻苦，聪明活泼，又写得一手好字的"苗子"，很快得到学校团委老师的关注和喜爱。

在团委老师的建议下，胡大为在大学一年级就向学院提出申请"跳级"，学院特批允许他任意选读本科课程。"大一下学期的时候，我就把大二下学期的课程也一起修读了"，胡大为清楚地记得，那个学期他选修的课程高达30门，课时有冲突时他就选择相对较难的去听，最后他顺利修读完30门课程并且都拿到了不错的分数。胡大为仅用三年时间就修读完本科所有学分，之后更是一鼓作气考取了本学院材料加工工程专业硕士研究生。

科研先锋 "节煤"牛人

要想科研创业，大学成绩优秀是不够的，还要在科研上有所建树。因为特别优秀，大二那年，胡大为就像研究生一样进入了导师的实验室，参加了从军事科研项目引申的催化剂降低煤炭的着火点、降低煤炭燃烧内耗、从而减少污染的课题，并迅速成为课题核心人物。胡大为在科研方面能有所成就是有一定原因的。

首先，做自己感兴趣的事情。大二那年，在对日常生活的观察中，爱思考的胡大为萌生出一个念头：能否研究出一种催化剂用于降低煤炭的着火点、降低煤炭燃烧内耗，从而减少环境污染？在他的导师胡小芳的支持下，胡大为开始不断做实验。

其次，要勤奋。导师胡小芳说，胡大为非常勤奋，自从进入实验室，他日常待的地方永远是实验室。他经常陪导师以拼命工作的方式"欢度"节假日；每年，他都在临近春节的时才在导师的再三督促下坐飞机回湖南老家，匆匆过个年又赶回来了。为了做好现场测试，胡小芳和胡大为轮值夜班，不间断工作。有一晚，胡小芳由于过度疲劳而摔伤，从此胡大为就不再让导师值夜班，自己一个人承担了所有夜班任务，直到他们终于研发出在节能基础上具有固硫作用的催化剂，不需要投资，不需要场地，不需要运行费用，而且在节能固硫的基础上降低了二氧化碳的排放。

而除了这些，"天才"还需要一个至关重要的必备条件：承受失败的能力。一个年轻人，怀抱创新的梦想和决心进行项目研发，100次实验失败，可以从头再来。可是，1000次失败之后呢？创新和成就的背后，是反复和枯燥的工作、不断的失败和调整。科研的道路充满了失败和挫折，面对挫折时百折不挠的韧性，是"天才学子"成长道路上不可忽略的装备。在研发煤炭燃烧的催化剂过程中，胡小芳和胡大为试验了千百种材料，反复在现场测试，经过无数次艰难的实验和失败。最终胡大为从家乡一种高热量的植物果实中得到灵感，并将其应用在煤炭燃烧中作为催化剂，实验效果有了明显的提高。再经多次实验，他发现有催化作用的是果实中的某些无机化合物，研究方向便得到了进一步明确。在后来的一段日子里，他平均每天做10次实验，前后配备了210多种样品，最终得到了一系列高效、安全、便宜的煤炭燃烧催化节煤剂，并且产品的节能效果能按照国家标准进行测试。

在科研方面，与治学严谨的老一辈科研工作者相比，年轻的胡大为常常展现出他这个年龄所特有的新锐思维，这跟胡大为的多学科背景是分不开的。

胡大为本科与硕士阶段均就读不同的专业，博士专业是材料学，研究方向则是当前最前沿的高科技——功能纳米材料、定型相变材料等。当被问到"换专业会不会影响专业能力"时，胡大为说："就算一个小实验都需要多方面的专业知识，创新其实需要有多个专业背景。我本科学机电类，研究生学材料加工工程，这样可以比只有材料背景的人更容易解决研究上遇到的很多问题。"

这些不凡的经历和优秀的品质是胡大为成为优秀创业者的基石。

科研"落地" 自主创业

科研创业最重要的是化创新为生产力。2009年10月，在广东省、华南理工大学及华工大科技园的大力支持下，为保护核心技术的机密性，胡大为和导师胡小芳教授共同投资，创办了广州市芬芳环保科技有限公司，成功地将自己研发的科技成果进行产业化。公司自成立后便展现出雨后春笋般的强劲发展势头，经过短短两年多的时间就成长为一家具有强大发展潜力的科技企业。

芬芳公司的发展潜力引起了众多风险投资商的青睐。2010年，胡大为在科技园举办的资本与项目投资与交流会上推介"化学干预煤炭催化燃烧节煤减排技术"，参会的东方富海、海汇投资、招商局基金等10多家风险投资机构负责人当场表达了参股投资的意愿。

仅2011年，芬芳公司年销售额达到2000余万元，为国家创造税收120多万元，同时成立了2家子公司，解决了40多人的就业问题，取得了良好的经济效益和社会效益。目前，芬芳公司推出的"掘能"牌化学干预煤炭催化燃烧节煤剂已在中国建材集团、天瑞集团、亚泰集团等大型水泥企业得到了广泛应用，并在火力发电行业得到了认可。2011年，胡大为获得了"广州市2011创业明星"称号。

创业心得：充分发挥自身科研长处

"做科技型创业公司，整合社会资源、充分发挥自身长处很重要。"说起创业心得，胡大为感触很深。

"通过与一些有渠道的节能企业合作，我们迎来了很好的发展机遇，同样，我们在销售上充分发挥代理商的积极性，使我们能充分发挥自身科研的长处，降低整体运作成本。"胡大为介绍，他们的专长是研发，铺市场、维护客户关系等并不是其长处，他们就通过发展经销商来进行市场推广，并且不断让利给经销商，实现大家共同成长。

对于有意通过技术发明创业的年轻人，胡大为的建议是，一定要掌握最核心的技术。现在行业竞争激烈，没有看家本领很难发展，他们在做市场推广时就有这样的体会。比如云南有家水泥企业希望进行节煤改造，邀请了三四家来比赛。前面几家不停地做，但效果不稳定，企业也没有信心再做下去，他们是最后一家，但是胡大为并没有放弃这个难得的机会，他坚信自己的产品可以满足企业的需求，最终他们的产品达到要求的效果，从而取得了合作机会。

思考：

从创业者素质与能力等方面分析胡大为创业成功的原因。

案例2：马化腾和他的5人创业团队合伙创业

16年前的那个秋天，马化腾与他的同学张志东"合资"注册了深圳腾讯计算机系统有限公司。之后又吸纳了三位股东：曾李青、许晨晔、陈一丹。这5个创始人的QQ号，据说是从10001到10005。为避免彼此争权夺利，马化腾在创立腾讯之初就和四个伙伴清楚约定：各展所长、各管一摊。马化腾是CEO（首席执行官），张志东是CTO（首席技术官），曾李青是COO（首席运营官），许晨晔是CIO（首席信息官），陈一丹是CAO（首席行政官）。之所以称腾讯的创业5兄弟"难得"，是因为直到2005年的时候，这五人的创始团队还基本保持这样的合作阵型，不离不弃。直到腾讯做到如今的帝国局面，其中4个还在公司一线，只有COO曾李青挂着终身顾问的虚职而退休。都说一山不容二虎，特别是在企业迅速壮大的过程中，要保持创始人团队的稳定合作尤其不容易。在这个背后，工程师出身的马化腾从一开始对于合作框架的理性设计功不可没。从股份构成上来看，5个人一共凑了50万元，其中马化腾出了23.75万元，占了47.5%的股份；张志东出了10万元，占20%；曾李青出了6.25万元，占12.5%的股份；其他两人各出5万元，各占10%的股份。虽然主要资金都由马化腾所出，他却自愿把所占的股份降到一半以下，47.5%。"要他们的总和比我多一点点，不要形成一种垄断、独裁的局面。"而同时，他自己又一定要出主要的资金，占大股。"如果没有一个主心骨，股份大家平分，到时候也肯定会出问题，同样完蛋"。保持稳定的另一个关键因素，就在于搭档之间的"合理组合"。据《中国互联网史》作者林军回忆说："马化腾非常聪明，但非常固执，注重用户体验，愿意从普通用户的角度去看产品。张志东是脑袋非常灵活、对技术很沉迷的一个人。马化腾技术上也非常好，但是他的长处是能够把很多事情简单化，而张志东更多是把事情做得完美。"许晨晔和马化腾、张志东同为深圳大学计算机系的同学，许晨晔是一个非常随和而有自己的观点，但不轻易表达的人，是有名的"好好先生"。而陈一丹是马化腾在深圳中学时的同学，后来也就读深圳大学，他十分严谨，同时又是一个非常张扬的人，他能在不同的状态下激起大家的激情。如果说，其他几位合作者都只是"搭档级人物"的话，只有曾李青是腾讯5个创始人中最好玩、最开放、最具激情和感召力的一个，与温和的马化腾、爱好技术的张志东相比，是另一个类型。其大开大合的性格，也比马化腾更具备攻击性，更像拿主意的人。不过或许正是这一点,也导致他最早脱离了团队,单独创业。后来,马化腾在接受多家媒体的联合采访时承认,他最开始也考虑过和张志东、曾李青三个人均分股份的方法,但最后还是采取了5人创业团队,根据分工占据不同股份的策略。即便是后来有人想加钱、占更大的股份,马化腾说不行,"根据我对你能力的判断,你不适合拿更多的股份"。因为在马化腾看来,未来的潜力要和应有的股份匹配,不匹配就要出问题。如果拿大股的不干事,干事的股份又少,矛盾就会发生。当然,经过几次稀释,最后他们上市所持有的股份比例只有当初的1/3,但即便是这样,他们每个人的身价都还是达到了数十亿元人民币,是一个皆大欢喜的结局。可以说,在中国的民营业中,能够像马化腾这样,既包容又拉拢,选择性格不同、各有特长

的人组成一个创业团队,并在成功开拓局面后还能依旧保持着长期默契合作,是很少见的。而马化腾成功之处,就在于其从一开始就很好地设计了创业团队的责、权、利。能力越大,责任越大,权力越大,收益也就越大。

(资料来源:(创业网,2015年1月9日 http://www.cyone.com.cn/Article/Article_34288.html)

问题:

通过阅读以上材料,试从创业团队的构建及团队管理两个角度简略阐述企业创建初期遇到问题应该如何处理。

第4章　创业机会

> 作为创业者,你要在国家的经济发展和个人、企业的发展中找一个结合点。一个人的发展是离不开当代环境的,要懂得如何把握住当今的市场机会、政策机会、融资机会。
>
> ——张德旺(《九重创业的修炼》)

【学习目标】

- 了解创业机会及其识别要素
- 掌握创业机会开发的过程
- 掌握创业机会的评价与筛选方法
- 了解创业机会风险及其规避手段

【读书笔记】

《九重创业的修炼》一书中,第一章便是"开始创业吧,你有的是机会",并指出现在是创业的最好时机。从国家的政策和资金支持、企业无数的创业平台、学校系统化的支持项目等方面娓娓道来。还以前宏梦卡通CEO王敬对体育产业创业机会的分析为例阐述了一个道理:无论传统行业还是新兴行业,随着经济和社会的发展,消费者的需求和习惯也在时时改变,只要用心,就能发现新的市场机会。

案例分析了迪卡侬模式,即价值导向模式,宏梦卡通立足中国消费者的主流需求(成熟的消费观故而看中物有所值),开发店中体验,在蓝海领域迅速扩张。王敬还分析,消费者一般分为四种类型:价格导向、价值导向、生活方式导向以及独特性导向。

4.1　创业机会的概念、来源与分类

4.1.1　商业机会、创意、创业机会概念

创业过程的核心是商机问题。创业过程是由商业机会驱动的。商机的形式、大小、深度决定了资源与团队所需的形式、大小、深度。技术进步、政府管制政策的变化、国际化的发展……这些变化都可能带来商业机会。

时下一些人认为,商业机会就是创业机会。实际并不尽然,创业机会仅仅是适于创业的商业机会。这里涉及三个概念,即机会、商业机会、创业机会。机会是指实现某种目的的可行的突破口、切入点、环境、条件等。商业机会客观存在于市场过程之中,是一种有利于企业发展的机会或偶然事件,是还没有实现的必然,通常体现为市场上尚未满足和尚未完全满足的有购买力的消费需要,也称为市场机会。而对于创业机会,很多

学者有着不同的界定，柯兹纳认为，创业机会是一系列的市场不完全，这种不完全既包括未明确的市场需求，也包括未充分使用的资源或能力。熊彼得认为，创业机会是通过把资源创造性地结合起来，满足市场的需要、创造价值的一种可能性；蒂蒙斯认为，创业机会是一种可能盈利的机会，通过整合资源满足市场对新产品、新服务的需求并创造价值，是一个不断被发现的动态发展过程。

本书认为，创业机会是指具有较强吸引力的、较为持久的有利于创业的商业机会，通过整合资源，创业者可以为客户提供有价值的产品或服务，并同时使自身获益的动态发展过程。

成功的创业者和投资家都知道，一个好的创意未必是一个好的创业机会。创意是一种思想、概念或想法。创意可能并不符合创业机会的标准。许多创业者的失败不是因为创业者没有努力工作，而是因为没有真正的创业机会去开始。在因创意而激动兴奋之前，先了解是否填补了某种需要，是否达到了机会的标准至关重要。实际上，以创业计划或创业建议等形式呈送给投资者的100个创意中，通常仅有1～3个最后会成为投资对象。

创业机会具有吸引力强、持久、适时的特性，它根植于可以为客户或最终用户创造或增加价值的产品与服务中。对拥有这些特性的商机来说，"机会之窗"正在敞开，并将敞开相当长的时间。在这个拥有适宜特质的前提条件下进入市场是可行的，并能通过正确地管理创业团队达到赢得市场的目标。

所谓机会窗口，就是特定商机存在于市场之中一定的时间跨度。机会的时间跨度越大，市场规模越大。机会窗口越大，创业者才可能抓住这个机会，才有望获得相应的投资回报。图4-1给出了一个一般化市场上的机会窗口。

一般来说，市场随着时间的变化以不同的速度增长，并且随着市场的迅速扩大，往往会出现越来越多的机会。但当市场变得更大并稳定下来时，市场条件就不那么有利了。因此，在市场扩展到足够大，形成一定结构时（如图中显示的第5年），机会窗口就打开了，而当市场成熟之后（如图中显示的第15年），机会窗口就开始关闭。

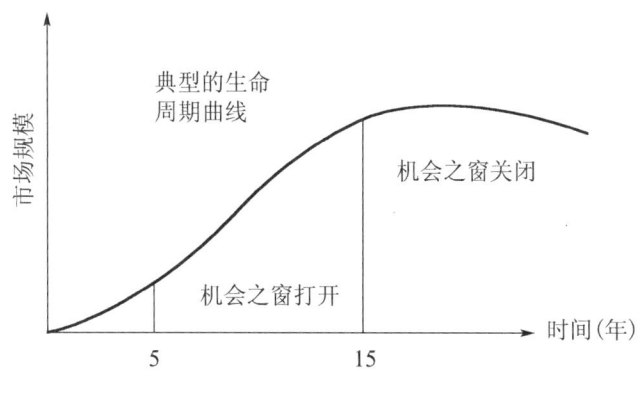

图4-1 创业的机会窗口

由此可见，一个创业者要抓住某一市场机会，其机会窗口应是敞开的而不是关闭的，并且它必须保持足够长的敞开时间以便被加以利用。因为如果等到机会窗口接近关闭时再来创业，留给创业者的余地将十分有限，新创企业也就很难盈利，从而导致创业夭折。所以说，创意只有在机会窗口打开的时候才有可能成为创业机会。

4.1.2 创业机会的来源

从系统研究的观点来看，创业机会来源于社会生活的方方面面，我们将其概括为五点：

1. 问题的解决

创业的根本目的是满足顾客需求，而顾客需求在没有满足前就是问题，寻找创业机会的一个重要途径是善于去发现和体会自己和他人在需求方面的问题或生活中的难处。比如，华南理工大学有一位本科学生，发现一到周末和考试期间，学校图书馆就爆满，很多同学都找不到座位，而且，学校图书馆的网速很慢，于是，他就和同学一起在学校门口开了一家书店，书可以免费看、网络可以免费用，吸引了很多的学生，同时，店内出售饮品、甜点和食物。学生可以在这里买自己喜欢的书，这样不仅服务了学生，还为自己带来了利益。

2. 环境的变化

创业的机会大都产生于不断变化的市场环境，环境变化了，市场需求、市场结构必然发生变化。著名管理大师彼得·德鲁克将创业者定义为那些能"寻找变化，并积极反应，把它当作机会充分利用起来的人"。这种变化主要来自产业结构的变动、消费结构升级、城市化加速、人口思想观念的变化、政府政策的变化、人口结构的变化、居民收入水平提高、全球化趋势等方面。比如，全面放开二胎政策的实施，人口的老龄化加剧都会影响到我国的人口结构，这也会派生出很多的市场需求，如教育事业、老年人安养院等。

3. 创造和发明

创造发明提供了新产品、新服务，更好地满足顾客需求，同时也带来了创业机会。比如随着电脑的诞生，电脑维修、软件开发、电脑操作的培训、图文制作、信息服务、网上开店等创业机会随之而来，即使你不发明新的东西，你也能成为销售和推广新产品的人，从而给你带来商机。

4. 竞争的指引

弥补竞争对手的缺陷和不足，也是创业机会。看看你周围的公司，你能比他们更快、更可靠、更便宜地提供产品或服务吗？你能做得更好吗？若能，你也许就找到了机会。顺丰快递的成功，就是因为它比一般的快递公司更快、更可靠。

5. 新知识的产生

随着经济的快速发展，对教育的投入越来越大，知识领域不断拓展，新知识的产生，也给创业带来了大量的机会。例如，当人类基因图像获得完全解决，可以预期，必然在生物科技与医疗服务等领域带来极多的新创业机会。

虽然大量的创业机会可以经由系统的研究来发掘，不过，最好的点子还是来自创业者长期的观察与生活体验。

4.1.3 创业机会的类型

创业机会有四种类型,可由机会矩阵表示(见图4-2)。创业机会矩阵中有两个维度:以探寻到的价值(即机会的潜在市场价值)为横轴,这一维度代表着创业机会的潜在价值是否已经较为明确;以创业者的创造价值能力为纵轴,这里的创造价值能力包括通常的人力资本、财务能力以及各种必要的有形资产等,代表着创业者是否能够有效开发并利用这一创业机会。

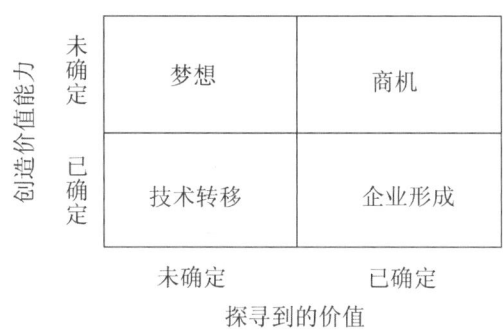

图4-2 机会矩阵的四个类型

在左上角的第一象限中,机会的价值并不确定,创业者是否拥有实现这一价值的能力也不确定,这种机会为"梦想"。在右上角的第二象限中,机会的价值已经较为明确,但如何实现这种价值的能力尚未确定,这种机会是一种"商机"。对于左下角的第三象限,机会的价值尚未明确,而创造价值能力已经较为确定,这一机会实际上是一种"技术转移"(创业者或者技术的开发者的目的是为手头的技术寻找一个合适的应用点)。在右下角的第四象限中,机会价值和创造价值的能力都已确定,这一机会可称为"业务或者说是企业形成"。比起右下角的创业机会,右上角的机会其成功的可能性并不大。

【华工创业案例】

抓住"互联网下的智能打印"这朵云

李伟的初创团队共7人,分别来自华南理工大学电子与信息学院和工商管理学院。团队成员以技术人员为主,同时还有营销、财务和法务人员。成立的广州七梦云信息科技有限公司是一家专注于智能打印复印科技的互联网公司,目前主要的受众群体定位为大学生,主要研发产品为"宅印云打印平台"和"宅印自助一体机"。而公司目前正处于陆续上线最新研发产品的重要时刻,致力于为广大高校学生提供便捷的智能打印服务。

2015年初,李伟鹏渐渐了解到云打印相关的项目和现有的一些产品,觉得都不是很满意,经过一段时间的深入研究,发现国内云打印服务正处于萌芽阶段,服务不成熟,设备不够智能,并没有开始设想的那么好。而打印复印是社会刚需,市场非常广阔。近年来互联网的快速发展，各方面的政策、基础设施和移动互联网的普及度等因素的持续完善，为革新营造了一个良好的环境，使打印进行智能互联网化成为必然的趋势。他想着，自己对技术有热情，也认识一些热爱技术的朋友，不妨好好把握这个时机，带团队好好干一番。于是便拉了一帮有能力和合作经验的朋友组成了"宅印团队"，开始进行智能打印产品的研发并逐步测试上线，新产品一上线就获得了同学们的广泛好评。"我们知道这只是一个开始，我们要走的路还很长。"李伟鹏表示。

4.2 创业机会识别

4.2.1 创业机会识别过程

创业过程开始于创业者对创业机会的把握。创业者从成千上万繁杂的创意中选择了其心目中的创业机会，不断地进行持续开发，使之成为真正的事业或企业，直到最终收获成功。这一过程中，机会的潜在预期价值以及创业者的自身能力被反复权衡，创业者对创业机会的战略定位也越来越明确，这一过程称为创业机会的识别过程。根据广义的识别过程，我们将创业机会识别过程分成三个阶段，并且给出了一个简单的框架，如图4-3所示。

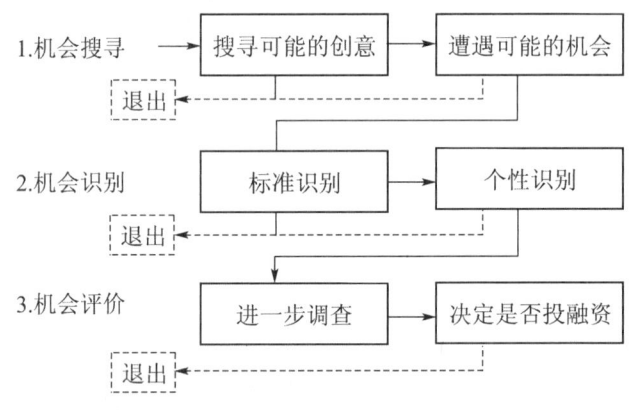

图4-3 创业机会识别过程

阶段1：机会的搜寻。这一阶段创业者对整个市场中可能的创意展开搜索，如果创业者意识到某一创意可能是潜在的商业机会，具有潜在的发展价值，就将进入机会识别的下一阶段。

阶段2：机会的识别。相对整体意义上的机会识别过程，这里的机会识别应当是狭义上的识别，即从创意中筛选合适的机会。这一过程包括两个步骤：首先是通过对整体的市场环境，以及一般的行业分析来判断该机会是否在广泛意义上属于有利的商业机会；第二步是考察对于特定的创业者和投资者来说，这一机会是否有价值，也就是个性化的机会识别阶段。

阶段3：机会的评价。实际上这里的机会评价已经带有部分"进一步调查"的含义，相对比较正式，考察的内容主要是各项财务指标、创业团队的构成等。通过机会的评价，创业者决定是否正式组建企业，吸引投资。事实上，在许多研究中，机会识别和机会评价是共同存在的，创业者在做创业机会识别时也在有意无意地进行评价活动。在他们的分析框架中，机会识别和机会评价并非是完全割裂的两个概念。创业者在机会搜寻中的每一步，都需要进行评估，也就是说，机会评价贯穿于整个机会识别的过程中。在机会识别的初始阶段，创业者可以非正式地调查市场的需求，所需的资源，直到断定这个机会值得考虑或是进一步深入开发，在机会开发的后期，这种评价变得较为规范，并且主要集中于考察这些资源的特定组合是否能够创造出足够的商业价值。

在现实生活当中，创业机会都是很难识别的。识别产品、服务或业务机会很困难，因为它不单是换一种角度来看待现存事物，还得判断这一角度是否能为消费者创造价值。

创业者在机会识别过程中最常犯的错误是挑选了自己喜欢或对其有激情的现存产品或服务，并围绕产品或服务改进而开始创业。这种方法看起来很明智，但实情通常并非如此。机会识别的关键，在于识别出人们需要的而且愿意购买的产品或服务，并非创业者自己想生产和销售的产品或服务。

4.2.2 创业机会识别的影响因素

创业机会识别过程是一个不断调整、反复均衡的过程。不同的创业者可能关注的创业机会不同，即使是同一个创业机会，不同的人，对其评价也往往不同。

影响机会识别和开发的因素主要可以分为两个方面，即机会本身的属性和创业者的个人特性。机会的自然属性、机会的特征是影响人们是否对之进行评价的基本因素。创业者选择这项机会是因为相信其能够产生足够的价值来弥补投入的成本，创业机会的自然属性很大程度上决定了创业者对其未来价值的预期，因而对创业者的机会评价产生重大影响。创业者筛选商机的指标，主要包括了市场需求、市场结构和规模以及市场利润指标，每一指标下还可以各设若干分指标用于机会评价。

对于机会识别来说，更重要的应当来自创业者的个人因素，这是因为从本质上来说，机会识别是一种主观色彩相当浓厚的行为。事实上，即使某一机会已经表现出较好的预期价值，但是并非每个人都能从事这一机会的开发，并且坚持到最后的成功。因此创业者的个人特征对于机会识别来说更为重要。现有的研究中提到了一些创业者与机会识别相关的个人特性，这些个人特性包括：

（1）警觉性。通过实证检验发现，创业者比一般的经理人更加渴望信息，更倾向于在信息搜索上花更多的时间，搜索方式也各有不同。

（2）风险感知。一些实证研究表明，机会评价与创业者的风险感知显著相关，而创业者的风险感知又取决于创业者的自信心、不依赖计划、渴求控制等因素。

（3）自信。成功的创业者需要有执着的信念，并且能够坚持他们的事业直至最后成功。有研究显示，创业者的自信能够增强他们对机会的感知。

（4）已有的知识。创业者更加关注与他们已经拥有的信息、知识相关的机会，并且创业者拥有的知识将在技术开发、机会识别、机会开发三个方面影响机会的发现。

（5）社会关系网络。创业者的社会关系网络对机会识别相当重要。有关实证检验发现，拥有大量社会关系网络的创业者与单独行动的创业者在机会识别上有显著的差异。

值得注意的是，这些个人因素并非彼此独立存在，在某种程度上，它们彼此之间也存在一定的相关性。

【相关链接】

从哪些方面来识别创业机会？

1. 关注变化

环境变化的过程就是创业机会出现的过程，通常的变化包括：①产业结构的变化；②科技进步；③通信革新；④政府放松管制；⑤经济信息化、服务化；⑥价值观与生活形态化；⑦人口结构变化。以人口因素变化为例，可以发现不同的创业机会：a. 为老年人提供健康保障用品；b. 为独生子女服务的业务项目；c. 为年轻女性和上班女性提供的用品；d. 为家庭提供文化娱乐用品

2. 把握"低科技"

随着科技的发展，开发高科技领域是时下热门的课题，例如美国近年来设立的风险性公司中电脑占25%，医疗和遗传基因占16%，半导体、电子零件占13%，通信占9%。但是机会并不只属于"高科技领域"，在运输、金融、保健、饮食、流通这些所谓的"低科技领域"也有机会，关键在于开发。

3. 细分顾客

每个人的需求都是有差异的，如果我们时常关注某些人的日常生活和工作，就会从中发现某些机会。因此，在寻找机会时，细分目标顾客，如政府职员、菜农、大学讲师、杂志编辑、小学生、单身女性、退休职工等，挖掘各类人员的需求特点，创业机会就会出现。

4. 追求"负面"

所谓追求"负面"，就是着眼于那些大家"苦恼的事"和"困扰的事"。如果能提供解决的办法，实际上就是找到了机会。例如双职工家庭，没有时间照顾小孩，于是有了家庭托儿所，没有时间买菜，就产生了送菜公司。这些都是从"负面"寻找机会的例子。

创业是不拘泥于当前资源条件的限制而对机会的追寻，是将不同的资源组合以利用和开发机会并创造价值的过程。

（资料来源：陈迎利，《世界创业实验室》，2013年10月18日 http://www.studentboss.com/html/news/2013-10-18/139049_2.htm）

4.3 创业机会筛选

4.3.1 有价值的创业机会的特征

1. 营利性

蒂蒙斯等人认为好的创业机会需要有需求旺盛的市场和丰厚的利润,并且获利容易。例如:市场规模大、成长迅速、毛利率高、能够较早实现充足的自由现金流、盈利潜力高以及为投资者提供切实可行又极具吸引力的回报等。

2. 持久性

在创业者利用机会期间,机会窗口必须是持续敞开的,一旦新产品市场成功建立,则机会窗口就打开了。在市场成熟之前,随着市场的成长,新创企业可以利用自身优势建立自己的定位。企业经营期间,有价值的定位一直存在。

3. 及时性

真正有价值的商机能够很快满足某项重大的需要或愿望,为人们提供解决问题的措施。

4. 增值性

新创企业需依附于买者或终端用户,提供能够增加价值的产品、服务或业务。好的创意需为顾客带来实实在在的价值。例如广州超级周末科技有限公司发明的一款针对大学生校园应用的超级课程表,通过这个 APP,大学生用户可以快速登录高校教务系统,自动把课程表录入手机,这样就能收录千万节课程信息,实现校内跨院系任意蹭课。此外,还可以通过这个 APP 学习外语,充实大学生的课余生活。这也是一个交流平台,可以和在不同地方的人讨论自己喜欢的问题,实现思想的交流。

4.3.2 创业机会的评价筛选

对于创业者来说,最重要的是如何从众多机会中寻找有价值的创业机会。创业机会能否从最初的市场需求和未利用资源的形态发展成为新企业,不仅涉及机会本身的情况,还要求机会能与创建新企业的其他力量(创业团队、投资人等)相协调。现有的创业机会评价方法主要从定性和定量两个角度进行。

4.3.2.1 创业机会的定性评价

1. 蒂蒙斯机会评价框架

目前比较完善的评价指标体系是蒂蒙斯机会评价框架,蒂蒙斯以成功的创业者、私人投资者和风险投资家的商业经验为基础,总结概括了一个评价创业机会的框架,见表 4-1。其中涉及经济因素、行业和市场、收获条件、竞争优势、管理团队、致命缺陷、创业家的个人标准以及理想与现实的战略差异性等八大类 53 项指标。现实中有成千上万适合创业者的特定机会,但未必能与这个评价框架相契合。

表 4-1 蒂蒙斯机会评价框架

经济因素	1. 达到盈亏平衡点所需要的时间在 1.5～2 年或 1.5 年以下。 2. 盈亏平衡点不会逐渐提高。 3. 投资回报率在 25% 以上。 4. 项目对资金的要求很大，能够获得融资。 5. 销售额的年增长率高于 15%。 6. 有良好的现金流量，能占到销售额的 20%～30% 及以上。 7. 能获得持久的毛利，毛利率要达到 40% 以上。 8. 能获得持久的税后利润，税后利润率要超过 10%。 9. 资产集中程度低。 10. 运营资金不多，需求量是逐渐增加的。 11. 研究开发工作对资金的要求不高。
行业和市场	1. 市场容易识别，可以带来持续收入。 2. 顾客可以接受产品或服务，愿意为此付费。 3. 产品的附加价值高。 4. 产品对市场的影响力高。 5. 将要开发的产品寿命长久。 6. 项目所在的行业是新兴行业，竞争不完善。 7. 市场规模大，销售潜力达到 1000 万～10 亿元。 8. 市场成长率在 30%～50%。 9. 现有厂商的生产能力几乎完全饱和。 10. 在 5 年内能占据市场的领导地位，市场占有率达到 20% 以上。 11. 拥有低成本的供应商，具有成本优势。
收获条件	1. 项目带来的附加价值具有较高的战略意义。 2. 存在现有的或可预料的退出方式。 3. 资本市场环境有利，可以实现资本的流动。
竞争优势	1. 固定成本和可变成本低。 2. 对成本、价格和销售的控制较高。 3. 已经获得或可以获得专利所有权的保护。 4. 竞争对手尚未觉醒，竞争较弱。 5. 拥有专利或具有某种独占性。 6. 拥有发展良好的网络关系，容易获得合同。 7. 拥有杰出的关键人员和管理团队。
管理团队	1. 创业者团队是一个优秀管理者的组合。 2. 行业和技术经验达到本行业内的最高水平。 3. 管理团队的正直廉洁程度能达到最高水准。 4. 管理团队知道自己缺乏哪方面的知识。

续表

致命缺陷	不存在任何致命缺陷。
创业者的个人标准	1. 个人目标与创业活动相符合。 2. 创业者可以在有限风险下实现成功。 3. 创业者可以接受薪水减少等风险。 4. 所创办的事业顺应时代潮流。 5. 创业者渴望创业这种生活方式，而不只是为了赚大钱。 6. 创业者在压力条件下依旧状态良好。
理想与现实的战略差异性	1. 理想与现实情况相吻合。 2. 管理团队已经是最好的了。 3. 在客户服务管理方面有很好的服务理念。 4. 所创办的事业顺应时代潮流。 5. 所采取的技术具有突破性，不存在许多替代品或竞争对手。 6. 具备灵活的适应能力，能快速地进行取舍。 7. 始终在寻找新的机会。 8. 定价与市场领先者几乎持平。 9. 能够获得销售渠道，或已经拥有现成的网络。 10. 能够允许失败。

（资料来源：Timmons，J1New Venture Creation ［M］. 1Chicago：Irwin，1994：P307）

（1）经济因素

毛利率。毛利率是单位售价与所有直接成本和可变成本的差，毛利率越高，达到盈亏平衡点的时间越早，并且新建企业的适应性也更高。毛利率低于20%的商机是没有吸引力的。

税后利润。毛利率是税后利润的评价要素，有吸引力的商机至少要有10%～15%的持久利润率，一般要求达到15%～20%。那些税后利润率少于5%的企业是极其危险的。

投资回报率潜力。拥有25%以上年投资回报率的商机具有极强的吸引力。考虑到所包含的一般程度的风险，低于15%～20%的潜在投资回报率就缺乏吸引力了。

达到盈亏平衡点和正现金流所需要的时间。好的企业必须在两年内达到盈亏平衡点和正现金流，如果时间超过3年，则商机会大打折扣。

自由现金流特征。自由现金流是用来衡量企业实际持有的能够回报股东的现金，是在不危及公司生存与发展的前提下可供分配给股东和债权人的最大现金额。自由现金流量本身具有的客观属性，可以用来衡量经济结构的强健程度、资本要求（包括流动资本和固定资产）、满足外部债务和权益的利益主张的能力以及保持成长的能力，在越来越广泛的领域替代传统的利润、收入等考评指标。

资本要求。对资本需求不高的商机具有很高的吸引力。当然，还要具体情况具体分析，服务领域的企业或是"现金销售"的企业对资本要求低一些，而高技术制造企业则需要持久的高额研发费用。

内部收益率潜力。内部收益率是资金流入现值总额与资金流出现值总额相等、净现值等于零时的折现率。最有吸引力的商机常常具有在 5～10 年内实现原始投资 5～10 倍的回报潜力，年复合回报率达到 25% 以上的企业是非常健康的。

（2）行业和市场

市场。潜力较高的商机所确定的市场，能够迎合一个重要客户群的需要，为客户提供高增值或高创值的利益。客户群是集中的、可以触及的，愿意接受该产品或服务，没有形成其他的品牌忠诚，这样的商机是不容错过的。

市场结构。市场结构一般包括销售者的数量、销售者的规模、分销渠道、进入和退出的环境、购买者的数量、成本条件、需求对价格变化的敏感度等因素。高度集中、完全竞争性、处于成熟期或者衰退期的行业是典型的没有吸引力的行业，而那些细分的、不完善的市场或者新兴行业则会因信息或知识等的不对称而存在极具吸引力的商机。

市场规模。市场规模是具体根据人口数量、人们的需求、年龄分布、地区的贫富度等调查所得的结果，是目标产品或行业的整体规模。对于大规模和成长型市场，只要获得很小的市场份额，其产生的销售量也是极大的。

成长率。成长率高的市场能够不断扩张，不断创造新的细分市场，其原有提供者和新进提供者都可以追寻相同的细分市场。如果市场每年能够保持 30%～50% 的成长率，则代表着客观的、不断增长的销售量。

市场容量。判断现有供应商的生产能力是否饱和，其提高的速度能否赶上市场容量增长的速度，如果不能，那么新进入者就有机会。

可获得的市场份额。有潜力占有 20% 以上市场份额的公司能够创造很高的价值，其实际的价值要远高于账面价值。一般而言，大多数投资家是不会对只能获得 5% 的市场份额的公司感兴趣的。

成本结构。成本结构是产品成本中各项费用，例如人力、原料、土地、机器设备、信息、技术、能源、资金、政商关系、管理素质等，所占的比例或各成本项目占总成本的比重。在行业成本不会持续下降的状况下，低成本供应商是具有成本优势的，具有很高的竞争力。特别是在规模经济不那么重要的行业中，因低成本产生的商机是很具吸引力的。

（3）收获条件

增值潜力。判断一个企业的增值潜力，就是考虑其战略价值。例如分销优势、客户基础、地理覆盖面、所有权技术以及契约权利等可以为企业带来巨大增值的潜力，是具有战略意义的商机。

退出机制。公司最终收获的方式和可能性是创业者必须考虑的问题。完善的退出机制可以增强商机的吸引力，没有吸引力的商机往往不考虑退出机制。一般而言，专用性很强的资产或是限制性很强的行政管理都会加大企业的退出难度。

资本市场环境。良好的资本市场环境有利于产生正向的现金流，使商机开发为企业创办成为现实。一些成功的公司就是在能够以较低成本获得债务资本和权益资本时创建的。

(4) 竞争优势

可变成本和固定成本。低成本优势是企业三大竞争优势之一，较低的生产成本、营销成本和销售成本可以成为有吸引力的商机。

控制程度。控制程度越高，商机的吸引力越强。一般的控制因素有价格、成本、销售渠道、产品开发等。能够对产品的原材料来源或者销售渠道拥有独占性控制的商机，即使其他因素较为薄弱，它也能够取得较大的市场优势。

进入壁垒。进入壁垒是影响市场结构的重要因素，是产业内既存企业对于潜在进入企业和刚刚进入这个产业的新企业所具有的某种优势的程度。行业进入壁垒越高，新进入者进入的可能性就越小，进而利润被分摊的可能性就越小。技术、产品革新、市场革新、人员、位置、资源或市场容量等都可能成为制约进入壁垒的因素。

(5) 管理团队

创业团队。风险投资者相当重视新创企业的团队管理，如果团队内部人员在相同的技术、市场和服务领域有过类似的经历，并且在技能方面具有互补性和一致性，则从商机到成功创办企业的可能性就很高。

行业和技术经验。在行业内曾经做出过很好的成绩，就会吸引投资者的眼光，如技术方面的、市场领域的、已经验证的利润方面的，以及其他企业竞争方面的各种成就。拥有行业和技术经验的管理团队有可能成为企业的核心竞争力。

正直和认知的忠诚度。创业者的正直和信任是企业长期健康发展的必要条件。创业者能否正确认识到团队拥有什么、缺少什么以及需要弥补什么是创业能否成功的一个原则性问题。

(6) 致命缺陷

评价标准中任何一个都可能成为致命缺陷，从而减弱商机的吸引力，阻碍商机顺利发展成为企业，如资本要求高、市场规模小、成长率低、成本高、进入壁垒高等。

(7) 创业家的个人标准

目标与匹配度。高匹配度需要满足的条件即企业对创业者的要求和创业者对企业的要求相吻合。企业和创业者能够在相互影响和相互配合中发展。

好/差的方面。有吸引力的商机一般不会有过分的风险，创业者除了面临财务风险，还要承受心理负担。一个创业者必须有能力处理资金上的困难，能在不被债务束缚的前提下自行恢复。此外，除了明显的经济后果外，还要考虑失败对公司以及创业者个人的声誉和将来的信用所造成的伤害。

机会成本。创业者在追逐商机所带来的利润增值时，会放弃其他的商机或方案。因此在面临商机或改变时，创业者在作出选择时，必须借助已有的相关经验充分考虑其他可选方案。

向往。当创业者向往某种特定的生活方式时，会排除某些特定商机的想法。如果好的商机恰好能够符合人们的意愿，那么这种商机的吸引力就会增强。

压力承受度。高成长、高收益企业面临的就是高压力，真正能够将企业发展壮大的创业者需要拥有超乎常人的压力承受力，拥有好的心理素质，勇敢面对失败与风险。

(8) 理想与现实的战略差异性

匹配度。理想与现实是否相吻合？目前创业者、创业者拥有的各方面资源、商机与时机是否相匹配？

团队。目前的团队是否是最好的？创业团队的技术和技能是否能够满足创业战略的执行、完善和不断修订？

服务管理。在服务竞争环境中，要实现在市场经济下的顾客差别化竞争优势，必须在核心产品之外有更多的价值，有更出色的服务管理方案，才能吸引顾客，扩大产品的市场份额。

时机。从战略上讲，要充分利用时机，就要学会顺水推舟，顺势而行，太早或太晚都不能产生好的效果。

技术。突破性的、独创性的技术往往能够形成企业的竞争优势，甚至形成技术壁垒，创造别人无法匹敌的竞争优势。

灵活性。与大型企业相比，新创企业的优势就是灵活。如果不具有采用和放弃一些措施（例如技术、渠道等）的能力，很难形成竞争优势。

商机导向。不满足眼前的商机，不断搜索、探寻不同的商机，直至形成高度可行的策略。

定价。理性定价，如果公司能够提供高增值率的产品或服务，则定价应该与提供的价值相匹配，而不是为了进入市场而定极低的价格。低价虽然能够快速提高销量，但是同时也带来了风险，极易招致竞争者的联合抵制。

分销渠道。能够创造性地获得新的销售渠道，或用现成的网络形成自己的渠道优势。

容错空间。基于创业者现有的所有资源，在计划收入、成本、现金流、时机和资本要求时，可以允许犯多大的错误？是否有弥补措施？

2. 创业机会的自我评价

创业者在进行创业机会评价时，可以从个人经验、社会网络、经济状况三个方面进行评价。

在个人经验层面，要考虑以前的工作和生活经验是否能够支撑后续开发创业机会所必需的知识和技能。

在社会网络层面，要考虑自己身边认识、熟悉的人能否支撑后续开发机会所必需的资源和其他因素。社会关系网络在创业活动中起到重要的作用，社会关系网络越广，个体就越容易发现创业机会，也更容易把握创业机会，实施创业活动。

在经济状况层面，要重点考虑的是能否承受从事创业活动所带来的机会成本。在创业之初，大部分成功创业者并没有充足的自有资金用于创业，但都有着报酬丰厚的工作机会，所以创业者需要考虑创业机会的价值潜力能否弥补因放弃工作而承担的损失。

4.3.2.2 创业机会的定量评价

大卫·贝奇在《创业学》一书中提出了四种目前公认的评价创业机会的定量分析方法：①标准打分矩阵；②Westinghouse 法；③Hanan Potentionmeter 法；④Baty 选择因素法。

1. 标准打分矩阵

标准打分矩阵通过选择对创业机会成功有重要影响的因素，并由专家小组对每一个因素进行极好（3分）、好（2分）、一般（1分）三个等级的打分，最后求出对于每个因素在各个创业机会下的加权平均分，从而可以对不同的创业机会进行比较。

表4-2列出了十项主要的评价因素，在实际使用时可以根据具体情况选择其中的全部或部分因素来进行评估。

表4-2 标准打分矩阵

标准	专家评分			
	极好（3分）	好（2分）	一般（1分）	加权平均分
易操作性	8	2	0	2.8
质量和易维护性	6	2	2	2.4
市场接受度	7	2	1	2.6
增加资本的能力	5	1	4	2.1
投资回报	6	3	1	2.5
专利权状况	9	1	0	2.9
市场的大小	8	1	1	2.7
制造的可靠性	7	2	1	2.6
广告潜力	6	2	2	2.4
成长潜力	9	1	0	2.9

2. Westinghouse法

Westinghouse法是计算和比较各个机会优先级的方法。特定机会的优先级越高，则创业成功的可能性就越高。

机会优先级 =［技术成功概率 × 商业成功概率 × 平均年销售数 ×（价格 - 成本）× 投资生命周期］÷ 总成本

其中：技术和商业成功的概率以百分比表示，从0到100%；平均年销售数是以销售的产品数量计算；成本是以单位产品成本计算；投资生命周期是指可以预期的年均销售数保持不变的年限；总成本是指预期的所有投入，包括研究、设计、制造和营销费用。

例如：一个创业机会的技术成功率为80%，预计商业成功率为70%，在10年的投资生命周期中年均销售数量预计为20 000个，净销售价格为100元，对于每个产品来说单位成本为80元。研发费用50 000元，设计费用140 000，制造费用230 000，营销费用50 000。

机会优先级 =［0.8 × 0.7 × 20 000 ×（100 - 80）× 10］÷（50 000 + 140 000 + 230 000 + 50 000）≈ 5

3. Hanan Potentionmeter法

这种方法可以通过让创业者来填写针对不同因素的不同情况，预先设定好权值的选项式问卷方法，来快捷地得到特定创业机会的成功潜力指标。

对于每个因素来说，不同选项的得分可以从 -2 分到 +2 分，通过对所有因素得分的加总得到最后的总分，具体见表 4-3。

表 4-3 Hanan Potentionmeter 法

因　　素	得分（-2～+2）
对于税前投资回报率的贡献	
预期的年销售额	
生命周期中预期的成长阶段	
从创业到销售额高速增长的预期时间	
投资回收期	
占有领先者地位的潜力	
商业周期的影响	
为产品制定高价的潜力	
进入市场的容易程度	
市场试验的时间范围	
对销售人员的要求	

总分越高说明特定创业机会成功的潜力越大。只有那些最后得分高于 15 分的创业机会才值得创业者进行下一步的策划，低于 15 分的都应被淘汰。

4. Baty 选择因素法

该方法通过 11 个选择因素的设定来对创业机会进行判断，具体见表 4-4。

如果某个创业机会只符合其中的六个或更少的因素，这个创业机会就很可能不可取；相反，如果某个创业机会符合其中的七个或者七个以上的因素，那么这个创业机会将大有希望。

表 4-4 Baty 选择因素法

选择因素	是否符合
这个创业机会在现阶段是否只有你一个人发现了？	
初始产品生产成本是否可以承受？	
初始的市场开发成本是否可以承受？	
产品是否具有高利润回报的潜力？	
是否可以预期产品投放市场和达到盈亏平衡点的时间？	
潜在的市场是否巨大？	
你的产品是否是一个高速成长的产品家族中的第一个成员？	

续表

选择因素	是否符合
你是否拥有一些现成的初始用户？	
是否可以预期产品的开发成本和开发周期？	
是否处于一个成长中的行业？	
金融界是否能够理解你的产品和顾客对它的需求？	

4.4 创业机会风险

有价值的创业机会也是有风险的，因为多数创业机会都蕴含着诸多不确定性。在有些时候，创业机会风险越大，未来收益也可能越大。多数创业者不敢冒险而为，只有敢于冒险的创业者，他们行动方案理性、严密、可实施性强、可适时调整，可得到超乎寻常的收益。

创业机会风险是指潜在的机会风险因素，一旦某些风险因素未来实际发生了，创业者即会遇到很难克服的困难，从而导致创业活动很难持续下去，甚至会导致创业的终止。而其中一些创业风险可预测，另一些不可预测；一些可以防范，而另一些则需要创业者努力规避之。

1. 机会风险的分类

创业机会风险分为两类，即系统风险与非系统风险。系统风险指创业环境的不确定性带来的风险，诸如商品市场需求及竞争的不确定性、生产要素市场供给的不确定性、国家法律及政府政策规制的不确定性等带来的风险；非系统风险指创业者自身行为的不确定性带来的风险，诸如创意可实施性的不确定性、创业团队能力的不确定性带来的风险等。

系统风险是创业者自身难以掌控的，创业者只能加强监测和预警，进而努力规避之。非系统风险是创业者通过自身努力，有可能防范甚至化解的。但不论是哪类风险，在创业机会识别阶段，创业者都应该尽可能预测到相应的风险，进而理性把控相关风险。

2. 机会风险的规避手段

创业有风险，但理性的创业者必须结合对机会风险的估计，探明规避和降低风险的关键点。也就是说，就特定的创业机会，分析和判断创业风险的具体来源、发生概率、预期主要风险因素，测算冒险创业的"风险收益"，估计自己的风险承受能力，进而进行风险决策。对机会风险的规避可按下列步骤：

第一步，借助表4-5罗列、穷尽特定创业机会所对应的风险来源；

第二步，将每类风险来源下的风险具体化；

第三步，客观估计各类风险因素发生的概率；

第四步，剔除发生概率小的风险因素，揭示发生概率大的风险因素；

第五步，在发生概率大的风险因素中，揭示一旦发生将造成损失较大的风险因素。可行的方法是，先估算创业活动的净现值（NPV）或内部收益率（IRR），然后就各种风险因素进行"不确定性分析"，据此测算如某些风险因素发生，创业者可能遭受的损失。

表4-5 创业机会风险分析表

两类风险	一级风险因素	二级风险因素
系统风险	商品市场风险	新产品市场多是潜在、待开发、待成长的
		很难确定市场接受新产品的具体时间
		很难预测新产品的市场需求成长速度
		很难预测未来同行市场竞争的实际态势
	要素市场风险	资本市场的资金可得性大多是不确定的
		技术市场的技术可得性、实用性是不确定的
		人力资源市场存在"趋存而流"的不确定性
		上游产品市场供应商往往存在机会主义行为
	法律及政策规制风险	法律或政府政策的出台有可能超出创业者的预期
		政府许可也具有不确定性
非系统风险	技术风险	新产品研发能否成功是不确定的
		相关行业能否提供技术配套是不确定的
	财务风险	新产品研发的资金需求极难判定
		新产品市场开发的资金需求是不确定的
	团队分化风险	团队成员缺乏共识的利益、目标、规则等
		部分成员的畏惧心理和机会主义
		没有形成领袖人物造成的团队风险

本章小结

1. 创意是具有一定创造性的想法或概念，其是否具有商业价值存在不确定性。创业机会是具有商业价值的创意，表现为特定的组合关系。

2. 创业机会来自一定的市场需求和变化，共有四种类型：梦想、商机、技术转移和企业形成。

3. 创业机会识别过程分为三阶段：机会的搜索、机会的识别、机会的评价。识别创业机会受到历史经验等多种因素的影响。识别创业机会是思考和探索互动反复，并将创意进行转变的过程。

4. 有价值的创业机会具有价值性、时效性等基本特征。判断创业机会是否适合自己的主要依据在于机会特征与个人特质的匹配。机会评价有利于应对并化解环境不确定性。常规的市场研究方法不一定完全适用于创业机会评价，尤其是原创性创业机会的评价。

5. 创业机会风险分为两类，即系统风险与非系统风险。系统风险指创业环境的不确定性带来的风险，诸如商品市场需求及竞争的不确定性、生产要素市场供给的不确定性、国家法律及政府政策规制的不确定性等带来的风险；非系统风险指创业者自身行为的不确定性带来的风险，诸如创意可实施性的不确定性、创业团队能力的不确定性带来的风险等。

复习思考题

1. 创业机会与商业机会有哪些区别？
2. 创业机会的来源有哪些？
3. 如何识别创业机会？
4. 创业机会评价筛选的方法有哪些？
5. 创业机会风险如何规避？

推荐阅读

1. 普拉哈拉德（美），著，《穷人的商机》，林丹明，等译，中国人民大学出版社，2010年1月。
2. 雷曼（美），著，《迪拜&CO.：掌握海湾国家商机的全球布局》，胡玮珊，译，东方出版社，2009年1月。
3. 福斯特（英），著，《把握商机》，徐玮，译，中国宇航出版社，1998年10月。
4. 周德文，吴比，著，《四海皆商机：温州人的创富史1978—2010》，浙江大学出版社，2011年3月。
5. 高阳，著，《红顶商人胡雪岩4：时局中的商机》，江苏文艺出版社，2012年10月。
6. 卡迈恩·加洛（Carmine Gallo）（美）著，《黏住顾客》，中信出版社，2013年1月。
7. 辻村清行（日），著，《移动互联时代的商机》，王慧，译，中信出版社，2013年7月。
8. 唐达天，著，《突围》，群言出版社，2012年7月。
9. 奥尼尔（英），著，《高盛眼中的世界》，吴进操，译，机械工业出版社，2012

年4月。

10. 剑虹，著，《最后的金矿——无限商机在非洲》，中国时代经济出版社，2007年1月。

课堂自测题

1. 机会之窗是市场存在的发展空间，有一定的时间长度，使得创业者能够创立自己的企业，并获得相应的盈利与投资回报的这一时段。一般用曲线描述典型新兴行业的快速生长模式与生命周期，以下描述正确的是（　　）。

  A. 曲线的坡度平缓，商机出现的概率则要小一些
  B. 曲线的坡度陡峭，商机出现的概率则要小一些
  C. 曲线的坡度平缓，商机出现的概率则要大一些
  D. 曲线的坡度与商机出现的概率无关

2. 创业机会有四种类型，可由机会矩阵表示，矩阵有两个维度：以探寻到的价值（即机会的潜在市场价值）为横轴；以创业者的创造价值能力为纵轴。那么商机属于（　　）。

  A. 探寻到的价值已确定，创造价值能力已确定
  B. 探寻到的价值已确定，创造价值能力未确定
  C. 探寻到的价值未确定，创造价值能力已确定
  D. 探寻到的价值未确定，创造价值能力未确定

3. 创业机会的识别过程是（　　）。

  A. 搜寻可能的创意，个性识别，决定是否投融资
  B. 搜寻可能的创意，标准识别，决定是否投融资
  C. 机会搜寻，机会识别，机会评价
  D. 机会搜寻，个性识别，机会评价

4. "创业者比一般的经理人更加渴望信息，更倾向于在信息搜索上花更多的时间，搜索方式也各有不同"，这段描述指的是（　　）与机会识别相关的个人特性。

  A. 社会关系网络　　B. 自信　　　　C. 风险感知　　　D. 警觉性

5. 真正有价值的商机能够很快满足某项重大的需要或愿望，为人们提供解决问题的措施，指的是创业机会的（　　）。

  A. 营利性　　　　B. 持久性　　　C. 及时性　　　　D. 增值性

6. "销售额的年增长率高于15%"在蒂蒙斯（Timmons）机会评价框架中属于（　　）指标。

  A. 经济因素　　　B. 行业和市场　　C. 收获条件　　　D. 竞争优势

7. 最有吸引力的商机常常具有在5～10年内实现原始投资5～10倍的回报潜力，这是评价（　　）的指标。

  A. 内部收益率潜力　　　　　　　　B. 资本市场环境

C. 成长率　　　　　　　　　　　D. 自由现金流特征

8. 以下不属于蒂蒙斯（Timmons）机会评价框架中经济因素的指标是（　　）。

　A. 销售额的年增长率高于15%

　B. 市场容易识别，可以带来持续收入

　C. 有良好的现金流量，能占到销售额的20%～30%及以上

　D. 能获得持久的毛利，毛利率要达到40%以上

9. 计算和比较各个机会优先级，特定机会的优先级越高，则创业成功的可能性越高，指的是（　　）。

　A. 标准打分矩阵

　B. Westinghouse 法

　C. Hanan Potentionmeter 法

　D. Baty 选择因素法

10. 根据人口数量、人们的需求、年龄分布、地区的贫富度等调查目标产品或行业的整体状况，是用来判断机会的（　　）。

　A. 市场结构　　　　　　　　　　B. 市场规模
　C. 市场容量　　　　　　　　　　D. 成长率

自测题答案二维码

案例研讨

柳一村：大学三年赚近百万

2012年12月2日，求职节目"非你莫属"上来了一位让张绍刚和在座的boss都目瞪口呆的应届大学毕业生，他在大学时期的一系列经营经历验证了他敏锐地捕捉商机的头脑和清晰的做事思维，他就是来自河北化工医药职业技术学院应用化学专业的大专生柳一村。他摆过地摊、办过培训机构、开过旅馆，丰富的实战经验使他对市场有了自己的看法和运作模式，捕捉商机的能力和超强的执行力也使他名利双收。

创办培训机构。在大学时期，计算机二级和英语四六级几乎是每个大学生都要参加的考试。虽然我们不知道它是否真的有价值（特别是计算机二级），但我们无法坚定地对它说"不"。并且，在一般性的高等院校，大多数计算机二级的同学都会报培训班，报班比率可达到百分之七八十。柳一村在大一自己报名计算机培训班后，就不断地和上课老师聊天，在聊天的过程中，他觉得这是一个绝好的商机，而且运作流程很简单。于是，第二年，柳一村就自己开办培训机构，把上课的老师也挖过来，还在学校内进行大规模的宣传，讲述国家计算机二级证书的各种必要性。这刚好给那些对证书效用有疑问的同学打了一针镇静剂，很快，柳一村的培训班就办起来了，而且还延展到了周围的其他学校，他说："这一次，我赚了十四万元。"

开设旅馆。柳一村是一个商业嗅觉非常灵敏的人,在一次与朋友聊天中,他得知两个月后河北省的艺考要在附近的职业技术学校进行,而在这个学校周围宾馆很少,于是,他马上上58同城网,租了四套套房,而且还到二手市场买来几十张床,就在别人还在犹豫要不要做的时候,它的招租广告已经挂在了同城网上,艺考来临时,所有床铺都被出租一空。这里我们不仅要嘉奖他发现商机的能力,还有超强的执行力。

思考:

请分析柳一村在开发和识别创业机会过程中的影响因素。

第 5 章 创业资源

对创业者来说,资源就像是画家的颜料和画笔,只有当他们具有了创作的灵感才会在画布上挥毫泼墨。成功的创业者需要运用特殊的态度、策略和技术,才能以最小的成本把握商机所必需的资源来获得对企业的控制力。

——杰弗里·蒂蒙斯(《创业学》)

【学习目标】
- 了解创业资源的定义、类型和作用
- 掌握创业资源的开发过程
- 了解创业机会与资源的匹配

【读书笔记】

在《创业学》一书中,作者列举了创业者诸多人、财、物上的资源需求。还在章末印上了一些通用的互联网资源来源。文中提到资源最小化的观点,即依靠自有资源战略,对资源进行配置和最小化处理,格雷格·简福蒂(他与其合作伙伴将他们的软件公司卖给 McAfee 联合公司之后,于 33 岁时退休)说:"许多创业者认为他们需要钱……而实际上他们根本没弄清楚商业方程式。"按照简福蒂的观点,缺少资金、雇员、设备甚至缺少产品,实际上是一个巨大的优势,因为这会迫使依靠自有资源者将精力集中于销售从而为企业带来现金。创业者在每一个阶段都要问自己,他们怎样才能用更少的资源来获得更多的利益,并把握住这个商机。

5.1 创业资源概述

5.1.1 创业资源定义

正确理解"资源"内涵是正确把握"创业资源"的基石。资源是一切可被人类开发和利用的物质、能量和信息的总称,是自然界和人类社会中一种可以用来创造物质财富和精神财富的,具有一定量的积累的客观存在形态,如土地资源、矿产资源、森林资源、海洋资源、石油资源、人力资源、信息资源等。资源的内涵应当包括现存的各种自然要素及由其组合而成的自然环境,以及人类利用自然要素加工、改造、生产出的各种经济物品及其组成的各种经济环境,还有在此基础上形成并不断增长的人口、知识、技术、文化、管理体制等。从管理学的角度来看,资源是企业作为一个经济实体,在向社会提供产品或服务的过程中,所拥有或者所能够支配的可以实现公司战略目标的各种要素以及要素组合。这些要素或要素组合包括企业所有的资产、能力、组织结果、企业属性、信息和知识等。新创企业在创业过程中同样需要各种生产要素和支持条件，只有将这些要素和条件有效组合，形成产品或者服务，才能创造出新的价值，而这些要素和支持条件就是创业资源的主要成分。

创业资源具有不同于普通资源的独特性，需要从创业成长的视角进行分析。创业资源是中小企业从成功创建到发展所不可缺少的基础，而创业企业对创业资源的整合贯穿于生产经营的始终。创业的前半部分是创业者能否判断和选择足够的资源来支持可能的企业活动，后半部分恰是企业者对创业资源系统进行的理性整合。

创业资源是指创业企业创业的全过程中所拥有、控制或整合的各种有形、无形的要素与要素组合，是创业所依赖的资本。创业企业资源获取与利用的途径和方式是拥有、控制或整合；创业资源的存在形态分有形和无形两种；通过要素与要素组合来实现创业企业的价值创造和投入产出。

5.1.2 创业资源类型

基于不同的角度可以对创业资源进行不同的分类，掌握创业资源的分类方法有助于深入了解创业资源。

5.1.2.1 直接资源和间接资源

按照资源要素对企业战略规划过程的参与程度以及利用方式进行分类，可以将创业资源分为直接资源和间接资源。财务资源、管理资源、市场资源、人才资源是直接参与企业战略规划的资源要素，是直接资源；政策资源、信息资源、科技资源这三类资源要素为创业企业成长提供了更多的便利和支持，必须通过创业企业的内部管理才能为企业所用，而非直接参与创业战略的制定和执行，因此，对于创业战略的规划是一种间接作用，是间接资源。

5.1.2.2 核心资源与非核心资源

根据资源基础论，创业资源可分为核心资源与非核心资源。核心资源是创业的基础，是创业所必需的。核心资源的质量也比较高，是创业顺利进行的基本保障；非核心资源积累得越全面，创业活动成功的可能性也就越大。

核心资源主要包括技术、管理和人力资源。这几类资源容易为企业创造竞争优势，形成企业的核心竞争力，是创业机会识别、机会筛选和机会运用几大阶段的主线，是创业发展的基本点。人力资源是企业的一种知识财富，是企业创新的源泉。管理资源又可理解为创业者资源。创业者的自身素质、个性、对机遇的把握和识别以及对其他资源的整合能力都会直接影响创业的成败。科技资源能够为企业提供机会，对于新创企业来说，主动引进和寻找有商业价值的科技成果，是企业发展的重要条件。

非核心资源主要包括资金、场地和环境资源。如何有效地吸收资金资源，并保持稳定的资金周转率，实现预期盈利目标，是创业成功与否的关键。场地资源指的是高科技企业用于研发、生产、经营的场所。良好的场地资源不但能够降低企业运营成本，提供便利的生产经营环境，而且有助于短期内累积更多的顾客或质优价廉的供应商。环境资源作为一种外围资源，可以为企业提供信息资源、文化资源等，保证企业的持续发展。

5.1.2.3 自有资源和外部资源

根据创业资源是否是创业者本身所拥有的,可以将创业资源分为自有资源和外部资源。

自有资源是创业者自身所拥有的可用于创业的资源,如创业者的自有资金、技术、获得的创业机会信息、自建的营销网络、控制的物质资源或管理才能等。自有资源的拥有状况在很大程度上影响外部资源的获取,自有资源的质量越高,获得充足外部资源的可能性越大。

外部资源包括朋友、亲戚、商务伙伴或其他投资者、投资人的资金,或者包括借到的人、空间、设备或其他原材料(有时是由客户或供应商免费或廉价提供的),或通过提供未来服务、机会等换取到的资源,或政府政策的资助等。一般情况下,创业者都会遇到资金或其他资源不足的情况,而且新创企业一般没有能力实现资源的自我积累和增值,所以在创业之初,充足的外部资源对创业企业是极为重要的。

5.1.2.4 初始投入资源和生成创业资源

按照投入和生成方式,可以把创业资源分为初始投入资源和生成创业资源等。创业过程是一个不断投入和消耗创业资源的过程,同时也是创业资源不断生成和积累的过程。初始投入资源是企业创业之初就可以利用的、投入到企业创业过程中的创业资源。生成创业资源是随着企业创业活动的开展、转化或生成的可以继续使用的创业资源。

随着创业企业的发展,原来缺乏创业经验和创业实践的创业者在管理经验和能力方面都得到提升,形成新的创业资源。新创业资源的形成不仅包括创业管理资源的增加,还包括科技资源、信息资源等其他资源的生成,以及企业整合和利用外部资源能力的增加等。

5.1.2.5 必备资源、支撑资源和外围资源

按照创业资源的重要程度,将创业资源划分为必备资源、支撑资源和外围资源,如表5-1所示。

1. 必备资源

必备资源指创业者必须自己拥有或借助外力能够拥有的创业资源,主要包括资金、场地、人才资源和产品资源等。

2. 支撑资源

支撑资源指处于创业者直接控制范围之外的,但可以通过开发、组织、联合甚至租赁而获取的资源,包括营销渠道和关系网络。

3. 外围资源

外围资源指创业者身处其中就能感受或享受到的资源,是一种不受创业者主观控制的、外在的共有性资源,包括创业环境、政府创业政策、社会创业文化和市场信息等。

表5-1 创业资源的类型与来源

资源类型	资源名称	资源内容和来源
必备资源	资金资源	亲戚朋友的借款、政策性低息贷款、各类政策资助与扶持的创业基金或科技基金、风险投资资金、天使投资资金等
	场地资源	自有产权的房屋场地;可租借到的房屋场地;科技园区或工业园区提供的低价场地;各类孵化器或创业园提供的廉租房屋场地等
	人才资源	创业者自身,创业团队成员,可以聘请到的管理、营销人才,专家顾问团队,招聘的合格员工等
	产品资源	具有自主知识产权的产品、创新性产品、他人产品的地区总代理、具有市场前景的产品等
支撑资源	营销渠道	自有的营销网络、可以使用或租借的营销渠道、营销渠道的效率效果与产品生产能力的匹配程度等
	关系网络	个人关系网络,如亲朋好友、老师同学、战友同事等;社会关系网络,如创业之前的业务合作伙伴,可以进行利益共享与交换的群体;具有弱连接的间接社会关系等
外围资源	创业环境	地区经济发展水平;有创业辅导机构、创业融资机构、创业培训与学习条件;政府对创业的态度;区域自然条件等
	创业政策	税收优惠及减免政策、工商注册支持政策、行业准入政策、创业扶持政策、确保创业者利益的政策等
	创业文化	地区生活习惯;人们对待冒险的态度,对创业行为的看法,地域文化与思维方式;对财富与安逸的追求等
	市场信息	具有发达的网络系统,市场的开放性、安全性与公平性,信息共享的程度,行业协会与市场组织等

(资料来源:杨梅英,熊飞.创业管理概论.北京:机械工业出版社,2008)

5.1.3 四种重要资源的作用

创业过程需要多种必要的资源作为基础,其中人力资源、社会资本、技术资源和创业资本是四种较为重要的资源,关系到创业的成功与失败。

5.1.3.1 人力资源

创业过程的一切工作均由人来完成,创业可能是一位创业者的创业活动,也可能是几位志同道合者的创业活动。创业企业的创建以及发展运营均离不开高素质的人才,企业或事业唯一真正的资源是人。人力资源不仅仅指创业者及其团队的特长、知识和激情,还包括创业者及其团队拥有的能力、经验、意识、社会关系、市场信息等。创业者通常是创意的提出者或完善者,他(或她)提出核心理念,或者带领整个创业团队组织各方面的资源,是创业团队的灵魂人物。很多风险投资者在选择投资项目的时候,最为关注的便是创业者,通过创业者来了解整个新创企业。一般情况下,创业者需要有创业的激情、良好的教育背景、一定的工作经验以及具有良好的社会关系,而且作为新创企业的领军人物,必须具有创业所需的能力和系统的创业知识。

阅读许多大学生创业的故事,我们发现,大学生自主创业最艰难的不是资金,而是意识、知识、信息和技能的匮乏,创业越深入,这些不足就越凸显。一旦企业成立了,创业者的经营管理能力以及经验等就至关重要。中国大学生创业轰轰烈烈的很多,真正成功的很少,相当一部分甚至创业不到三个月就宣布解散。原华中理工大学学生李玲玲发明的高杆喷雾器和防撬锁专利被武汉世博公司看好,世博公司为她提供了10万元的创业风险金,李玲玲出任新成立的天行健公司的董事长,成为"中国女大学生创业第一人"。有了好的技术和项目,也得到了风险投资,但是公司的发展并非一帆风顺。由于创业者在管理知识和管理经验等方面的不足,使得公司在实际运作中遇到很多问题。李玲玲与世博公司从股权纠纷到融资渠道和产品开发的分歧,到最终的合作破裂,仅仅一年时间。天行健公司账面只剩100多元,最终公司宣告倒闭。

除了创业者本身之外,创业团队的力量不可小觑。创业团队中的核心成员是那些在创业初期或新创企业成立不久,围绕在初始创业者周围的团队成员,他们从不同的角度为初始创业者出谋划策。创业团队中汇集着各种各样的人才,人才就是资本、知识就是财富;人才是知识的载体,知识是人才的内涵;知识是企业无形的财富,人才是企业无法估量的资本。美国惠普公司充分重视人力资源,大力发展人才战略,从创建到发展再到现在的辉煌,惠普一直用事实来证明人力资源的重要性。斯坦福大学毕业生休利特以1538美元起家,建立惠普公司,使之发展成为美国十大电子公司之一。1983年,《财富》杂志对全美700多名企业经理、管理人员进行调查,给各企业评分,惠普获最佳企业的"亚军";在"吸引、留住和培训人才"方面,得分最高。作为公司老板的休利特认为,当今的时代是信息时代,电子仪器公司对知识的渴求,远远大于其他企业。只有占据人才优势,才能在激烈竞争中处于积极主动的地位;只有通过人才竞争,知识才可以发挥作用、产生威力。惠普公司经理曾总结:"本公司发展的主要经验,就是寻求最佳人选。"惠普公司十分重视员工的培训,经常选派工程师到高等院校去学习、深造,工资照发;鼓励青年技术人员参加各种半脱产学习,公司为他们支付学费,报销路费,甚至在住宿方面给予补贴;公司开展全员培训,每年举办上千个学习班。此外,公司每年都会派出一批知人善任、有管理经验的技术管理干部,前往有名的高等学院,了解应届毕业生中的佼佼者,再由公司出路费,请他们到公司来,当面考评,优选慎聘。2004年度惠普公司销售收入达799亿美元,比上年增长9.4%,在美国《财富》杂志公布的2005年全球企业500强排行榜上位居第28位。

此外,还有一些重要的人力资源,如专业的咨询顾问、金融机构及法律、税务、海关等具体事务管理人员,这些人员由于常年从事此类业务,具有丰富的工作经验,比创业者更了解业务的细节,所以总能提出合理的建议。创业者应该充分发挥"外脑"的作用,用好各方面的资源。

5.1.3.2　社会资本

自从1980年法国社会学家皮埃尔·布尔迪厄正式从社会学意义上提出"社会资本"以来，虽然不同的人对社会资本有不同的定义，但其基本的意义和指向是相同的，都把社会资本定义为一种与物质资本、人力资本相区别的存在于社会结构中的资本。社会资本是无形的，但是有许多载体，比如家庭、关系网络、社会信仰、信任和互惠的方式和惯例等。资金可以体现在人们的银行账户中，人力资源可以体现在人们的头脑中，而社会资本则镶嵌在人与人之间的关系结构中。社会资本总是与社会网络联系在一起。社会网络存在于人们生产和生活的方方面面，大到一个国家或地区的社会经济生活，小到个人的饮食起居，无一不是在一定的社会网络中发生的。西蒙（1976）注意到，一个企业家的社交网络为新的可能性提供信息和知识；约翰逊（1986）甚至提出有2/3的企业家是通过他们的社会网络开始创业的。

社会资本对创业企业起到极其重要的作用。其一，可以替代资金的不足。社会网络通俗点讲就是人际关系，在中国社会，长期以来把人际关系强调为经济和社会组织的一个指导原则。人际关系是可以促进人们之间恩惠交换的一组个人间的联系。恩惠可以是无形的（如情感支持），也可以是有形的，如借助人际关系在市场中得到的有价值的产品和服务。资金不足是很多创业企业遇到的首要问题，而社会网络资源可以弥补企业资金的不足。

其二，可以替代市场需求的不足。奥德里（1987）通过研究发现，创业机会的发现以及创业资源的整合在一定程度上受到企业家与其社会网络成员交流和联系的影响，企业家在企业的维持和发展上对个人网络有较大的依赖性。例如，在计划经济向市场经济过渡的时期，那时市场很不发达，很多创业者创业之初首先考虑的是如何从政府或大型国有企业那里获得少量的营销渠道以保证生存，只有当原始积累足够多以后才开始考虑发展问题。如今，很多创业者在创业初期借助自己的人际关系进行产品宣传与推广。通过利用社会关系网络的辐射性，以极低的成本将产品或服务介绍给朋友，而朋友也会将信息传给他（或她）的朋友。

其三，可以替代人力资源的不足。阿伦特·格雷夫（1995）认为，通过社会网络，创业者可以利用关系来获取人力资源，并得到相关支持和帮助，以建立有效的企业关系。

【华工创业案例】

分享创造人力资源

广州华工百川自控科技有限公司于2000年12月18日正式挂牌成立，是由华南理工大学科技园有限公司与广州市"金鼎奖"获得者张海、马铁军共同发起，由华南理工大学控股的一个从事计算机过程智能控制装备及高分子特种材料生产的高新技术企业。69岁的张海教授认为："任何东西都要懂得分享，这样才能有更多的朋友、更多的人脉资源可以利用，进而创业才能够得心应手。"张教授作为技术带头人、华工工业装备与控制工程学院轻工机械与控制工程研究所副所长，他有效地整合了各方面的人脉资源；校方、科技园以及华工百川的经营管理团队都在整合与分享的企业文化下达成了共同理念。华工百川在竞争中处在十分有利的位置：技术上有保障，支持上有靠山，经营上有团队，广州的政策支持又十分到位。分享带来的人脉资源，对人脉资源有效整合产生的巨大生产能量，使得华工百川高速、健康地发展。

（资料来源：世界工厂全球企业库 http://company.ch.gongchang.com/info/55766679_ec15/）

此外，政府部门资源作为社会资源的一个重要组成部分，必须引起创业者的重视。政府的法规，特别是新近发布的关于创业的有关政策等，均会影响到新企业的创建和未来发展，它能使创建新企业、经营新企业以及获得成功变得更加困难或者更加容易。以大学生创业为例，近几年中央和地方政府出台了一系列相关政策，大力鼓励和支持大学生创业。如上海市政府对青年和大学生群体自主创业进行扶持，并给予"初创期创业扶持"。所以创业者应该收集有关政府政策和规划的信息，除了自己收集之外，还需要借助自己的社会网络来收集。

5.1.3.3 技术资源

在中小企业创业的过程中，技术资源占有十分突出的地位。技术是指根据生产经验和自然科学原理而发展成的各种工艺、操作方法与技能。除操作技能外，还包括相应的生产工具和其他物资设备，以及生产的工艺过程或作业程序、方法。技术实质是思想、智慧的结晶，它的表现形式多种多样，往往体现为专利、图纸、设计、公式、数据、程序、技术创新诀窍等。

企业的技术水平往往对企业整体的各种资源配置方式起根本性和决定性的作用，可以说企业的技术水平决定了企业的水平。由于中小企业自身的技术实力有限，中小企业在发展壮大的过程中无疑需要更多地汲取和依赖所处经济环境的技术资源。

技术资源具有其独特的性质。从技术整个成长和运用的流程来看，技术来源于人的创造，服务于人的需要，蕴涵在人身上，通过人的劳动来发挥作用，所以技术具有人本特性。又因为技术资源的人本特性，它往往只能通过物质资源、人的技术素质和企业经营的效益等方式间接地体现出来，所以技术资源也具有无形性。技术资源也因是一种稀缺资源以及作为经济增长的决定因素，从而具有了经济性。虽然技术资源极为重要，但是并非拥有一项技术就可以高枕无忧了，技术资源也是具有时效性的。同时，由于技术价值的不确定性，在战略决策、组织、开发以及技术应用方面可能会存在风险。

技术资源的众多特性决定了技术资源在创业企业的创建过程中的作用不可小觑。技术资源是生产流程和管理模式的决定性因素。高质量的技术资源是诸多厚利行业的最有效的进入壁垒。技术具有一定程度的排他性。技术资源决定了企业差异化竞争战略的选择空间，在种种生产资源中，技术资源是获取难度和对竞争优势的贡献都非常大的，而且维持市场非常长的一种生产要素，因为它往往能得到官方的法律支持，维护其在一定时空范围内的合法垄断地位。毫无疑问，技术是优势资源之一，拥有技术资源优势的企业在选择市场空间和完善价值链的能力方面拥有更大的选择空间，所以它们在竞争中拥有更大的竞争优势。

【小案例】

创新技术仍需继续创新

国内首先成功开发葡萄糖胺盐酸盐的大连恺汀新技术有限公司,在市场需求小、资金有限、生产规模较小的情况下,单位效益很好,并且开辟了部分海外市场。当时,创业者们也曾讨论过迅速开发升级产品——葡萄糖胺硫酸盐,但是由于忙于眼前业务,对新产品的开发重视不够,没有深入研究,更没有拿出合格的样品。到1996年12月,南方一些工厂开始生产葡萄糖胺盐酸盐,同时,有的厂家开始应答国外用户的咨询,开发出合格的葡萄糖胺硫酸盐产品,并于1997年初迅速投入生产。到了1997年4月,市场出现供过于求,产品价格迅速下跌,致使规模小的恺汀公司几乎无利可图。

虽然此时市场价格还很好,但这时再去研究与开发,为时已晚。又值东南亚金融风暴,弱不禁风的恺汀公司不得不破产注销。由此看来,创新技术创业的创业者,不能躺在新技术带来的一点点成功上而忘乎所以,必须时时关注技术与市场的发展动态,不断地研究与开发新产品,在满足客户需求的基础上不断改进与提高营销管理水平,使企业健康成长。

(资料来源:创业排行榜,创新创业典型案例集,2011年3月24日 http://chuangye.xooob.com/cygs/200811/353857_1028096.html)

最后要特别指出的是,对于创业企业来说,技术的范围是极其宽泛的,做菜、按摩、养猪等都有技术可言,小看他们的技术,将犯下十分低级的错误。2006年成都开面馆的六位研究生,虽然在开业前两个月,6个人曾分头到成都大街小巷的面店去"明察暗访",两个月下来,先后跑了几百家面馆,吃了一千多碗面,发现了"成都的快餐吃得最多的还是面条"这样的事实,开了一间面馆,但他们并没有拥有提供"好味道面"的技术,他们的面"量少、难吃",四个多月后,面馆怅然转手他人。

5.1.3.4 创业资本

资金资源对于企业的重要性不言而喻,在企业经营过程中,无论是引进新产品或新服务,抑或是进行产品研发,都需要大量的资金来支持。由于新创企业高成长性的要求,创业者需要整合企业内外部资本以保障企业的发展。

进行产品研发、生产销售等,都需要大量的资金,如何有效地吸收资金资源是每个创业者都极为关注的问题。大多数创业企业都面临着严重的资源短缺,他们无法为消费者提供产品售后的可靠保障,无法为雇员提供稳定的雇用合同,也无法向银行提供贷款抵押品以获得创业必需的启动资金。要想为还没有获得现金流的新创企业进行股权融资,创业者必须让投资者相信其所拥有的其他资源,如人力资源等,能够使新企业得到一个"正"的预算估值。

5.1.4 创业资源与一般商业资源的异同

创业资源与一般商业资源既有共同点,也有一定的区别。

从广义上看,创业资源与一般商业资源的基本内容大致相近,都包括人力资源、社会资源、财务资源、物质资源等，是指创业活动或商业活动中所需要的各种生产要素和支撑条件。倘若一个人想要创业或者从事某种商业活动，则必须具备一定的条件，而拥有这些资源在某种程度上就是获得了许可证。在创业过程中，除自有资源外，创业者往往通过市场交易手段将一般商业资源转换为创业资源。

从狭义上看，创业资源与一般商业资源的差异表现为以下三点。

第一，创业资源与创业过程相伴而生，是一项事业、一个企业或组织从无到有、从小到大的创建过程中所依赖的各种要素和支持条件。对于创业活动而言，不确定性强是初创期的主要特征，因此创业者所拥有的或者可以利用的资源无论在数量上还是规模上都表现为"少""小"。一般商业资源往往泛指事业、企业或组织所具备的生产要素和支持条件，其数量、规模都比创业资源"多""广"。

第二，创业资源的范围往往小于商业资源。尽管创业资源与商业资源的基本内容相近，但并不是所有的商业资源都是创业资源，因为只有创业者能够拥有或者可以获得、利用的资源才是创业资源。在创业的过程中，创业机会只有与相应的创业资源进行匹配，才能形成现实的创业行为。否则，即使出现了大好的创业机会，创业者也难以迅速利用这个机会，只能眼睁睁地看着机会从身边溜走。

第三，有的学者认为，创业资源更多表现为无形资源，一般商业资源则更多表现为有形资源。创业资源的独特性更强，创业者的个人能力和社会网络资源是其中最为关键的资源，一般商业资源中，规范的管理和制度则是企业成功的基础资源。

5.2　创业资源的开发与利用

5.2.1　创业资源的开发及其意义

创业资源是创业企业的重要基础，是创业机会转变为创业实践必不可少的要素。新创企业只有获取了一定的资源，新的资源能力和竞争优势才会形成。创业的过程是不断投入资源以连续提供产品和服务从而获得竞争优势的过程。很多情况下，新创企业的创业资源是非常匮乏的，绝大多数成功创业者都是通过创造性开发利用内、外部可获取资源，来实现自己创业理想的。新创企业一方面是资源供给的匮乏，另一方面是满足创业机会开发的大量资源需求。创业者只有创造性地开发创业资源，解除资源的束缚，才能构建新的业务模式，形成新创企业的竞争优势，提高价值创造的水平。创业资源开发的成败决定着新创企业的成败，因此，新创企业的资源开发过程便成为创业过程的核心。

新企业的资源开发过程包括资源识别、资源获取、资源配置和资源利用四个阶段。但是这四个阶段并不是一种机械的线性关系，而是交互融合。例如，在资源的配置过程中就伴随着创业资源的再识别和再获取活动。同样，在创业资源利用的过程中，根据新创企业新的发展目标与方向有时需要重新识别、获取与配置所需的资源。这四个阶段只有有机地结合起来，才能为新创企业的生存与发展提供资源保障。

5.2.2 创业资源开发的过程

5.2.2.1 创业资源的识别

资源识别是创业企业开发创业资源的第一步,因为要实现创业目标,必须明确所需的资源。资源识别是指创业者根据自身资源禀赋,对企业创业所需资源进行分析、确认,并最终确定企业所需资源的过程。创业者要知道自己的资源禀赋以及企业拥有的最初资源,如人力资源(个人知识、技能)、社会资源(外部关系与网络)、财务资源(个人财富)、物质资源、技术资源和组织资源(内部结构和关系)等,进而评价新企业所需要的资源、当前已有的资源与新企业所面临的机会之间的差距。由于有些资源较复杂,要经过整合配置后才能使用,因此在识别所需要的资源时,不仅要评估资源的类型,还要确定资源的数量、质量、使用时间以及使用顺序。

创业者根据自己所发现的创业机会和自己的愿景,在评价现有资源的基础上进一步确定资源需求和来源,因此资源识别过程主要包括评价初始资源、细化需求、确定资源来源三个方面。初始资源评价能够帮助新企业明确自己当前的资源和能力基础,了解下一步的资源和能力需求。新企业在评估初始资源的基础上进一步细化创业的资源需求,确定开发创业机会所需的资源结构。在明确了资源需求以后,了解控制相关资源的主体(资源提供者),即对资源潜在的供应商进行识别。有些资源掌握在个人手里,有些资源被竞争对手或潜在的竞争对手所控制,还有一些资源则散布在社会网络中。这就需要创业者具有行业知识和一定的社会关系。为了获得持久的竞争优势,创业者必须在资源供应商的可靠性方面作出评价。创业资源识别得越准确,创业者就越能根据自己的状况来开发创业机会。一般而言,创业资源识别主要有以下两种方式。

1. 决策驱动型资源识别

决策驱动型资源识别是指创业者作出创业的决策之后,盘点自身所拥有的资源,并结合创业机会对这些资源进行深入分析,进而明确资源获取途径的行为及过程。创业,首先是形成创业决策,然后进一步明确创业资源的来源及获取的途径。这种以创业初始资源匹配创业机会的方式主要有三个层次:其一,基于创业理想,创业者会努力地挖掘自身现有的资源,并从现有资源中发掘可以实现其创业理想的创业资源;其二,创业者对自身所拥有的资源与理想中的创业机会进行匹配分析,既包括对自身所拥有资源进行反复分析,也包括对与之相匹配的创业理想进行分析和不断修正;最后,明确适合创业的自身资源以及对外部资源环境的具体需求和获取途径。

2. 机会驱动型资源识别

机会驱动型资源识别是指创业者通过对当前创业机会的判断,继而明确与创业机会匹配的创业资源获取途径的行为及过程。创业者首先发现了可能的创业机会,然后进一步明确创业资源的来源及获取的途径。这种以创业机会匹配创业资源方式也包括三个层次:其一,创业者从创业机会的需求角度来发掘可以实现这个机会的创业资源,进而根据创业机会对创业资源的需求进行分析;其二,创业者对创业机会与自身所拥有的资源进行匹配分析,既有对创业机会的反复分析,也有对与之相匹配的创业资源的深入分析,从而找到更理想的创业机会以及与之相匹配的创业资源;最后,进一步明确适合创业的自身资源以及对外部资源的具体需求和获取途径。

此外，创业计划书是创业资源识别的重要工具。例如，创业计划书中的产品/服务的开发计划和财务预算状况与特定的物质资源、人力资源等密切相关，基于这些计划或预算，创业者能够准确地识别资源。创业者可以考虑什么样的资源类型适合当前的创业状态，是否能够以较低的成本获得所需的资源。准确地判断已有资源与创业所需资源之间的差距，列出相应的资源清单，则更有利于创业活动的成功。

5.2.2.2 创业资源的获取

创业资源是新企业创建、成长和扩张的基础，新企业最终实现价值创造的必要条件就是占有和获得关键资源。资源获取是指在确认并识别资源的基础上，利用其他资源或途径得到所需资源并使之为创业企业服务的过程。没有创业资源的获取，便没有整合配置和利用行为的发生。

1. 资源获取机制

（1）根据资源获取的机理划分，资源获取机制包括市场机制、溢出和扩散效应、竞争合作关系、政府指导性机制四种。

利用市场机制获取资源，即企业与外部资源主体主要通过市场渠道实现资源的整合与交换。按照市场交换的规则，企业可以与大学、科研机构、融资机构和中介机构等相关主体实现人才、资金和技术三个方面的交换和整合。

利用溢出和扩散效应获取资源，即企业从外部获取资源时，与外部环境发生联系，企业与资源所有者的关系发生变化，进而影响后续的资源获得。企业与外部环境保持良好的关系有利于这种积极作用产生。

利用竞争合作关系获取资源，即竞争与合作既是企业获取资源的一种战略选择，也是企业间长期博弈的均衡状态。例如，新企业为获取稀缺的有价值的资源可以与大学、科研机构等合作。

利用政府的指导性。政府可以通过制定规则、实施法规、管理中介机构等方法来改变和优化资源获取环境。

（2）根据资源获取的战略，资源获取的机制主要是通过杠杆作用。

企业可以使用杠杆来获得外部资源。企业本身的能力成为资源杠杆的动力；而获得外部资源所承担的风险及成本成为其阻力；企业所处的网络是杠杆的作用点；企业社会资本决定了杠杆的动力臂的长度。通过杠杆，创业者能够用一种资源撬动另一种资源，并使企业吸收利用这种资源，如企业可以利用社会网络资源来撬动财务资源从而获得并使用它。

（3）根据资源获取的策略划分，资源获取机制包括：

第一，以工具性资源获取生产性资源。新创企业能够以财务、人力等物质资源换取物质和技术等生产性资源的策略。

第二，以无形资源来获得有形资源，如社会、人力等资源都是无形资源，通过它们可以获取财务、技术、物质等有形的资源。

第三，以内部资源来获得外部资源。企业受到外部环境的影响，新创企业通过与外部顾客、供应商、竞争者以及其他机构的主体进行资源的交互活动对企业的发展非常重要。

2. 资源获取途径与技巧

无论上述哪一种资源获取机制，主要都是通过外购、吸引和积累三种方式获取资源。对于新创企业来讲，主要通过外购和吸引两种方式获取外部资源。

（1）外购

外购是通过直接经济交易的方式来实现资源的转移，通过支付费用来获取资源。具体包括：

①购买厂房、装置、设备。从经济学角度来看，购买厂房、装置和设备的特点是一次性投入资金较大、前期运营成本高，要考虑厂房、装置和设备是否相配套等问题，但也有效地杜绝了一些纠纷。租赁也是一种购买形式，是购买厂房、装置和设备一定时限内的使用权。与购买相比，租赁的优点在于能降低成本，并且能够灵活应对市场的变化，但租赁受制于租赁合同，经常出现因资信调整而产生经济纠纷。

②购买技术。购买技术时创业者有两种方式可以选择。一是在高新技术创业中，购买已经成熟的技术。一般情况下，技术越成熟，则创业成功的概率也越大。但是在购买时要进行技术的甄别和市场寿命分析等，以免购买的是一些落后或是被市场淘汰的技术。二是创业者把握新技术的发展方向和市场前景，通过技术辨别，购买有市场前景的技术，然后进行后续研究开发，满足市场需求。

③购买信息。创业者从自己的创业活动出发，明确自己所需要的信息，然后从相关信息机构购买。一般把专业信息机构分为两类：一类是集散着技术、经济、市场、政策等各方面信息的综合性信息机构；另一类是集散着某一领域和行业信息的信息机构。

④机构融资。创业者在对自身的财务状况有了初步的了解，并且确定了融资意向之后，可以根据实际情况，向合适的融资机构申请融资。机构融资一般有两种方式：向商业银行贷款、通过担保体系融资。

需要注意的是，诸如知识尤其是经验知识等新资源很难通过购买来获取并为企业所用，这些资源可能依附在非知识资源（如引进的设备等物质资源）之上。

（2）吸引

吸引则是以创业意愿和预期回报来引起资源主体的投资兴趣，吸引他们参与创业。把资源吸引到一个初创企业中，是创业者面临的最大挑战。一种较为典型的吸引资源的方法就是利用杠杆作用，即创业企业利用一种资源来撬动另外一种资源。例如，新创企业可以借助完美的创业计划书和优良的基础设施来展示企业成功的形象，并借此鼓励供应商对企业进行资源投资。具体包括：

①吸引资金。吸引资金一般分为政府资助和创业投资两种。创业者可以利用政府资助的资金或提供的优惠政策来实现自己的创业之路。创业投资又被称为"风险投资"。创业投资是金融家投入到新兴的、迅速发展的、有巨大竞争力的企业中的一种权益资本，是高风险与高收益并存的资本。

②吸引技术。在创业者没有掌握创业所需的技术时，就需要吸引技术持有者加入到创业团队。吸引技术持有者加入团队可以与自身优势形成互补，将管理与技术相结合，从而创业成功。

(3) 积累

需要注意的是，有些特殊资源（如特殊的人力资本等）是无法从外部直接获得的，新企业必须采取内部积累的方式，提升现有资源的质量来获得。

【小案例】

利用平台资源"组队"

触宝科技 CEO 王佳梁毕业后放弃来自顶级投行和咨询公司的高薪职位聘请，加入微软中国研发集团，成为一名项目经理。2008 年，他放弃高薪，辞职创业。王佳梁很好地利用了微软的平台资源，在他的创业团队当中，有三位都是来自微软，王佳梁因为有过管理咨询的相关经验就担任公司的 CEO，负责战略和商务，另外两位同事负责技术研发，后来他们又拉来一个合伙人，负责销售。

而创业的开始正是来自微软的另一位搞技术的同事，也是后来的合伙人之一王健。故事是这样的：一次聚餐的时候，王佳梁向同事抱怨 iPhone 手机输入困难，没想到同事王健仅用了两天时间就做出了一款比手机自带的输入法更便捷的版本。王佳梁惊喜之余，将软件放到了网上，三周过去，竟积累了多达十万次的下载量。这令从上大学时就决心创业的王佳梁眼前豁然开朗，一个月后，他鼓动这位同事和他辞职一起创业并确定了要做"最方便快捷手机输入法"的产品理念。

他的公司所开发的产品"触宝输入法"在不到一年的时间里迅速打开了海外市场，成为首个在全球移动创新大奖上获奖的中国公司。

（资料来源：创业邦，指间创业三人行，2009 年 6 月 19 日　http://www.cyzone.cn/a/20090619/97795.html）

5.2.2.3　创业资源的配置

创业资源在未整合配置之前大多是零碎的、未经系统化的。要发挥这些创业资源的最大使用价值，产生最佳商业效益，为企业带来利润，就必须运用科学方法对各种类型创业资源进行综合、集成和激活，实施再建构，并将有价值的资源有机地融合起来，使创业资源之间相互匹配、相互补充，形成独特的资源优势。将本身拥有的初始资源和从外界吸引的资源进行配置不是简单的绑定，不同的创业者拥有不同的经历、不同的教育背景、不同的社会关系、不同的财务资源和不同的识别能力，其对资源的配置也会不同，继而形成不同的竞争优势。

创业资源配置是资源获取的继续，是资源利用的前奏。正确地配置所需的资源，排除具有负面作用或无生产能力的资源，能够避免资源本身的某些不足。同时，如果创业者能够实现创业资源的准确、高效配置，不仅能丰富新创企业的资源库，更有利于创业者进一步识别并利用新的创业机会，并通过新的机会识别出新的市场和客户，真正实现价值创造。

创业资源配置具有以下四大特征：

①激活。资源若不能被激活，就难以发挥其效益和效能，也不会产生新的资源。

②动态。资源结构随着环境的变化而变化，环境变化引起企业资源结构体系的变化，从而导致资源整合方式、方法的改变，因此，资源整合必须保持与环境充分的互动。

③系统。资源整合,要以企业所有资源作为一个整体。

④价值增值。资源整合并不是单项资源的简单加总,而是各类资源的有机结合和相互作用方式的综合,使其达到"1+1>2"的放大效应。

创业资源的配置过程是创业者发挥主观能动性,反复进行资源整合的复杂动态过程。一般情况下,创业资源的配置可以从以下几个方面入手:

1. 内部整合与内外整合

内部整合是指将新创企业内部分散的、重复的、稀少的、劣势的诸多资源,通过调整、合并、重组、聚集等方法,产生内在的、共同的、强大的创业资源。内外整合的方法是指创业者将与企业内部资源相适应的诸如隐性技术知识等外部稀缺资源嫁接、连接到新创企业中,并且结合新创企业的发展配置资源、优化资源,激活企业内外资源,实现最佳整合和最佳效益。

2. 系统整合与局部整合

系统整合就是按照系统论的原理,创业者着眼于创业资源各要素之间、资源与新创企业之间、资源与外部环境之间的关系,将零散的个体资源进行系统化、组织化,不断地融入组织资源之中,从整体上形成新创企业的持久竞争力。局部整合是指在新创企业局部进行改善和优化。

3. 资源数量整合与结构整合

数量整合是指通过创业资源数量的变化促使其质变,把握创业资源数量变化的时机,使静态、固态的物质资源流动化、递增化,形成资源优势。结构整合是指通过创业资源排列组合的变化促使资源竞争力的增强。

4. 杠杆整合

杠杆整合是指新创企业以小资源控制大资源,即利用自己数量小、质量大的核心能力和关键资源环境,去控制数量上多于自己的创业资源,最大限度地发挥杠杆作用。

5. 有形整合和无形整合

有形整合主要是针对有形资源(人、财、物等资源)所采取的各种整合方法。有形资源的整合是创业资源整合的基础。无形整合主要是针对无形资源所采取的整合方法,整合成功的无形资源极易成为新创企业的独特竞争优势。创业者必须高度重视有形、无形资源的整合,使之成为新创企业竞争实力不可分割的核心资源。

6. 新资源与传统资源的整合

一方面,新资源可以提高传统资源的使用效率和效能;另一方面,传统资源的合理利用反过来又可激活新资源,促进隐性技术知识等新资源的不断涌现。

7. 横向资源与纵向资源的整合

横向资源是指某一类资源与其他相关资源的关联程度,纵向资源是指某一门类资源的广度和深度方面的资源。通过它们之间的整合,构建横向资源与纵向资源的立体架构。

5.2.2.4 创业资源的利用

创业资源利用就是使用所获取并经过整合的创业资源,通过发挥资源与能力的作用生产出产品或服务而为客户创造价值的过程。创业资源的利用过程就是创业资源价值实现的过程，是新创企业绩效实现的过程，也是为客户创造价值的过程。只有识别与获取的创业资源得到合理的利用，创业资源的开发过程才算成功，企业的竞争优势才会形成。

创业资源利用首先需要创业者协调各种资源之间的关系，将互补性资源创造性地搭配在一起，使资源间产生一种独特的联系，创造竞争对手无法模仿的价值。通过协调整合后的创业资源，形成一种合力，使创业资源各要素间的联系更加紧密，各种资源发挥本身的能力，形成"1＋1＞2"的局面。

在创业资源协调的基础上进行拓展资源。拓展资源是进一步开发利用潜在的创业资源为新创企业所用的一个重要手段。利用资源并不仅仅只是实现财富的创造，而是在实现资源机制的基础上拓展资源库，进一步开拓创业资源的范围和功能。所以创业资源利用是创业资源开发的最终目标，也是下一轮资源开发的开始。

成功的创业者在资源高度约束的情况下能够创造财富，能够运用平凡的资源实现不平凡的业绩，在资源利用和管理方面一定有值得总结和学习的经验。以下是学者们已经总结的资源利用的方法和经验。

1. 利用自有资源

多数创业者由于受到可用资源的限制，而选择寻找创造性的资源开发机会创建企业，并促使企业成长。一种常见的资源利用的方法是"步步为营"，即在缺乏资源的情况下，创业者分多个阶段投入资源并且在每个阶段或决策点投入最少的资源。这不仅是一种做事最经济的方法，还是在有限资源的约束下获取满意收益的方法；不仅适合小企业，同样适用于高成长企业、高潜力企业。步步为营活动包括：创业者在资源受限的情况下寻找实现企业理想目的和目标途径，最大限度地降低对外部资源的需要，最大限度地发挥创业者投在企业内部资金的作用，以及实现现金流的最佳使用。

步步为营的策略首先表现为节俭，设法降低资源的使用量，降低管理成本，这和拼凑策略有很多相似之处。但是步步为营的策略应该适度，不能过分强调降低成本，否则会影响产品和服务质量，甚至会制约新创企业的发展。所以，"保持节俭，但要有目标"的原则很重要，但更重要的是实现目标。基于这个原则，创业者在实施步步为营策略时可以采取多种措施，如新创企业可以通过外包来降低运营成本，将资源集中到企业的优势方面；借助孵化器或创业服务中心，降低管理费用等。

2. 利用拼凑资源

很多成功的创业者从利用身边能够找到的一切资源入手，去构建企业梦想帝国。面对资源约束的创业者存在一种有意识的、频繁的倾向，他们往往忽视正常情况下被普遍接受的关于物质投入、惯例、定义、标准的限制，利用手头已经存在的资源，创造出独特的服务和价值。这些资源也许他人来说是无用的、废弃的，但创业者通过自己的经验和技巧，整合各种资源，最终实现了新的目标。这些创业者所采用的策略便是"拼凑策略"。其创造性拼凑的关键要素为：

（1）手头已有的资源。这些资源可以是物质，可以是一门艺术，也可以是一种理念，甚至是偶然间学到的一种技术。它们常常是通过日积月累慢慢积攒下来的免费或廉价的处理品。而那些根据当前项目的需要，经过仔细调研而获得的资源，不属于手头资源的范畴。

（2）整合资源用于新目的。拼凑的另一重要的特点是为了其他目的重新整合已有资源。市场环境日新月异，机会稍瞬即逝，任何企业的资源结构不可能适合于所有情况，也没有企业总是能够在第一时间内获得合适的新资源。于是，通过整合手头已有的资源来快速适应，成为企业的利器。拼凑者洞悉手头资源的各种属性，将它们创造性地整合起来。当然，这种整合大多是具体情况具体分析，不是事前仔细计划好的。

（3）将就使用。拼凑的载体常常是手头的一些资源，它需要突破固有观念，忽视正常情况下人们对资源和产品的常规理解，坚持尝试突破。这种办法也许是不合适的、不完整的、低效率的、不全面的、缓慢的，但是在某种程度上是创业者能够唯一理性选择的，当然，拼凑出的东西品质肯定是有限的。

同时具有这三方面特点的创业者资源整合行为才构成创造性拼凑。创造性拼凑行为可以被利用在很多资源领域，将被别人忽视、遗忘、认为没有价值或用于单一途径的物质资源用于新的用途，开发新价值。例如：一位农民将自家田地里废弃多年的煤矿中积存的沼气引出，用于供电供热，成立了天然气公司。创业者也可以利用免费的人力资源，如家庭成员、供应商、顾客或旁观者。例如自行车修理工通常没有固定自行车用的装置，他们在修车轮时往往是让身边的顾客帮忙抬起自行车，顾客通常也会很乐意这样做，这时自行车维修工就利用了顾客的免费人力资源。创业者还利用一些没有专业认证或自学而来的技能，比如一个汽车维修工平时爱好帮别人修理家电，培养出了一些维修技能，后来自己成立了家电维修公司。

3. 利用杠杆资源

杠杆效应是以尽可能少的付出获取尽可能多的收获。创业者要有能在创业的过程中形成杠杆资源效应的能力。识别一种没有被完全利用的资源，能看到一种资源可以被运用于特殊的方面，说服那些拥有资源的人让度使用权。这意味着创业者并不被他们当前控制或支配的资源所限制，用大量创造性的方式，以杠杆效应撬动资源。杠杆资源效应体现在以下方面：

- 能比别人更好地延长使用资源；
- 更充分地利用别人没有意识到的资源；
- 利用他人或者别的企业的资源来完成自己创业的目标；
- 将一种资源补足另一种资源，产生更高的复合价值；
- 利用一种资源获得其他资源。

杠杆可以是资金杠杆、资产杠杆、时间杠杆、品牌形象杠杆、公共关系杠杆，还可以是能力杠杆。对于初创业者来说，由于资金缺乏，时间紧迫，因此最适合的杠杆就是创业者的人力资本和社会资本。人力资本，如创业者个人通过受教育所具有的知识、技能、资格认证、名誉等。社会资本有别于物质资本、人力资本，它存在于社会结构之中，为社会结构之间的行为者进行交易与协作等特定活动提供便利的资源。例如创业者的同窗、校友、老师以及其他连带的社会资本等。创业者通过对杠杆资源的利用，获得开拓不同市场的信息资源，并不断发现新的创业机会。

【华工创业案例】

依托高校科研平台，打造自有产品

杭州恒克生物技术有限公司位于浙江大学紫金港校区旁，公司以浙江大学和华南理工大学两支教授团队作为技术依托，致力于新型功能性食品与天然化妆品的研发与推广，并提供专业的美容健康咨询服务。两位创始人夏克胜和黄克在华工读本科的时候，便已经跟着导师做胶原蛋白肽的产业化项目，本科毕业的时候这个项目已经顺利完成。在项目参加首届国家大学生创新实验比赛并获得（省奖）项目优秀结题之后，他们继续做延伸，最终做成了属于他们自己的产品，而且凭着专利在汕尾一家公司开始了运营。2012年初注册公司。

他们在胶原蛋白肽食疗的基础上进一步延伸，把胶原蛋白肽添加到面膜里，并在当时大部分商家都在用无纺布的时候大胆创新使用蚕丝面料，让消费者更直观更快速地体验到产品的魅力。经过不断地拓展和创新，这款产品非常成功，并且积累了一些忠实的消费者，拥有一些固定的消费渠道。这些面膜把他们的产品品质和他们做产品的理念传达给消费者，得到了消费者的信赖。

5.3 创业机会与资源的匹配

5.3.1 创业三要素的匹配与平衡

蒂蒙斯认为，创业过程是由商机驱动的。而创业机会是适于创业的商业机会。商业机会是创业过程的核心驱动力，创始人或工作团队是创业过程的主导者，资源是创业成功的必要保证。创始人或工作团队的作用就是利用其自身的创造力在模糊、不确定的环境中发现商机，并利用企业网络和社会资本等外界因素组织和整合资源，主导企业利用搜寻到的商业机会创造价值。商业计划为创业者、商机和资源要素间的匹配和平衡提供语言和规则。

贯穿整个创业过程的驱动因素主要是团队、商机和资源的匹配与平衡（见图5-1），但是三个要素间很少能互相匹配，所以需要企业创始人不断地维持各要素之间的平衡。要成功地创建，新企业就必须正确地选择机会或者可行的项目，而资源初始配置体系的建立是机会开发的前提，如果没有基础的支撑资源是无法形成的。整合资源的前提是了解自身的需求，如在进一步的发展中，企业会遇到什么样的陷阱？现在的创业团队是否足够强大？企业在未来扩张后，会不会忙不过来？企业所拥有的资源是否合适？所有这些必须以创业者先认知特定的创业机会为基础，明确应该采取的资源整合行为，否则资源是无法发挥作用产生价值的。现实中有很多不能维持平衡的例子，例如，创业者将太多的资源投向一个不太好并且没有界定清楚的商机。

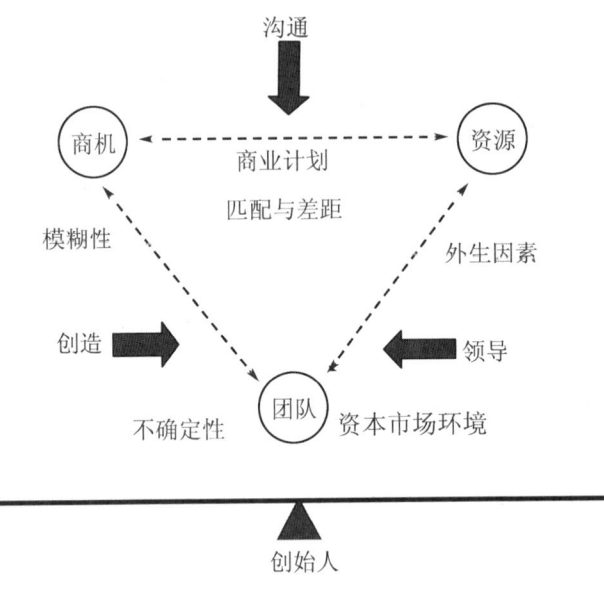

图 5-1　蒂蒙斯创业模型

5.3.2　具体创业资源与创业机会的匹配

创业资源的开发与创业机会的识别和开发是相辅相成的。有些创业项目是在创业者发现了创业机会之后，积极寻找与开发创业机会相关的创业资源；而有些创业项目则是创业者拥有了一些资源，并从资源中发现了创业机会。一般情况下，对于新创企业而言，大多是人力资源、技术资源和信息资源等与创业机会相联系。

5.3.2.1　人力资源

人力资源是企业的一种知识财富，是企业创新的源泉，创业者的自身素质、创业者的个性、对机遇的把握和识别以及对其他资源的整合能力都会直接影响创业的成败。当创业机会识别和开发主要依赖于人力资源时，创业型企业就更容易成功。人力资本是投资在人身上的价值，与实物资本（机器和设备）不同。为什么是这些人发现创业机会而不是另外一些人？这与创业者或创业团队的先验知识有很大关系。

由于先验知识产生于人们生活的特殊经历，不同个体就拥有不同的先验知识。在一定时间只有这些人，而不是另外一些人，知道一些特殊顾客问题、市场特征或产品、服务用途等。一般情况下，创业者的先验知识越丰富，其识别机会的能力就会越强。创业者利用先验知识的过程往往就是识别新的创业机会的过程。市场先验知识将影响企业对新进入市场的机会把握；服务市场的先验知识有助于企业选择更好的工具、采取更好的方式满足市场需要，提高市场占有率；拥有顾客问题的先验知识对于更好地满足顾客需求，实施有效服务补救，培育顾客忠诚具有重要意义。

先验知识可以通过教育、培训以及产业经历等方式积累获得。比如，旅行社的业务更多依赖于人力资源的能力，特别是开发客户的能力。目前，中国旅行社业面临的尴尬是，旅行社的员工离职了，同时把其培育的几乎所有客户都一起带走了。那些拥有大量客户资源的员工跳槽，很容易把一家经营不错的旅行社给"跳垮"。这种现象就自然而然催生了一大批新旅行社的诞生，而这些创业者往往就是那些曾经在较大规模旅行社掌握大量客户资源的员工。这些创业者对新产品和新服务非常有洞察力，开发和识别新机会的能力比较强，创立的新旅行社也容易成功。

5.3.2.2 技术资源

在技术变革导致新企业创建过程之前，创业者必须发现使用新技术的机会，进而决定是否要创建新企业来开发该技术。创业始于对创业机会的识别和评估，潜在创业者识别到某种创业机会后，首先要对机会的类型与特征有清楚的认识，必须拒绝很多机会而后抓住少数机会，这有助于创业者真正把握机会的本质，更好地对其加以识别和开发，同时减少因对机会的盲目性开发而导致的新企业失败。

那么，创业者在其识别到某项新技术后，何时才会将其视为创业机会并通过创建新企业的方式来进行商业化运作呢？为什么有些新技术能够构成创业机会，而其他技术则不能？为何在不同的产业技术环境下，相同的新技术会有不同的命运？技术本身的很多属性决定了某一新技术能否成为创业机会进而创建新企业的概率。

（1）技术的经济价值。技术发展是一个不确定过程，其进步程度可能很小，也可能非常大，技术进步所创造的潜在经济价值因而也是高度变化的。谢恩（2001）指出新技术的经济价值会影响创业决策，具有较高经济价值的技术提高了创建新企业的潜在回报，易构成创业机会。

（2）技术的突破性。突破性技术大大超越了该领域中的先前技术。渐进性技术知识增强了既有企业的优势，不易构成创业机会；而突破性技术有助于新企业进入市场，可以使之规避产业进入障碍，并获取既有企业的市场份额，有利于构成创业机会。

（3）技术被专利保护的范围。新技术企业在刚刚创建时除了新技术本身外没有任何竞争优势，但新技术却又通常面临巨大的盗用风险。因此，为了生存，新企业必须运用知识产权保护来防止其他企业对新技术的模仿，直到其互补性资产到位。专利保护范围越广，新技术免遭盗用的概率就越大，创业者通过创建新企业来开发该技术的激励也会较大，从而促进创业机会的形成。

（4）技术的类型。新技术按照创新方式可分为两大类：架构技术和元件技术。架构技术是指在产品系统设计中对元件彼此之间联结方式的重新设计，但元件本身基本原理保持不变；元件技术则是一个元件所采用的技术方法的根本变革，而产品架构基本维持不变。一般来说，当新的架构技术在产业中出现时，通常可以率先采用该技术进入既有产业，并上升到产业内的领导位置，所以架构技术有利创业机会的形成。然而，就元件技术而言，这是既有企业擅长的领域，产业内领先的主导企业在开发和采用新元件技术方面一直是领先者，不大可能构成创业机会。

（5）技术知识的特殊性和缄默性。不同的技术在知识的本质上存在差异，表现出不同程度的特殊性和缄默性。知识的特殊性反映了这样一个事实：某些技术中的新知识能够应用于大量的产品和生产工艺，而其他技术中的知识则不能。由于创业是一个试错的过程，当利用特殊性较低的技术知识开发产品时，如果最初开发的产品无法获得顾客的认可，则可以再生产其他产品。特殊性较高的技术知识则没有如此灵活。知识的缄默性指技术在个体或企业之间进行转移所需的成本和难度,是构成商业机密的一种重要形式。一般来说,在企业间转移知识的成本和难度较小时,知识的缄默性较低,有利于新技术的阐述和传递,并且有利于创业者对技术知识进行保护,这将促进创业机会的形成。

5.3.2.3 信息资源

创业者在对创业机会的识别阶段所依赖的外界条件是能够获得新创企业所必需的信息资源,借助于信息资源来了解和掌握外界经济环境的状况。对外界经济环境的了解和掌握构成了创业机会识别的重要制约因素。

具体而言,创业机会识别所需信息资源应包括以下几方面:

(1) 市场信息资源。微观与宏观的市场信息共同构成了市场经济条件下信息的核心部分。微观的市场信息是指有关市场商品营销的各类信息,包括商品评价、渠道评价、促销评价、产品开发情况、消费者购买状况、企业形象等。宏观的市场信息则是指在一定时间和条件下,同商品交换以及与之相联系的生产与服务有关的各种消息、情报、数据、资料的总称。通过分析市场信息找到用户的消费需求,使这种需求在现有市场得到有效的满足,这就是企业的创业机会。因此为了识别出宝贵的商机,创业者必须注重收集市场信息。

(2) 技术信息资源。科技型创业企业的竞争优势是它的技术能力,故离不开对技术信息资源的需求。非科技型的新创企业,其生存和发展也需要依托于一定的技术。所以对于任何新建企业来讲,技术信息资源都是必要的基础性资源。对于处于创业初期的创业者在寻找和识别有潜在商机的"创思"时,更是需要大量的技术信息。

(3) 创新信息资源。创新是创业的本质,创新是新创企业生存和发展的重要基础,无论哪种类型的创新都必须有迅速、全面、准确的信息支持;否则,生产出来的产品不能满足消费者的需要,很容易被市场所淘汰。

(4) 竞争信息资源。竞争和市场是市场经济条件下配置资源的重要基础,是推动企业发展和社会进步的基本动力。一般情况下,新创企业规模较小,资金、技术和人才等方面存在劣势,想要抓住创业机会就必须时刻了解竞争对手的情况,根据自身的条件发挥优势,迅速抢占市场先机,及时将新产品或服务推向市场。

(5) 政府政策和相关法规信息资源。政府的管制和政策变化能够带来创业商机。为了对商机的出现及识别有所认识,创业者就要密切注意政府政策和相关法规的变化情况,通过获取政府政策和相关法规的信息资源来了解其变化动态。

本章小结

1. 创业资源的基本概念。创业资源是指创业企业创业的全过程中所拥有、控制或整合的各种有形、无形的要素与要素组合,是创业所依赖的资本。创业资源与一般商业资源存在差异。

2. 创业资源可按间接性与直接性、是否是核心资源、是否是创业者本身所拥有、投入与生成方式、资源重要程度等分类。创业资源对于新创企业的创建起到关键性的作用，特别是社会资本、资金、技术及专业人才等资源。

3. 资源识别是创业企业创业资源开发的第一步，资源识别过程主要包括评价初始资源、细化需求、确定资源来源三个方面。创业资源的识别包括两类：决策驱动型资源识别和机会驱动型资源识别。

4. 创业资源获取机制包括市场机制、溢出和扩散效应、竞争合作关系、政府指导性机制四种。获取方式一般为购买、吸引以及积累。没有创业资源的获取，便没有创业资源整合行为的发生。如何整合资源主要取决于创业者对创业资源所作出的识别与获取情况。

5. 创业资源利用就是使用所获取并经过整合的创业资源，通过发挥资源与能力的作用生产出产品或服务而为客户创造价值的过程。创业资源利用的方法包括：步步为营地利用自有资源、拼凑资源和杠杆资源。对资源的具体开发要有利于推进新创企业持续发展与保持持久竞争力，并且创业机会要与创业资源相匹配。

复习思考题

1. 创业资源的含义是什么？
2. 创业资源与一般商业资源有何异同？
3. 如何进行创业资源的识别？
4. 如何获取创业资源？
5. 影响创业资源获取的途径有哪些？
6. 整合创业资源的方法有哪些？
7. 如何利用创业资源？
8. 与创业机会相匹配的创业资源有哪些？

推荐阅读

1. 聂元昆、王建中，著，《创业管理——新创企业管理理论与实务》，高等教育出版社，2011年6月。
2. 张玉利、陈寒松，著，《创业管理》（第2版），机械工业出版社，2011年4月。
3. 李时椿，著，《创业管理》（第2版），清华大学出版社，2010年12月。
4. 王国红、唐丽艳，著，《创业与企业成长》，清华大学出版社，2010年6月。
5. 徐向艺、陈寒松、毛翠云，著，《创业管理》，化学工业出版社，2011年6月。

课堂自测题

一、单选题

1. 处于创业者直接控制范围之外的,但可以通过开发、组织、联合甚至租赁而获取的资源是( )。
   A. 必备资源　　B. 支撑资源　　C. 外围资源　　D. 直接资源

2. 社会资本对创业企业起到极其重要的作用,以下不属于其作用的是( )。
   A. 替代资金的不足　　　　　　B. 替代市场需求的不足
   C. 替代人力资源的不足　　　　D. 替代战略规划的不足

3. 新企业的资源开发过程包括的阶段除资源识别、资源配置和资源利用外,还包括( )。
   A. 资源平衡　　B. 资源匹配　　C. 资源获取　　D. 资源察觉

4. 创业者做出创业的决策之后,盘点自身所拥有的资源,并结合创业机会对这些资源进行深入分析,进而明确资源获取途径的行为及过程,属于( )。
   A 机会驱动型资源识别　　　　B. 利用市场机制获取资源
   C. 决策驱动型资源识别　　　　D. 利用溢出和扩散效应获取资源

5. 在配置创业资源时,新创企业以小资源控制大资源,即利用自己数量小、质量大的核心能力和关键资源环境,去控制数量上多于自己的创业资源,这是( )方法。
   A. 系统整合　　B. 内外整合　　C. 结构整合　　D. 杠杆整合

6. 蒂蒙斯认为贯穿整个创业过程的驱动因素是( )的匹配与平衡。
   A. 团队、商机和资源　　　　　B. 团队、计划和资源
   C. 战略、商机和资源　　　　　D. 团队、商机和组织

二、判断题

1. 尽管创业资源与商业资源的基本内容相近,但并不是所有的创业资源都是商业资源。( )

2. 创业资源是指创业企业创业的全过程中所拥有、控制或整合的各种有形、无形的要素与要素组合,是创业所依赖的资本。( )

3. 一般来说,当新的元件技术在产业中出现时,通常可以率先采用该技术进入既有产业,并上升到产业内的领导位置,所以元件技术有利创业机会的形成。( )

4. 创新是新创企业生存和发展的重要基础,无论哪种类型的创新都必须有迅速、全面、准确的信息支持。( )

自测题答案二维码

案例研讨

主动迎接照进现实的梦想

臻龙网络科技公司经过三年的发展,已经走上了企业的正轨,公司创始人之一、副总经理伍欣,娓娓道来创业路上的放弃与坚守,似乎说着别人的传奇。同一个创业梦,可以走不同的道路。当梦想遭遇现实,创业者需要直面企业的战略、团队、融资,甚至每一处管理细节。臻龙网络科技公司的创业史,值得每一位创业者借鉴。

战略:放弃也是一种坚持

2005年,任职于同一家老牌游戏公司的四个年轻人,想到了"奥运游戏"的概念,为此集体辞职,投入到创业的浪潮中。

基于对市场、资金、技术的考虑,同行们创业多以承揽外包为主,但是游戏业"老人"更喜欢自主研发,四位创业者也不例外,仅用一个月,创办了一间以自主研发为使命的游戏公司。但是为北京奥运开发的游戏却进展缓慢,而且更多的原创计划,也陷于资金不足、市场前景难料的困境。

这四位创业新人也遇到了很多创业者的一个通病:以兴趣代替调研,以激情掩盖风险。

在自筹资金耗尽之前,他们做出了一个不容易的决定:放下那个曾令他们激动的自主研发"梦",转向创业型游戏企业的主流模式:外包。从自主研发到外包,当年的创业热情似乎离他们远去,企业却因此走上了一条快车道。在个人与企业的成熟中,他们也为自己最初的梦想积蓄着力量。

为了更长的坚守,他们选择了暂时的放弃。这种跟随战略,其实是一种最安全的创业方式。在伍欣看来,创业成功就是一个时间问题。如果创业者抵御风险的能力不够,不妨抛弃空想,谨守两点:①选择一个高成长性的行业;②选择一个经实践检验的成功模式。之后,你就会发现离成功不远了,"区别仅仅在于成功的速度像跑车、卡车还是自行车"。

团队:组建之初明确分工

创业是一种对资源的重新组合。其中,人是第一位的资源,团队是首要的整合目标。

"我们是四个人创业:两个负责研发,一个负责技术,一个负责美术;两个负责商务,一个负责吸引投资和开拓公共关系,一个负责市场和销售。"当创业还停留在草稿阶段,原公司不同部门的四个同事已聚集起来,想象着属于自己的游戏公司。他们中间,有从业十余年的技术专才,也有年青的市场人士。

四人专业互补、资历互补、年龄互补。更重要的是,在创业之初,这个团队已初具雏形。

有风险投资商称,他不会考虑只有一个人的创业计划,因为任何企业的持续经营都需要一个团队，而不是一个人——无论最初的方案看起来多么节省人力。幸运的是，臻龙的四人创业团队，从一开始就兼顾了企业运作的各个主要方面。当企业步入正轨，明确至个人的分工合作就水到渠成了。

伍欣说，这是机缘巧合。那么，更多的创业者若无此机缘，就必须在撰写商业计划书的同时，思考自己需要怎样的团队成员。

在企业建立之前，越早确定一个互补型团队，就越能减少团队磨合带来的问题。新生的企业，通常不是败在与对手的竞争中，而是夭折在团队成员的内耗甚至内斗上。如果能像伍欣和他的创业伙伴那样，既是老朋友，又能根据各自优势明确分工，创业就成功了一半。为此，不妨在中国人传统的"同事、同学、同乡、同宗、同好"中考虑自己的团队成员。

当然，看起来完美的团队也会有摩擦。伍欣的建议是，对团队保持信心，并与其他成员定期沟通。企业内部的分歧是友情无法冲淡的，只能消解在制度化的沟通中。

融资：让客户为你投资

如果说战略是灵魂、团队是脊梁，那么，资金就是血液。对于创业者而言，造血的速度远远赶不上成长的速度，外部输血成为决定企业命运的关键。

与大多数创业者一样，臻龙的第一笔投资来自自己，既有四个人的积蓄，也有亲朋好友的借款。虽然数目不大，却支撑起这四个年轻人的梦想。当臻龙一步步做大，外包业务的利润就显得捉襟见肘，开始发生现金流紧张的情况。这已威胁到企业的日常运营，更不用说新业务的拓展。

伍欣他们深知这一点。从专人负责引资，到维护官方网站，都是公司从一开始就确立的日常工作。于是，在意料之外又在情理之中，创业第二年，他们获得了投资人的青睐。

在他们四人看来，创业以来最大的转折点，就是荷兰 SPILL 集团对公司的全资收购，同时保留了创业团队对臻龙的经营权。此前，四人对获得投资深信不疑，但是投资人就是自己的外包客户，还是令他们有些许诧异。伍欣说，他们的想法很简单，就是抓住身边一切可能的机会吸引投资，无论是同行、对手，还是好友、客户。

一年半前，SPILL 集团将外包任务交给了臻龙，半年间他们以一贯的高水准赢得了对方的尊重。因此，当 SPILL 考虑收购一家游戏开发商时，臻龙自然进入了他们的视野。

这不是机缘或运气可以解释的。每一位创业者，在抱怨投资人不识千里马之前，首先要问自己：是否有卓越的实力、诚信的态度，以及精益求精的精神。实际上，为了找到一个优质的项目及团队，投资人同样踏破铁鞋。

资料来源：HYSONN CHEN，世界经理人网站，2007 年 7 月 27 日　http：//www.ceconline.com/manufacturing/ma/8800048882/01/）

思考：

请基于案例内容，分析臻龙网络科技公司创业者伍欣对创业资源的开发、配置、利用。

第6章 商业模式

数不清的商业模式创新正在涌现。采用全新商业模式的新兴产业正在成为传统产业的掘墓人。

——亚历山大·奥斯特瓦德和伊夫·皮尼厄（《商业模式新生代》）

【学习目标】
- 了解商业模式的定义和组成
- 了解商业模式的设计流程
- 学会画布工具

【读书笔记】

《商业模式新生代》被评为完美结合图像与策略思考的奇书，书中涵盖的范围包括企业分析、创新思考、策略拟定及实际执行，完整描述了商业模式创新所需的各个方面。作者给商业模式下的定义是：商业模式描述了企业如何创造价值、传递价值和获取价值的基本原理。通过商业模式画布将9个基本构成要素交织成一幅清晰的相互交互的图像，归纳出五种不同的商业模式，包括非绑定式、长尾式、多边平台式、免费式以及开放式商业模式。作者将商业模式比作一个战略蓝图，在文中一步步举例和运用企业组织结构、流程和系统来实现它。

6.1 商业模式的含义

6.1.1 商业模式的重要性

现代管理学之父彼得·德鲁克说过："当今企业之间的竞争，不是产品之间的竞争，而是商业模式之间的竞争。"阿里巴巴集团创始人马云也说过："今天的商场上已经没什么秘密了，秘密不是你的核心竞争力，团队和商业模式才是。"是的，21世纪的企业竞争，不再是产品的竞争、人才的竞争、营销的竞争、服务的竞争……而是商业模式（即赢利模式）的竞争。日本日产汽车公司CEO卡洛斯·戈恩这样看待企业的商业模式："这是一个赢利至上的时代，在这个时代里，谁能持续获得比同行更高的利润，谁就是真正的赢者，所以我们需要一个有效的赢利模式，让我们的希望变成现实。"

据《科学投资》杂志调查显示：在创业企业中，因为战略原因而失败的只有23%，因为执行原因而夭折的也只有28%，但因为没有找到盈利模式而走上绝路的却高达49%。没有一个合理的商业模式，不管企业的名气有多大，资产有多雄厚，也必定走向灭亡！商业模式是关系到企业存亡、兴衰成败的大事，企业要想获得成功就必须从制定适合该企业的商业模式开始,新成立的企业是这样,发展期的企业更是如此。商业模式是企业竞争制胜的关键。

【小案例】

苹果公司的商业模式

2001年,苹果公司推出第一款iPod音乐播放器,当时全美每年仅售出72.4万台数码音乐播放器,似乎看不出市场前景。但苹果公司随即推出的iTunes网上音乐点播商店,提供一首歌曲只需付费99美分的合法音乐下载。同时,只有使用iPod才可以播放从iTunes下载的音乐。截至2006年底,iTunes音乐商店的下载业务一度占据了北美合法音乐下载市场的82%。iPod已经从一台音乐播放器变成了文化符号或身份的象征。苹果公司真正的创新不仅仅是硬件层面的,而是成功利用"iPod + iTunes"组合开创了一个全新的商业模式——将硬件、软件和服务融为一体。"iPhone + AppStore"的商业模式创新更是适应了手机用户对个性化软件的需求,从而使得手机软件业开始进入了一个高速发展的空间,开创了手机软件业发展的新篇章。

6.1.2 商业模式的定义及分类

6.1.2.1 商业模式的定义

商业模式从本质上来讲就是指企业创造价值的方式和内在逻辑。即企业在一定的价值链或者价值网络中通过不同要素的组合,从而向客户提供产品和服务并获取利润的一种系统结构。

商业模式是企业价值创造的逻辑,不论是新创企业,还是现有企业都应该有自己的商业模式。在环境动态变化特征越来越明显的背景下,有无独特的价值和系统化的商业模式成为企业竞争制胜的两大关键因素,也是获得资本市场青睐的关键。由于商业模式涉及战略管理、营销管理、生产管理、供应链管理等多方面内容,是一个全新的系统和视野,因而需要专门的分析框架和工具。

企业的经营主要是围绕着价值、资源、成本和利润四个要素来展开。四个要素之间的关系是价值决定资源、资源决定成本、成本决定利润、利润决定价值。反过来,价值影响利润、利润影响成本、成本影响资源、资源影响价值(见图6-1)。

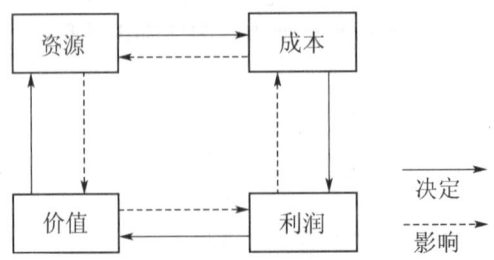

图6-1 企业运营要素的循环体系

因此，一个企业的商业模式就是要清晰地回答以下四个问题：如何创造独特的客户价值、如何高效率地配置资源、如何革命性地降低成本以及如何扩大利润来源并保持持续盈利。

一个企业的经营内涵，本质上是围绕着价值的发现、创造、交付以及实现所构建的价值让渡体系（见图6-2）。

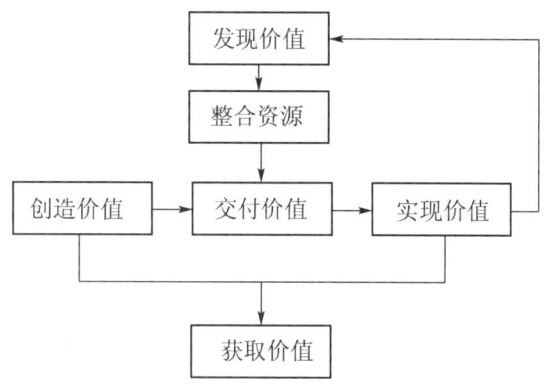

图6-2　企业经营的价值让渡体系

因此，价值是商业模式的核心内容，它说明了企业如何创造出顾客所需要的价值并从这些产品、服务中获取企业所需要的价值，回答了管理大师德鲁克所提出的经典问题：谁是你的顾客？顾客的价值是什么？如何以一个合适的成本传递价值？解释了企业如何保持有效运转、如何获取盈利和如何维持持续的利润流。

总体而言，商业模式是企业进行商业活动的方式，包括价值定位、价值创造、价值交付、价值实现和价值获取（盈收）。其中价值定位是企业基于技术而提供给用户的价值，明确了企业为用户创造何种价值；价值创造是指企业开发技术和产品的方式，说明了企业如何为用户创造价值；价值交付是指企业开拓目标市场的方式，诠释了企业如何将价值传播和传递给用户并维护好跟客户的关系；价值实现是指如何在产品之外为解决顾客的问题提供的服务，有效提升企业创造附加价值的能力；价值获取（盈收）是企业对实现收入的占有方式，指明了企业如何从创造的价值中获得收益。

6.1.2.2　商业模式的定义

目前，很多专家和学者都支持把商业模式分为以下两种：

1. 运营性商业模式

这种模式重点解决企业与环境的互动关系，包括与产业价值链环节的互动关系。运营性商业模式创造企业的核心优势、能力、关系和知识，主要包含以下几个方面的内容：

产业价值链定位：企业处于什么样的产业链条中，在这个链条中处于何种地位，企业结合自身的资源条件和发展战略应如何定位。

赢利模式设计（收入来源、收入分配）：企业从哪里获得收入，获得收入的形式有哪几种，这些收入以何种形式和比例在产业链中分配，企业是否对这种分配有话语权？

2. 策略性商业模式

策略性商业模式是对运营性商业模式加以扩展和利用。策略性商业模式涉及企业生产经营的方方面面，主要包括以下几种模式：

业务模式：企业向客户提供什么样的价值和利益，包括品牌、产品等。

渠道模式：企业如何向客户传递业务和价值，包括渠道倍增、渠道集中/压缩等。

组织模式：企业如何建立先进的管理控制模型，比如建立面向客户的组织结构，通过企业信息系统构建数字化组织等。

每一种新的商业模式的出现，都意味着一种创新、一个新的商业机会的出现，谁能率先把握住这种商业机遇，谁就能在商业竞争中拔得头筹。然而，我们都知道，商业模式是一个非常宽泛的概念，涉及众多不同类型、不同行业的企业，因此很难对它进行统一的分类。例如，在制造商领域，商业模式就可分为直供商业模式、总代理制商业模式、联销体商业模式、仓储式商业模式、专卖式商业模式和复合式商业模式；在电子商务领域，又可分为 B2B 模式、B2C 模式和 C2C 模式，在 B2C 电子商务中，还可分为门户网站模式、电子零售商模式、内容提供商模式、交易经纪人模式和社区服务商模式。

6.1.3 商业模式的组成

商业模式是一个系统，由不同组成部分、各部分间连接关系及其系统的动力机制三方面所组成。

按照哈佛大学助理教授亨利·切斯布鲁和理查德·罗森布鲁姆的观点：商业模式是反映企业商业活动的价值创造（Value Creation）、价值提供（Value Offering）和价值分配（Value Distribution）等活动的一种构架。因此，商业模式应该具有 6 个功能：

（1）清晰地说明价值主张，即说明基于技术的产品为用户创造的价值；

（2）确定市场分割，即确定技术针对的用户群；

（3）定义公司内部和外部的价值链结构，来生产和经销产品；

（4）在一定的价值主张和价值链结构下，评估生产产品的成本结构和利润潜力；

（5）描述价值网中连接供应商和顾客的公司位置，包括潜在进入者和竞争者；

（6）制定竞争策略，创新性的公司将通过此策略获得和保持竞争优势。

简单来讲，商业模式所反映的就是一个经营单位为谁提供价值？提供什么价值？如何提供价值？是否有盈收（成本多少）？收益（收益减去成本等于盈收）多少？根据以上的论述，我们把构成一个完整商业模式体系分解为三大模块：发现价值（价值主张）、创造和让渡价值（运营体系）、获取盈收（收益和成本的差额）。而在运营体系里又根据价值生态的构成分解为重要合作、关键业务、价值交付、价值实现、关系维护和目标客户。商业模式的构成要素如图 6-3 所示。

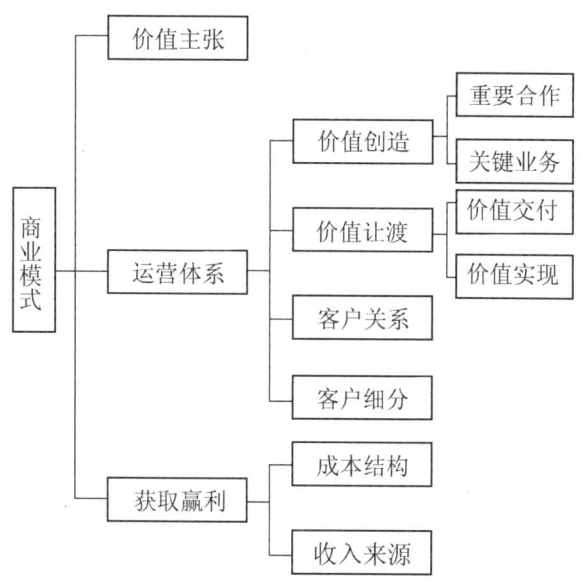

图 6-3 商业模式要素分解图

（1）价值主张（Value Propositions，VP）：顾客的隐性需求，通过提出独特的价值主张来解决客户难题和满足客户需求。

（2）重要合作（合作网络）（Key Partnerships，KP）：有些资源要外包，而另外一些资源需要从企业外部获得。协作网络类：回答在价值提供过程中企业在价值网中与其他伙伴间的关系问题。这种关系，可能是上下游的伙伴关系，也可能是互补或竞争的关系，也可能是联盟关系。在当今这个全球化分工的时代里，合作关系网络在商业模式中的地位日益重要。

（3）价值创造（Value Creation，VC）：内部基础类，回答企业如何进行资源与活动安排以提供价值的问题，包括构成通常的生产经营的企业内部价值链、核心能力和成本要素。企业创造价值的活动，需要内部的资源与经营活动安排，包括有形或无形的资源、供应链管理、生产制造、财务、人力资源等。

（4）价值交付（Channels，CH）：通过沟通、分销向客户传播和传递价值主张。

（5）客户关系（Customer Relationships，CR）：在每一个客户细分市场建立和维系客户关系。客户关系又可以划分为交易型和关系型两类。

（6）客户细分（Customer Segments，CS）：企业或机构所服务的一个或多个客户分类群体，回答企业为谁创造价值的问题，包括目标客户要素，客户细分从区域上来看既可以是国内的，也可以是国外的；从主体来看，既可以是组织，也可以是个人。

（7）成本结构（Cost Structure，CS）：商业模式要素所引发的成本构成。

（8）收入来源（Revenue Streams，RS）：收入来源产生于成功提供给客户的价值主张。收益类，回答企业所提供价值的实现途径或者如何取得收益的问题，包括收益方式要素。

图 6-3 的要素构成了一个商业模式的运营体系（Operating System），这 6 大价值链

环节是由许多关键业务（Key Activities，KA）连接起来的，而要有效开展这些关键业务，获得和保持竞争优势，则企业必须具备核心资源（Key Resources，KR）。

6.2 商业模式的设计流程

每个商业模式设计项目都是独特的，都会遇到挑战、阻碍，也都是关键的成功因素。在处理类似商业模式这样重要的问题上，每个公司的起点不一样，行业背景和公司目标也不同。一些公司可能正在对危急局势做出响应，而另一些可能寻找新的增长潜力，还有一些可能处在创业期，也可能正计划将新产品和技术推向市场。亚历山大·奥斯特瓦德和伊夫·皮尼厄提出的设计流程分为五个阶段：动员、理解、设计、实施和管理。五个阶段并非按部就班地线性进行，尤其是理解和设计阶段往往是同步进行的。表6-1为商业模式设计流程。

表6-1 商业模式设计流程

动员	理解	设计	实施	管理
为一个成功的商业模式设计项目做好准备工作	研究和分析商业模式设计所需要的元素	构建和测试可行的商业模式可选方案，并挑选最佳的方案	在实际环境中实施商业模式	结合市场反馈来调整和修改商业模式
搭建舞台	全情投入	调研探索	实际执行	演化发展
为成功的商业模式设计聚集所有需要的元素。营造出一个急需新商业模式的环境，说明创新项目的动机，并且建立一套描述、设计和分析讨论商业模式的公共语言	创业者和商业模式设计团队需要全情投入到相关信息中：客户、技术和环境。需要收集信息，访谈专家，研究潜在的客户，发现需求和问题	把前一阶段中获得的信息和想法化为商业模式原型，并进行不断的探索和测试。在反复密集的商业模式探究后，选出最符合要求的商业模式设计	实施挑选出来的商业模式设计	建立起管理架构来持续不断地监督、评估、调整和改变你的商业模式

1. 动员

确定项目目标：设立项目的缘由、项目范围和主要目的。

规划项目计划：涉及商业模式设计的前几个阶段的内容（动员、理解和设计）。

组建项目团队：获取符合要求的人员和信息。需要具有宽泛管理经验和行业阅历、想法新颖的人员。

注意事项：

①需要确立项目的合法性：获得公司董事会或者管理层坚决和明确的支持；尽可能让高层管理人员从一开始就参与到项目中；

②需要处理好既得利益：处理好项目可能威胁到公司一部分人的既得利益；

③需要建立跨职能的团队：团队成员需要来自公司的各个部门，拥有不同级别和专业知识；在项目中需要从不同岗位的视角来参与设计；避免在项目中扼杀意见，缺少参与和互动；

④需要引导好决策者：需要投入足够的时间来引导和说服决策者，增加决策者对项目的支持；尽量使用故事和图像来展示商业模式；尽量避免使用概念和理论来表达想法。

2．理解

（1）分析商业环境：进行市场调查、客户研究并对行业专家进行采访，分析了解对手的商业模式。

（2）分析客户需求：需要对客户进行彻底的了解，必要时使用客户移情图。

（3）调整传统模式：鼓励和谨慎验证前瞻性、突破性的想法。

注意事项：

①绘制和分析公司当下的商业模式：在独立的研讨会上绘制和分析现行的商业模式；收集大家对现行商业模式的不同理解和想法，发现现在商业模式的优势和不足；收集大家对现行商业模式的改进观点（新颖的想法）；

②通过现行的商业模式，分析未来：在现行的商业模式的基础上，分析未来的模式；

③开拓新客户群：打破现有的客户群限制，需要潜在的利润点，需要投资回报丰厚的商业模式；

④向管理层展示项目进度：避免分析过度，失去管理层的支持；归纳客户意见，向管理层展示商业模式的初步想法。

3．设计

制作不同的备选方案：通过头脑风暴，制作多种商业模式原型。

分析制作的商业模式原型：对各种商业模式原型进行分析，试验不同的合作模式，需要其他收入来源，探索不同分销渠道的价值。

测试各种商业模式：与外部专家和潜在客户测试商业模式；为每一种商业模式设计故事情节；需要专家和潜在客户的反馈意见；在此基础上进行商业模式改进。

注意事项：

① 禁止打压大胆的设想：对每一种商业模式做一个风险和收益概要分析；研究每一种商业模式的得失；研究每一种商业模式与当前业务的潜在冲突；研究每一种商业模式如何影响我们的品牌；研究现有客户会怎么应对每一种新模式；绘制商业模式的草图。

② 团队一起设计商业模式原型：综合团队成员的专业知识和技能；总结团队成员的意见和顾虑，规避可预见的障碍。

③ 比较新旧的商业模式：如何处理旧模式和新商业模式。

④ 避免设计过程中的短视：避免狭隘的专注于投资期短、回报高的模式；要保持长远的眼光，避免错失未来增长的机会。

4．实施

首先制定商业计划书，再确立所有的相关项目，制定各阶段的里程碑，制定规章制度，准备预算清单，最后准备项目路线图。

注意事项：

① 积极处理"路障"：在新商业模式实施之前安排某些关键因素；在起草实施路线图之前，扫清计划实施前的各种路障。

② 获取对项目的坚定支持：获取项目支持者的坚定支持；防止既得利益者破坏项目的实施。

③ 新模式和旧模式的对比分析：是否为新的商业模式创造一个匹配的组织架构；新模式是独立的实体还是依附于母公司之下；新模式能不能与现有模式共享资源；新模式能否传承公司现有的文化。

④ 新模式的沟通和宣传：进行引人注目、多渠道的内部沟通活动来宣传新模式的诞生；通过沟通工具的故事和视觉化，帮助员工了解新的商业模式。

5．管理

成立公司战略小组：小组成员主要负责管理公司的商业模式，不断地评估模式、审视环境，确定商业模式在未来长远阶段是否受到外来因素的影响。

注意事项：

① 建立专门的商业模式管理部门：该部门主要是测试商业模式和与利益相关者沟通，开展创新活动和重新设计项目，跟踪和关注公司商业模式整体发展趋势，管理涵盖整个公司不同商业模式的"主"商业模式。

② 处理好协同效应和冲突问题：处理好公司不同商业模式之间的关系；充分利用不同商业模式之间的协同效应；避免不同商业模式之间的冲突。

③ 商业模式组合：设计一套商业模式组合；避免因没有积极主动地检查商业模式，使公司陷入危机。

④ 保持入门者的思维模式：避免使公司成为自己成功的牺牲品；需要持续不断地审视和分析商业模式；定期更换一种视角来测评自己的商业模式；使尽可能早地调整自己的商业模式。

6.3　商业模式的工具：画布

我们把商业模式涉及的9个关键构造块整合在一个"商业模式画布"中，每个构造块对应画布上的一个空格，通过向这些空格填充相应的内容，描绘商业模式或设计新的商业模式。最好的做法是在大的背景上投影出来，这样大家便可以用便利贴或马克笔共同绘制、讨论商业模式的不同组成部分。这是一种可以促进理解、讨论、创意生成和分析的实操工具。

6.3.1 商业模式画布

商业模式画布覆盖了商业的 4 个主要方面：客户、提供物（产品/服务）、基础设施和财务生存能力。细分下来，可以分为 9 个构造块（见图 6-4）：

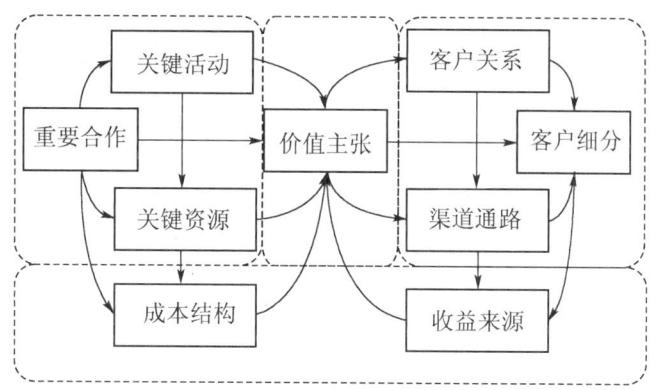

图 6-4　商业模式画布

客户细分：客户细分所要解决的问题是"我们正在为谁创造价值？谁是我们最重要的客户？"

价值主张：价值主张则要解决"我们该向客户传递什么样的价值？我们正在帮助我们的客户解决哪些难题？我们正在满足哪些客户需求？"，为客户创造价值。

渠道通路：公司接触其细分的客户，传递其价值主张是通过渠道通路完成的。要解决的问题是："我们的渠道如何整合？哪些渠道最有效？哪些渠道成本效益最好？如何把我们的渠道与客户的例行程序进行整合？"

客户关系：客户关系用来描述公司与特定客户细分群体建立的关系类型。要解决的问题是："我们每个客户细分群体希望我们与之建立和保持何种关系？这些关系成本如何？如何把它们与商业模式的其余部分进行整合？"

收益来源：如果客户是商业模式的心脏，那么收入来源就是动脉。其要解决的问题是："什么样的价值能让客户愿意付费？他们更愿意以何种方式支付费用？每个收入来源占总收入的比例是多少？"

关键资源：每个商业模式都需要核心资源，这些资源使得企业组织能够创造和提供价值主张、接触市场、与客户细分群体建立关系并赚取收入。核心资源可以是实体资产、金融资产、知识资产或人力资源。

关键活动：和核心资产一样，关键活动也是创造和提供价值主张、接触市场、维系客户关系并获取收入的基础。关键业务可以分为制造产品、问题解决、平台/网络等。

重要合作：商业模式的优化和规模经济的运用、风险和不确定性的降低、特定资源和业务的获取这三种动机有利于创建合作关系。很多公司创建联盟来优化其商业模式、降低风险或获取资源。

成本结构：成本结构构造块用来描绘运营一个商业模式所引发的所有成本。成本结构分为成本驱动和价值驱动两种类型,很多商业模式的成本结构介于这两种极端类型之间。

6.3.2 新商业模式设计

商业人士每天都在不知不觉地进行设计:设计组织、战略、商业模式、流程,还有项目。为了设计新商业模式,我们必须考虑复杂的环境,例如竞争对手、技术、法律以及环境等。商业人士缺乏的是对设计工具的掌握,这些工具可以补充其商业技能。

以下介绍6种商业模式的设计方法:客户洞察、创意构思、可视思考、原型制作、故事讲述和情景推测。

1. 客户洞察

企业在市场研究上投入了大量的精力,然而在设计产品、服务和商业模式上却往往忽略了客户的观点。我们要从客户的角度来看待商业模式,这样可以让我们找到全新的机会。这并不意味着要完全按照客户的思维来设计商业模式,而是在评估商业模式的时候把客户的思维融入进来。

苹果公司的 iPod 是一个很好的案例。苹果公司知道人们有搜索、下载和收听音乐等需求,并且用户愿意为这种能成功解决这些问题的服务付费。苹果公司为客户建立了一种无缝音乐体验,将 iTunes 音乐与媒体软件、iTunes 在线商店和 iPod 媒体播放器整合在一起。以这种价值主张为核心的商业模式,使得苹果公司成为在线数字音乐市场的领导者。

创新的成功需要依靠对客户的深入了解,包括环境、日常事务、客户关心的焦点及愿望。Xplane 公司开发设计的可视思考工具(通常称为"超简客户分析器"),可以帮助创业公司超越客户的人口学特征(比如年龄、性别和职业等基本特征),更好地理解客户的行为意愿等。

2. 创意构思

新的商业模式需要产生大量商业模式创意,并筛选出最好的创意,这是一个富有创造性的过程。这个收集和筛选的过程被称作创意构思。创意构思可以采取多种形式:团队构成的关键问题、全情投入的关键问题、扩展的关键问题、条件筛选的关键问题以及"原型制作"的关键问题。

3. 可视思考

对于商业模式的相关工作来说,可视思考是必不可少的。所谓可视思考,是指使用诸如图片、草图、图表和便利贴等视觉化工具来构建和讨论事情。因为商业模式是由各种构造块及其相互关系所组成的复杂概念,不把它描绘出来很难真正理解一个模式。有两种方便实用的视觉化思考的技术:便利贴和结合商业模式画布略图描绘。便利贴的功能就像创意的容器,你可以增加、减少或在商业模式构造块之间进行调整移动。而绘图比便利贴更加有效。草图和图画在许多方面都能发挥作用,最明显的作用是基于简单图画解释和交流商业模式。

4. 原型制作

原型制作来自设计和工程领域。在这些领域中,原型制作被广泛地用于产品设计、架构和交互设计。原型制作不必把商业模式原型看成某个商业模式草图；相反，原型是一个思维工具，可以帮助我们探索不同的方向——哪些是商业模式应该尝试选择的方向。原型作为探索新可能性的思考辅助工具，可以帮助我们更好地理解商业模式的本质。同样的设计理念可以应用于商业模式创新，通过创造商业模式原型，我们可以探索创意的各方面，比如新的收入来源。

5. 故事讲述

讲故事的目的，是要把一种新的商业模式以形象具体的方式呈现出来。故事的内容一定要简单易懂，主人公也只需要一位。可以从公司、客户两种视角出发。讲故事可以采用谈话和图画、视频片段、角色扮演、文本和图画、连环图画等技巧。

6. 情景推测

在新商业模式的设计和原有模式的创新上，情景推测能起到很好的作用。情景推测把抽象的概念变成具体的模型。它的主要作用就是通过细化设计环境，帮助我们熟悉商业模型设计流程。两种常见的情景推测是：描述不同的客户背景；描述新商业模式可能参与竞争的未来场景。客户情景推测可以在商业模式设计中引导我们作出正确选择，而在未来商业模式的设计中，一般比依靠头脑风暴更为方便和有效。对于 CEO 来说，必须理解设计新商业模式涉及的不同工具之间的区别。情景推测在思考方面需要非常多的顾虑，需要不断测试创新，让想法不要过早地僵化。

6.4 商业模式创新的逻辑与方法

2011 年以来，中国一直是世界第二大经济体。然而，中国企业早期粗放式的发展方式所导致的"肥胖症"已呈病态。据各类统计数据显示，中国绝大部分行业的产能处于过剩状态，各行业市场产品同质化现象十分严重，价格竞争成为大部分企业争夺市场的主要工具。在面对人民币不断升值、产业结构需要持续优化与调整的两大主题背景之下，如何保持中国制造在国际市场中持续的竞争力，保持国内各产业市场有序、健康、持续地成长，是中国政府与企业界必须面对的现实问题。因而，商业模式创新对于中国企业来说，是一个十分值得探讨的课题。商业模式的创新，包括对现有商业模式的改进和新型商业模式的创造，但无论是哪种创新，都必须遵循商业模式创新的逻辑与方法。

6.4.1 以价值创新为灵魂

价值是商业模式的核心内容，它说明了企业如何创造出顾客所需要的价值并从这些产品、服务中获取企业所需要的价值。因此，企业要想创新商业模式，就要从价值创新开始。价值创新的前提是具备发现未被满足的需求的能力。其实，未被满足的需求比比皆是，关键是我们常常缺乏发现的眼光。所以我们说，机会，是发现未被满足的需求；成功，是设计未被满足的需求。那么，如何发现未被满足的需求呢？我们认为可从三个层次去寻找：

（1）潜在的、未被竞争对手满足的需求，这是需求盲区。一般而言，在顾客关注的效用之上，还有很多待开发和满足的需求，对于企业来说，这既是挑战，更是机会。如果企业只是将目光集中在顾客当前的需求上，为极力满足这些需求下功夫，则势必导致在同一个层次上更为激烈的竞争。将满足顾客需求作为企业经营目标的定位只是一种权宜之计，企业只有通过创新来开发顾客需求才是超越竞争的根本手段。在不断创造顾客的过程中，企业获得了规模的扩大、效率的改善、资源整合能力的提升以及对社会越来越重要的影响。如施乐公司的顾客主要是大型企业与专业影印公司，由于看不到个人客户对于影印便利的需求，而失去开发桌上复印机的先机。虽然佳能在资源上无法与施乐竞争，但它采取了差异化策略，把复印机市场进行细化，发掘出尚未被满足的特殊顾客群，最后开发出简便型桌上复印机。

（2）变化中的、未被竞争对手关注的需求。通用电气公司曾经是世界最大的工业企业，但是，现在它80%的利润来自服务。就拿通用电气公司的机车生产来说，它是通用电气公司最为古老的生产部门，从1895年起，通用电气公司的工程师们就一直在生产机车——这个工业时代的"铁马"。韦尔奇曾指出："生产最新的高效能机车，这是你们肩负的使命。"这些都是制造的观念。然而，等到以客户的眼光审视自己的业务时，通用电气公司发现铁路所需要的已经不再是更大、马力更足的机车，而是希望用最小的成本运载最多的货物，他们真正需要的是能够经常处于工作状态的机车。也就是说，他们需要的是安排机车的方法更合理，出现故障的时候能够更快捷地修理等。如果能够解决上述问题，那么你就大大提升了铁路的表现，这些就是客户真正向往的东西。对于通用电气公司的机车生产部门来说，从投入到出成果、从产品到解决方案的观念转变，就像打开电灯开关一样简单。一旦灯亮了，通用电气公司马上就提出了一整套服务，比如计算机辅助调度系统能够帮助铁路公司更加有效地管理。得益于安装在机车上的设备，铁路公司和通用电气公司都可以随时随地掌握机车所在的位置。现在，如果机车出现故障，铁路公司无须打电话求助，通用电气公司的维修人员就可以直接赶往出事地点，排除故障。由于制造产品已经变得日益平常，对于客户来说也不再那么珍贵，因此，通用电气公司并不是唯一一家发现可以从产品的相关服务中获得比产品本身更多财富的公司。想一想，当你购买一台新电视机或者电脑的时候，当你从租售汽车的代理商那里获得财务担保的时候，你都可以得到一份服务合同。20世纪90年代，IBM公司的成功，很大意义上就是由于他们完成了从硬件生产商向解决方案提供商的战略转变。

（3）顾客自己也未必意识到的，可挖掘、创造的需求。例如海飞丝，以前大家不觉得长有头皮屑会有什么影响——没有这个意识，但是海飞丝首先宣传的是头上长了头皮屑是不利于公关交流的。它就是把我们平时常见的问题夸张、放大，然后让你感觉到这是一件很了不起的事情，当你认为这是件很严重的事情的时候，你还会用香皂和洗衣粉洗吗？所以说创造市场比发现市场更伟大。想到别人没有想到的，你就赢了第一步；做到别人想到的，你就赢了第二步；赢了别人渴望的，你就成了真正的赢家。知道事物应该是什么样，说明你是聪明的人；知道事物实际是什么样，说明你是有经验的人；知道怎样使事物变得更好，说明你是有才能的人。

另外，价值创新还需要突破十大边界：客户边界、需求边界、行业边界、原有产业链边界、企业边界、混乱边界、时空边界、传统与现代边界、产业资本与金融资本边界、行业生命周期的边界,从而改变供过于求、同质化竞争格局,也就是改变和提升客户的价值,改变企业在产业价值链中的地位,同时也改变企业自身的赢利能力。

6.4.2 以占领客户为中心

商业模式创新必须以客户为中心,由企业本位转向客户本位,由占领市场转向占领客户,为客户创造价值;从消费者的角度出发,认真考虑顾客所期望获得的利益。只有把竞争的视角深入到为用户创造价值的层面中,才能进入到游刃有余的竞争空间。

1. 精心研究客户需求

以客户为中心,就是要精心研究客户需求。要从客户角度出发,着重考虑的不是企业能够为客户提供什么,而是客户希望得到什么。客户的期望值比产品本身更重要。提高客户满意度的关键是企业必须按照客户的要求,有效地满足客户对自己产品或服务的期望值。客户的要求是多样化的,因而要进行筛选,针对客户的特殊需求,实现"差别化""个性化"服务。同时企业要预测需求、引导需求,挖掘客户的潜在需求。而这里的关键在于通过前瞻的判断、适度超前的眼光、科技的手段对客户加以引导。通过研究客户、引导客户、服务客户,在市场上赢得先机,在竞争中赢得胜利。

2. 实施大客户管理

营销学中著名的漏斗理论表明:由于企业将管理重心置于售前和售中,造成售后服务中存在的诸多问题得不到及时有效的解决,最终会使现有客户大量流失。企业为保持销售额,必须不断补充新客户,如此不断循环。因为争取新客户的成本显然要比留住老客户高得多,所以从客户营利性的角度考虑是非常不经济的。对于企业而言,服务好已有的高价值大客户的重要性不言而喻。无论什么样的行业,大客户都具有收入贡献大和业务增长潜力大的特点,是企业的"黄金客户",必须锁定大客户,建立客户经理制,对大客户实施定人服务、顾问服务、终生服务。

3. 实施客户互动管理

以客户为中心必须深化服务,实施客户互动管理。让顾客在企业经营过程中占主导地位,将客户前置,让其参与产品或服务的设计、制作、定价等过程。通过这种方式产生的新产品才能真正满足顾客的需求,有效提高顾客的忠诚度。戴尔公司的整个设计、制造、销售过程都紧紧围绕着消费者。公司所建立的直销业务从电话拜访开始,接着面对面交流,现在则可以通过互联网沟通,这些做法可以及时得到顾客的反应,全面获得顾客对于产品、服务和市场上其他产品的建议,并知道他们希望公司开发什么样的产品。

4. 创造新的附加值

一个产品的价格,实际上是由"产品成本+附加值"构成的。为什么同类型的产品,譬如手表,有的售价仅几十元,而有的却可以卖到数万元?这其中,"附加值"起着关键作用。如果不做任何限定,通过附加值给产品增值的方法非常之多,在实践中有三条主要途径:

(1) 文化附加值

随着物质生活水平的提高，文化消费需求不断上升，人们不再满足于产品的使用，更多地追求视觉的、听觉的或者其他感官的享受，这就是所谓的"体验消费"。

(2) 服务附加值

新的经营环境下，产品和服务相比，服务更为重要。比尔·盖茨认为，今后微软80%的利润将来自产品销售后的各种升级换代和维修咨询等服务，只有20%的利润来自产品销售本身。

(3) 附件附加值

现在产品本身获利越来越小，而主要的盈利点在于附件。最为典型的就是越来越多的网络游戏提供给玩家免费使用，真正的卖点是买卖道具。业内人士评价：传统的价格战是在做减法，缩减行业的规模和市场的容量，抢竞争对手的地盘，对行业有害无益。但免费网游实际上是在做"加法"，吸引了更多的玩家，创造新的需求，扩大了整个行业的规模。

6.4.3 以经济联盟为载体

当今科技的高速发展和产品的日益多样化，无论企业实力多么雄厚，单独控制所有产品和所有技术的时代已一去不复返。而传统的价值链中可挖掘的潜力已越来越少，向组织内部寻找生产力提高的来源也越来越难。据统计，目前企业创造的价值曲线，1/3源于企业内部，2/3源于企业之间。新的商业模式不再是企业的孤军奋战，必须以联盟为载体，发展联盟经济。通过合作，聚合彼此价值链上的核心能力，创造更大的价值和形成更强的群体竞争力。企业要发展联盟经济，必须做到以下三点：

1. 强化供应链管理

供应链是20世纪90年代以来，国际上出现的一种新的企业组织形态和经营方式。它是由消费者的需求出发，经过产品设计、原材料供应、生产制造、批发、零售、售后服务等环节，到最后把产品送到最终用户的各项制造和商业活动所形成的网链结构。

【小案例】

利丰集团的供应链管理

香港利丰集团是国际上实施供应链管理的典范。长期以来，生产商、贸易商与销售商都是从本身的角度考虑成本，很少理会整个产销流程的总成本，他们向来都是分段承担。进入20世纪90年代后，利丰集团在商业模式上大胆创新，公司以客户需求为中心，由"供""产"到"销"串成一"链"，形成整体解决方案，协调各个环节，达到为"全世界消费者提供合适、合时、合价的产品"的目标。此外，利丰集团还利用供应链管理有效地节约了成本，做到以更少的资源，做更多的生意，带来可观的回报。

（资料来源：利丰研究中心《供应链管理——香港利丰集团的实践（第二版）》）

2. 打造企业核心竞争力

核心竞争力是企业在市场竞争中，取得并扩大优势的决定性的力量。它的表现形式多种多样,可以是设计能力、制造能力、分销能力、运输能力、品牌或商誉。但究其本质,企业核心竞争力是企业深层次的能力结构,是企业特有的知识和资源,是企业获得竞争优势的特殊能力,是一种资源的异质性。核心竞争力必须对顾客所重视的价值有关键性的贡献,且有独特性、持久性和延展性等特征。

3. 外包非核心业务

业务外包是供应链管理中的重要构成。在有限的资源条件下,为取得竞争中的最大优势,企业仅保留最为关键的核心业务,将非核心业务外包出去,交由专业公司打理。外包可以与全球范围内的合适企业建立战略合作关系,借助外部的资源力量进行整合,实现更大的自身价值。对于很多大企业来说。外包业务已成为企业战略的一部分。如耐克公司,作为世界上驰名的运动鞋制造商,公司为生产一双完整的运动鞋,只生产其中最关键的部分——耐克鞋的气垫系统,而其余部分都是由外部供应商提供的。

6.4.4 以应变能力为关键

达尔文曾经说过:"并不是最强壮的物种得以生存,也不是最有智慧的物种得以存留,只有那些最能适应变化的物种才能繁衍不断。"自然法则也同样适用于当今所有的经济实体。如果说商业模式决定了企业的成败,应变能力则是商业模式成败的关键。应变能力是企业面对复杂多变市场的适应能力和应变策略,是竞争力的基础。

1. 时间是第一成本

当今社会,不仅仅是规模经济的竞争,更是速度经济的竞争,时间是第一成本。企业必须因时、因地、因竞争对手、因顾客消费心理的变化等做出快速调整,要在变化中把握方向和机遇快速发展。为了达到这一目标,企业搜集市场信息时要突出"早"和"全",做应变决策时要突出"快"和"准",这样才能争取主动,抢占先机。在实践中要能灵敏地掌握信息,准确做出判断、正确做出决策、快速行动并敢冒风险。实践证明:能够取得持续发展的企业,都是那些应变能力强,具有先发效应的企业。目前,网络即时通信工具越来越多,但是这些工具都很难撼动 QQ 的垄断地位。因为 QQ 一直注重研究用户需求,在产品、服务、经营三方面千方百计地满足用户的需求,从语音聊天到视频聊天,从网络游戏到网上拍卖,现在又有了微信,每一次推出的新服务都切合时代的发展,抓住了用户的心,从而保持了先发优势。

2. JIT 随需而变

JIT 是 Just In Time 的简称,即准时制生产方式,又称无库存生产方式。企业必须随市场需求而变,要紧随市场,以有限的资源获取最大的收益。JIT 正是在这一背景下应运而生。它是一种应市场需求而变的"拉动式"管理体系。JIT 观念的确立可以促使企业按市场规律办事,在各个环节做到在准确的时间、准确的地点,提供准确的产品,达到消除浪费、节约时间、节约成本和提高物流服务质量的目的。JIT 是从顾客的角度,而不是从企业或职能部门的角度来研究什么可以产生价值;按整个价值流确定供应、生产和配送产品所有必需的步骤和活动;创造无中断、无绕道、无等待、无回流的增值活动流;及时创造仅由顾客拉动的价值;随市场而变,不断消除浪费,追求完善。

3. 个性化定制

随着全球经济的发展，市场竞争的加剧，原先相对稳定的市场变成了动态多变的市场；产品的生命周期缩短、品种增加、批量减小，顾客对产品的交货周期、价格和质量的要求也越来越高。在这种背景下，个性化定制日渐风靡，企业传统的商业模式受到了挑战。这种新的生产方式全面考虑了制造运作系统控制的需求集合，包括：产品品种的迅速增加、批量变小和订单的随机性增大等。其主要优点有：使企业能够提供满足客户个性化需求的产品、更好地适应市场的快速变化、有利于降低生产成本、有利于过程和产品的持续改善、有利于企业的长期生存和发展。戴尔公司就是大规模定制的先驱者。

6.4.5 以信息网络为平台

随着互联网的迅速发展，全球经济网络化、数字化已成为时代主旋律，网络经济正以经济全球化为背景，以现代信息技术为手段，深刻地影响着人类经济和社会的发展。新的商业模式必须重视信息网络的力量，脱离信息网络平台，企业将无竞争力可言。

1. 构造虚拟经济的竞争力

由于互联网技术的飞速发展，全球上网企业和用户随之迅速增长，网络虚拟空间正在为世界经济提供一个全新的、倍增的利润来源。越来越多的企业日益关注自身在网络环境的生存与发展，因而构造网络虚拟空间的竞争力已刻不容缓。信息社会，网络平台可以造就无数神话。企业必须具有敏锐的商业意识，抓住商机，驰骋在网络世界，同时很好地与现实相衔接。号称网络第一食品的"QQ能量枣"，以"虚拟+现实"的商业模式被业界广为称道。传统食品企业绿盛公司与天畅科技公司合作，首次在网络游戏中销售真实物品，游戏玩家可以在游戏中的虚拟食品店，下单购买真实物品，通过专门配送系统，可立即送到购买者手中，买家还可选择事前信用卡付款或货到再付款。这是国内首次将传统产业嵌进网游产业，形成网络内外的互动对接，在网络时代首次实现了"真实生活"与"虚拟生活"的对接。

2. 加快企业商务电子化

当今，企业的竞争力与企业的信息化水平的关系日益密切。传统企业管理只有与信息技术有机融合，通过企业商务电子化，强化物流、资金流、人员流及信息流的集成管理，推动企业全面的管理变革，才能不断提高运行效率和应变速度，为企业的发展带来新的增长空间。企业商务电子化是一种全新的商业模式，它将企业经营的全部商务活动，通过信息技术实行电子化、数字化运作，可以大大提高效率，降低成本，缩短周期，增强竞争能力。

3. 推动流程再造

信息技术的飞速发展，从根本上改变了组织收集、处理、利用信息的方式，从而推动组织形式的巨大变革。重构企业组织结构的核心是实施流程再造：原有的塔形结构正在被精良、敏捷、具有创新精神的扁平化"动态网络"结构所取代。在这种结构中，一方面计算机系统将取代中层管理和控制部门的大量职能，加强决策层与执行层的直接沟通，使中层管理减少层次，削减机构规模。另一方面，各种"工作小组"成为企业的基本活动单位，管理方式从控制型转为参与型，实现了充分授权。

商业模式创新的逻辑与方法也是创新商业模式的指导原则和基本要求。当然，在实践中应当因地制宜，灵活应用，结合实际进行创新。任何商业模式都有其适合的环境和生存的土壤。好的商业模式必须始终保持灵活性和应变能力，只有具有动态匹配商业模式的企业才能获得成功。

中国企业的发展经历了要素驱动和投资驱动两个阶段后，现在已经进入创新驱动的发展阶段。技术创新固然重要，但必须以商业模式创新为先决条件，否则技术创新的市场价值将无法实现。现在，中国企业最缺的是成功的商业模式，因此商业模式的创新成为当今中国企业竞争制胜的关键。

本章小结

1. 商业模式从本质上来讲就是指企业创造价值的方式和内在逻辑，即企业在一定的价值链或者价值网络中通过不同要素的组合，向客户提供产品和服务并获取利润的一种系统结构。

2. 确定一个企业的商业模式通常要清晰地回答以下四个问题：如何创造独特的客户价值、如何高效率地配置资源、如何革命性地降低成本以及如何扩大利润来源并保持持续盈利。简单来讲，商业模式所反映的就是一个经营单位为谁提供价值？提供什么价值？如何提供价值？是否有盈收（成本多少？收益多少？）？根据以上的论述，我们把构成一个完整商业模式体系分解为三大模块：发现价值（价值主张）、创造和让渡价值（运营体系）、获取盈收（收益和成本的差额）。而在运营体系里又根据价值生态的构成分解为重要合作、关键业务、价值交付、价值实现、关系维护和目标客户，这样就一共有9大要素。

3. 亚历山大·奥斯特瓦德和伊夫·皮尼厄提出的商业模式设计流程分为五个阶段：动员、理解、设计、实施和管理。五个阶段并非按部就班地线性进行，尤其是理解和设计阶段往往是同步进行的。

4. 商业模式的重要工具是画布，其有九个构造板，分别是客户细分、价值主张、渠道通路、客户关系、收益来源、关键资源、关键活动、重要合作、成本结构。

5. 商业模式创新必须遵循的逻辑与方法：第一，以价值创新为灵魂；第二，以占领客户为中心；第三，以经济联盟为载体；第四，以应变能力为关键；第五，以信息网络为平台。

复习思考题

1. 什么是商业模式？
2. 商业模式的设计流程是什么？
3. 商业模式的构成要素有哪些？

推荐阅读

1. 亚历山大·奥斯特瓦德、伊夫·皮尼厄，著，《商业模式新生代》，王帅、毛心宇、严威译，机械工业出版社，2011年11月。
2. 魏炜、朱武祥，著，《发现商业模式》，机械工业出版社，2009年6月。
3. 亨利·伽斯柏，著，《开放型商业模式》，程智慧译，商务印书馆，2010年11月。
4. 钱志新，著，《新商业模式》，南京大学出版社，2008年5月。
5. 大前研一，著，《数字化商业模式》，中信出版社，2006年4月。
6. 王琴，著，《跨国公司商业模式》，上海财经大学出版社，2010年1月。
7. 程源，等著，《云：7种清晰的商业模式》，机械工业出版社，2011年6月。
8. 陈明，著，《新媒渠，一种全新的商业模式》，中山大学出版社，2010年4月。
9. 陈明，著，《新媒渠——中国营销实践版Ⅰ》，中山大学出版社，2011年1月。

课堂自测题

一、单选题

1. 商业模式的本质是（　　）。
    A. 企业创造价值的逻辑　　　　B. 企业创造价值的方式和内在逻辑
    C. 企业进行商业活动的方式　　D. 企业的运营方式
2. 企业的经营主要是围绕哪四个要素来展开的？（　　）
    A. 价值、资源、成本和利润　　B. 价值、资源、成本和收入
    C. 价格、资源、成本和利润　　D. 价格、资源、成本和收入
3. 以下选项中，策略型商业模式不包括（　　）。
    A. 业务模式　　B. 赢利模式　　C. 渠道模式　　D. 组织模式
4. 商业模式的三大构成要素是（　　）。
    A. 价值交付、运营体系、获取盈利　　B. 价值主张、运营体系、获取盈利
    C. 价值主张、价值创造、获取盈利　　D. 价值交付、运营体系、价值获取
5. 商业模式创新的灵魂是（　　）。
    A. 价值主张　　B. 价值创造　　C. 价值创新　　D. 价值实现
6. 企业要发展联盟经济，必须做到的三点是（　　）。
    A. 强化供应链管理，打造企业核心竞争力，加快企业商务电子化
    B. 强化供应链管理、推动流程再造、加快企业商务电子化
    C. 推动流程再造，加快企业商务电子化，外包非核心业务

D. 强化供应链管理，打造企业核心竞争力，外包非核心业务

7. 创造新的附加值的三条主要途径不包括（   ）。

   A. 文化附加值　　B. 服务附加值　　C. 资源附加值　　D. 附件附加值

二、判断题

1. 商业模式是企业在一定的价值链或者价值网络中通过不同要素的组合，向客户提供产品和服务并获取利润的一种系统结构。（   ）

2. 关键活动是创造和提供价值主张、接触市场、维系客户关系并获取收入的基础。（   ）

自测题答案二维码

3. 如果说商业模式决定了企业的成败，占领客户则是商业模式成败的关键。（   ）

案例研讨

有米传媒：移动广告行业的领航者

来自华南理工大学的"85"后新锐创业者陈第，从小就怀有创业梦。在大学期间，他就积极参加"IBM 主机应用创新大赛""微软精英大挑战"等大型比赛。在一次中国移动主办的比赛中，陈第看到了国内智能手机广告的巨大商机，临近毕业，陈第和他的"华工合伙人"创办了国内首个移动广告平台——"有米广告"。

有米广告是对广告业商业模式的创新，包括广告展现模式的创新、收费方式的创新以及用户体验的创新。它主要聚焦于移动广告业，推出了很多的产品，如积分墙、积分插播广告、高速下载、广告条、自定义广告和飘窗广告等。

有米积分墙是在 APP 内展示各种广告任务以供用户完成任务获得虚拟币的页面，在用户完成任务获得虚拟币的同时，APP 的开发者也能获得收入。

高速下载是有米为提升开发者收入和广告转化率而推出的一项开发者增值业务，即在积分墙详情页面"普通下载"基础上增加"高速下载"功能，用户首次使用高速下载功能需要先安装一个容量大小为 1.5 M 左右的高速下载器，下载器与积分墙无缝跳转，此后用户只需要点击"高速下载"即可进入高速下载器进行应用的下载安装，下载速度提升 45% 以上。这也极大提升开发者收入，用户使用高速下载器下载安装积分墙的应用时，开发者即可额外获得 0.05 元的奖励（1000 次安装 50 元）。

飘窗广告，是有米在 Banner 广告条的基础上重新构架其展示机制和形式的升级之作，其所展示的广告内容在应用使用过程中，会以"飘"的动作从屏幕顶部滑出，并在展示一段时间后"收起"，即如果用户在 5s 内不对广告进行点击，飘窗将自动收起，在下次调用广告前不占用手机屏幕资源。

凭借着对市场的敏锐洞察力，对移动广告业模式的不断探索，以及团队良好的创新意识，经过短短三年的辛勤耕耘，陈第和他的"华工合伙人"的创业成果——"有米

广告"已经颇具规模。2013年3月，陈第入选福布斯中国三十位30岁以下创业者名单，并在当年8月宣布有米传媒成功获得第二轮一亿元人民币的融资，这引起了投资界和移动广告行业的巨大轰动。如今的有米传媒已经成了移动广告行业的领航者。

思考：

请用商业模式画布解构"有米传媒"的商业模式，并对其核心价值和商业逻辑做简要阐述。

第7章 创业计划

> 创业计划书是创业者叩响投资者大门的"敲门砖"。对于正在寻求资金的风险企业来说,创业计划书就是企业的电话通话卡片。
>
> ——张小强(《今天,你创业了吗?》)

【学习目标】

- 了解创业计划的作用
- 了解创业计划书的基本结构
- 学会撰写创业计划书
- 熟悉创业计划书的常见问题和展示

【读书笔记】

在《今天,你创业了吗?》一书中,作者运用大量篇幅来说明创业计划书该如何撰写。创业计划书会因为需求对象的不同而有不同的内容重点和撰写方式。一般创业计划书可以分成三种类型:其一是为了吸引投资家的注意,称之为简报摘要计划书;其二是为了满足投资评估上的需求,称之为评估创业计划书;其三是作为创业者事业发展规划的自我参考书,称之为经营管理计划书。无论是哪一种类型,我们在撰写创业计划书的过程中都应该关注产品、竞争对手、市场、顾客、行动方针和管理团队等。

7.1 创业计划概述

古人云:"兵马未动,粮草先行。"创业更是如此。创业前,如果创业者能够根据自身的实际情况拟定一份周详而又可行的计划,将有助于创业者在今后的创业中把握正确的方向,更好地规避各种创业风险,同时最大限度地获得外界的帮助。因此,一份好的创业计划书往往是衡量创业项目未来发展前景的判断标准。

创业计划,也称为"商业计划",是由创业者在创业初期所编写的一份书面计划,用以描述创建一个新企业时所有相关的内外部环境条件和要素,包括商业前景展望、人员、资金、物质等各种资源的整合,以及经营思想、战略确定等。它是为创业项目制定的一份完整、具体、深入的行动指南。创业计划类似于一幅公司发展的路线图,用来回答这样的问题:我们现在在哪里?我们要去哪里?我们如何到达那里?

7.1.1 创业计划的作用

一份完善的创业计划书,既是与外部投资者沟通的桥梁和媒介,也是指导新创企业走向成功的路标。美国有关研究表明:美国快速成长的企业中 68% 从商业计划书开始;

有商业计划书的企业与没有商业计划书的企业相比，从快速获得收入来看，其成功率提高了69%；考夫曼创业领导中心调查获年度奖的创业家的结果表明：制订了商业计划的企业与没有制订计划的企业相比，有50%的企业销售额更高，有12%的企业获得更高的利润。从以上的数据可以看到，在创业前，做一份较为完善的计划对于创业者有着重要的价值，具体表现在以下几方面的作用：

1. 为创业活动提供行动指南

每一位创业者在创业之初都会对创建企业的发展方向以及经营思路有一个粗略的设想，但如果把这一设想编写成规范的创业计划，则会发现自己要从事的事业并非如当初所设想的那样容易。比如：资金不足或市场增长率等等，有些时候还不得不放弃创业的念头。所以，硅谷著名的创业家和风险投资者盖伊·卡维萨基曾这样写道：一旦他们将商业计划写到纸上，那些希望改变世界的天真想法就会变得实实在在且冲突不断。因此，文件本身的重要性远不如形成这个文件的过程。即使你并不试图去集资，你也应该准备一份创业计划书。创业计划书可以更加严格地、客观地帮助创业者从整体角度观察自己的创业思路，分析创业的影响因素，明确经营方向和目标，能够使创业者保持清醒的头脑，以避免未来因企业破产或失败而可能导致的巨大损失。另外，在研究和编写创业计划书的过程中，经常会发现经营机会并不完全与所期望的一样，此时，创业者会根据实际情况采用不同的策略使创业活动更加可行。甚至可能有这种情况，即创业者在完成了计划的撰写后，意识到企业将要面临的障碍是不可避免或不能克服的，因此，风险企业可能还在纸上的时候就夭折了。综上所述，创业计划的编写过程为创业者提供了自我评价的机会，这个过程强迫创业者把他的设想带到客观现实中去考虑各种问题，一份完善的创业计划，可以成为创业者的创业指南或行动大纲。

2. 科学规划和安排创业活动

创业计划的主要内容涉及新企业的运作模式、资金规划、营销策略、风险分析、内部管理等所有的创业活动。制订创业计划，可以使创业者对产品开发、市场开拓、投资回收等一系列重大的战略决策进行全面的思考和规划，并在此基础上制订具体清晰的营运计划，周密安排创业活动，为有效的日常管理提供科学依据。

3. 获得创业投资者的支持

美国的一位著名风险投资家曾说过："风险企业邀人投资或加盟，就像向离过婚的女士求婚一样，而不像和女孩子初恋。双方各有打算，仅靠空口许诺是无济于事的。"风险企业同传统企业相比，两者之间最大的差别就在于前者没有任何绩效记录或一定时间的经营经历，对迫切需要风险资金投入的风险企业或创业者而言，只能通过商业计划书，向风险投资者描绘未来的企业；而风险投资者面对大量的潜在可行的创意时，也只能通过对创业投资方案的评估来做出选择。从国内外风险投资发展的经验来看，风险企业是否有很好的商业计划，对于能否成功地吸引风险投资是极为关键的，因而，一份高质量且内容丰富的计划书往往被称为新创企业吸引风险投资的"敲门砖"或"金钥匙"。它将会使投资者更快、更有效地了解投资项目，将会使投资者对项目充满信心，并投资参与该项目，最终达到为项目筹集资金的作用。

7.1.2 创业计划书的基本结构

不同企业的创业计划书形式和内容不尽相同,这通常取决于创业项目的类型、创业者的偏好特征、计划书的阅读对象等。创业者在编写过程中要注意研究不同的创业计划书阅读对象所关心的问题和期望,动态调整计划书的内容,突出重点和优势,以引发他们的投资兴趣和对项目的关注。一份完备的创业计划书的结构通常包含十个部分,其基本框架如表7-1所示。

表7-1 创业计划书框架

导言	(1) 企业名称和地址 (2) 负责人姓名和地址 (3) 企业性质 (4) 对融资要求的陈述 (5) 报告机密性陈述	营销计划	(1) 定价 (2) 分销 (3) 促销 (4) 产品预测 (5) 控制
执行摘要	简要说明整个计划的主要内容	组织计划	(1) 企业所有制形式 (2) 组织结构 (3) 创业团队情况 (4) 组织成员的角色和责任
行业分析	(1) 未来趋势和展望 (2) 竞争者分析 (3) 市场细分 (4) 行业预测	财务计划	(1) 现金的来源和运用 (2) 预计损益表 (3) 现金流预测 (4) 预计资产负债表 (5) 盈亏平衡分析 (6) 预计投资回收期
创业企业的描述	(1) 产品或服务 (2) 企业规模 (3) 办公设备和人员配备 (4) 创业者背景	风险评估	(1) 企业弱势分析 (2) 新技术 (3) 应急计划
生产计划	(1) 生产过程 (2) 厂址选择 (3) 质量保证 (4) 库存管理 (5) 设备管理 (6) 原材料供应商情况	附录(包括补充材料)	(1) 信件 (2) 市场研究数据 (3) 租约或合同 (4) 供应商报价单

7.1.3 创业计划书的内容

下面对创业计划书的基本结构中每部分的具体内容做简单介绍。

1. 导言

该部分为整份计划书的封面页,该页对创业计划书的全部内容作了一个简练的概括。导言部分一般包括如下内容:

(1) 公司名称、地址。

(2) 创业者姓名、电话号码。

(3) 公司及其经营特点描述。

(4) 所需筹措资金数量。创业者可以提供一个一揽子方案,包括股票和债券融资等。

(5) 有关报告的保密性的陈述。为了安全起见,这一段的陈述对创业者来说是非常重要的。

也有很多的计划书没有导言,而是把导言部分的内容分别安插到封面、附件等部分里。

2. 执行摘要

摘要是创业计划中最重要的一个独立部分,它是对整个创业计划的高度浓缩,也是整个创业计划的精华所在。这一部分最先映入读者的眼帘,如果其内容不能激发读者的兴趣,读者就没有继续看下去的欲望。如果创业计划是用于吸引创业投资,那么,摘要就显得更加重要。由于风险投资家的精力和时间有限,不可能把同时受理的所有创业计划都逐个仔细研究,通常他们都是先浏览创业计划的摘要部分,通过从这部分获取的信息来判断是否有继续读下去的必要。如果创业者的摘要部分不能让投资家产生"一见钟情"的效果,那么,计划书后面的内容写得再好、项目本身多有吸引力,都有可能无缘与投资家见面。因此,一定要高度重视创业计划中的摘要部分。

执行摘要虽然位于创业计划书的最前面,但它一般应在其他部分完成后再编写,只有这样,才能完成对整个计划书的准确、精炼概括。

摘要需要有自己的立足点,应以简洁和可信的方式强调创业计划各部分的要点,更要让读者确信新企业将会成功。摘要篇幅尽量控制在2～3页纸内。

摘要一般应重点突出以下内容:

(1) 企业简介。主要介绍企业的基本情况,包括是否已成立公司、公司名称、公司法律形式、注册资本、主要股东、股份比例、联系方法及联系人等。

(2) 产品/服务描述。产品/服务的介绍,产品开发情况,产品的特点,产品的新颖性、独特性。

(3) 竞争优势。描述相关市场的竞争状况,指明企业的创新产品有哪些竞争优势,分析企业能够在竞争中取胜的原因。

(4) 目标市场和预测。解释要进入的目标市场以及选择这一目标市场的原因、市场发展趋势、细分市场的大小及增长率,预测销售数量和总额,预测市场份额,最好能提供市场调查和研究分析的结果。

(5) 营销策略。说明如何进入目标市场,在价格、促销、建立销售网络等方面拟采取的策略及其可操作性和有效性,对销售人员的激励机制等。

(6) 盈利能力和收益潜力。概述企业的毛利和经营利润,期望盈利率和盈利的持续时间，实现盈亏平衡点和正现金流产生的大致时间表，关键财务开支预测、预期投资回报等。

（7）管理团队。说明创业团队及每个成员的背景、经验和能力，特别是企业创始人和主要决策人的情况。

（8）企业需求描述。简要说明企业所需的债务融资额度。

3. 行业分析

创业者在创业之前，通过行业分析来确定可能会对新创企业产生影响的国内外市场的发展趋势和变化，充分了解竞争对手的情况，从而将新创企业放在一个适当的背景下分析是非常有意义的。清晰而准确的行业分析对风险投资者是最具吸引力的，它是投资者决定是否进入市场的关键因素。潜在的投资人往往需要根据多个指标来评价新企业。因此，创业者在写计划书之前要通过市场调查研究，收集本行业的信息，再进行客观的分析，然后在计划书中描述重点的分析结果。不同行业进行行业分析的具体情况是有一定差异的，但一般涉及的内容主要有：对企业所在行业历史成就和发展趋势的分析、目标市场和客户的识别、竞争对手分析等。在这一部分中，常用的分析方法有环境分析的PEST方法、环境与竞争分析的SWOT方法、行业竞争分析的波特五力模型等。表7-2列出了一些值得创业者考虑的关键问题。

表7-2　行业分析中的关键问题

序号	问题
1	在过去5年中，该行业的销售总额是多少？
2	该行业预计的增长率如何？
3	在过去3年中，该行业有多少新进入公司？
4	该行业最近有什么新产品上市？
5	最接近的竞争者是谁？
6	你的企业如何经营才能超过该竞争者？
7	你的每个主要竞争者的销售额是在增长、减少还是保持稳定？
8	你的每个竞争者的优势和劣势是什么？
9	你的客户的特点是什么？
10	你的客户与你的竞争者的客户有什么区别？

4. 创业企业的描述

这一部分主要是对新创企业的产品、服务和运营情况进行整体描述，以帮助投资者明确企业的规模和经营范围。这一部分主要涉及的内容有：产品或服务的描述、企业的经营地点及规模、所需人员及设备、创业者本身的情况、企业的历史等。表7-3总结了创业者需要回答的重要问题。

表7-3 创业者需要回答的重要问题

序号	问题
1	你的产品或服务是什么?
2	产品或服务的具体描述,包括专利、版权、商标等情况。
3	公司选址。
4	你的办公场所是新的还是旧的?需要改造吗?如果需要,列出成本。
5	该办公场所是租赁的还是自己买的?
6	为什么该建筑物或地点适合你的企业?
7	企业运营需要哪些额外的技能和人员?
8	需要什么办公设备?
9	这些设备是购买或是租赁?
10	你的商务背景是什么?
11	你具有什么管理经验?
12	你(或团体)的教育程度、年龄、特长以及兴趣?
13	你参与这个企业的原因是什么?
14	为什么你会在这个风险企业中获得成功?
15	到目前为止,有哪些开发工作已完成?

5. 生产计划

生产计划主要完整描述产品的制造过程。如果新创企业属于制造业,则必须制订一份生产计划。

如果制造过程全部由创业者完成,则需要描述生产的厂房布局、生产工艺流程、机器和设备的需求、原材料供应商的选择、产品制造成本、未来所需要的固定资产的投入等。如果生产过程有分包,则应有选择分包商的理由、分包成本和分包协议等内容的描述。这一部分内容是以后投资谈判中对投资项目进行估值时的重要依据,也是创业者所占股权的一个重要组成部分。生产计划的关键问题如表7-4所示。

表7-4 生产计划的关键问题

序号	问题
1	你将负责全部还是部分制造工序?
2	如果某些制造工序被分包,谁将成为分包者?(姓名和地址)
3	为什么选择这些分包者?
4	分包部分的制造成本是多少?
5	生产过程的布局怎样?(最好有图示)
6	产品的制造需要什么原材料?

续表

序号	问题
7	原材料的供应商是谁？相应的成本怎样？
8	产品制造的成本是多少？
9	企业未来所需要的固定资产投资是多少？
10	如果是零售或服务型企业，需回答： （1）所需商品从哪里进货？ （2）如何进行库存管理？ （3）库存量应该是多少？存货如何销售出去？

如果新建企业不是生产企业而是零售或服务业，这部分内容很多时候也叫运营计划，其计划描述包括货物购买、库存管理、交易方式等内容。

6. 营销计划

营销计划是创业计划中的一个重要组成部分。它着眼于与营销组合变量（产品、价格、分销及促销）有关的决策，并考虑如何将计划加以实施，是一个以年度为基准的计划。撰写这一部分时应注意两点：一是营销计划要以顾客为导向；二是营销计划需说明要做什么、如何做、何时做以及由谁来出售产品。营销计划通常包含以下内容：

（1）总体营销战略。营销战略是企业开展市场营销的战略性纲领。它主要描述新创企业的特定营销理念和战略，包括对市场细分、目标客户群的描述，客户识别和接触的方法；强调产品或服务的哪些特征可增加销售额、创新的营销理念和商务模式对销售能力的开发和提升；设想产品或服务进入新的区域市场（全国或国际）的前提条件和时机，说明未来的销售拓展计划。

（2）定价策略。价格通常是影响交易成败的重要因素，也是营销组合中最难以确定的因素。定价是从用户的角度精确地衡量一个产品价值的完整的过程。价格是用户价值的体现，定价是一种"艺术"，一种高风险的"赌博"。要考虑的因素很多，例如：比较你和主要竞争对手的定价策略；分析产品的成本和最终销售价格之间的毛利润；指出该利润在抵扣分销、培训、售后服务、开发和设备成本分摊、价格竞争等成本后，是否仍有利可图。这一部分说明你的定价是否能让客户接受，并在市场竞争中赢得并保持市场份额等。

（3）销售策略。说明销售和分销产品或服务拟采用的方法（如建立自己的销售团队、现存的销售组织、网上销售、利用分销商等），为销售队伍制订短期和长期的计划，讨论给予批发商、分销商、零售商和销售人员的利润以及有关销售折扣、独家代理权等销售政策，编制销售人员的销售计划，设计销售人员的绩效薪酬机制。

（4）促销和广告。主要说明新创企业如何通过人员推销、广告、公共关系和营业推广等各种促销方式，向消费者或用户传递产品信息，引起他们的注意和兴趣，激发他们的购买欲望和购买行为，以达到建立产品形象、维护市场份额、巩固市场地位等目的；在这一部分内容中最好列出广告和促销的计划和成本概算，设定广告和促销的销售目标和预期效益。

(5) 分销策略。说明拟采用的分销方式和分销渠道，指出物流成本占销售价格的比例大小，估计分销渠道上的问题和困难，设计相应对策。表 7-5 总结了创业者在营销计划中需要回答的关键问题。

表 7-5 营销计划的关键问题

序号	问题
1	客户是谁？住在什么地方？他们购买什么？从哪里购买？为什么？
2	如何让客户知道你的产品或服务？
3	如何吸引更多的客户？
4	销售额多少，市场份额多少？
5	采用了怎样的促销和广告手段，哪种手段更有效？
6	市场上定价的变化怎样，谁引起了这些变化？为什么？
7	对竞争产品的市场态度是怎样的？
8	分销渠道怎样？他们如何起作用？
9	竞争对手是谁？他们分布于什么地方？他们有什么优势与劣势？
10	最成功的竞争者运用的是什么营销技术？最不成功的竞争者又采取什么营销技术？

7. 组织计划

被誉为"全球风险投资之父"的美国风险投资家多里特有一句名言："我更喜欢拥有二流创意的一流创业者和团队，而不是拥有一流创意的二流创业团队。"从中可以看到在风投资者考察企业时，人是非常重要的因素。这个观念如今已成为风险投资界的一个投资原则。实际上，风险投资家在选择投资项目时，往往首先评价的要素是创业者和创业团队，接着才是技术先进性、产品独特性和市场潜力及赢利前景等。因此，创业者在考虑这部分计划时，需要认真考虑创业团队的组建，阐明企业的组织结构和主要管理人员的相关情况，重点展示管理团队的凝聚力和战斗力，使潜在合作者和投资者了解企业的管理团队是由一批具有丰富管理经验和较高职业道德的人士组成的。优秀管理团队将确保企业更好地抓住商机，获得更多人的支持，以有效方式实现企业的创业目标。同时，也能够提高本身的创业成功信心。一份完整的组织计划书一般包括以下几方面的内容。

(1) 企业的所有权形式

创业者在创立企业的时候，必须解决的一个重要问题是企业应该选择怎样的法律组织形式。创业者应根据创业者和企业投资者的目标，认真评估各种所有权形式的优点与缺点，同时根据自身的实际情况和外部限制条件做出合理的选择，并随着将来情况的变化做出相应的调整和变更。常见的所有权形式包括：

① 个体工商户：是一种简便的创业组织形式，比设立企业条件低。例如，对投资额没有限制，不需会计师验证资产，经营者可以是个人或家庭，对债务承担无限责任。

② 合伙企业：是由合伙人（至少两个以上）订立合伙协议，共同出资、合伙经营、共享收益、共担风险，并对合伙企业债务承担无限连带责任的营利性组织。

③ 有限责任公司：是指由 50 人以下的股东共同出资，所有股东均以其出资额为限对公司债务承担责任的企业法人。

④ 股份有限公司：公司以全部资本分为金额相等的股份，所有股东均以其所持股份对公司债务承担责任。公司以其全部资产对公司的债务承担责任。

(2) 组织结构

可以用一张结构图一目了然地描述组织结构，表示组织中所设置的各个岗位的层次关系，每个成员的简要职务说明，每个成员所承担的责任和拥有的权力。各阶段的结构图复杂程度可以不一样，结构也可以在创业的过程中进行适当调整。

(3) 核心管理人员背景

对管理团队中每个关键人员做简要介绍，内容包括他们的职责、工作经历、经营业绩、受教育程度、管理背景和能力等，特别是专门技术、技能和成就的记录。这些对于投资者的评价和信心至关重要。

(4) 管理层薪酬及股权

说明管理层的年薪水平、薪酬结构和薪酬形式，计划安排的股票所有权和每个关键成员股权投资的数额。若有劳动协议，可放在附录中。

(5) 董事会

描述董事会的成员背景、组成结构，指出他们能为企业带来的好处。

(6) 顾问及服务支持

列出拟选择的法律、会计、咨询、银行顾问等的情况，说明他们将为企业提供什么帮助。表 7-6 总结了创业者在组织计划需要回答的关键问题。

表 7-6 组织计划的关键问题

序号	问题
1	组织的所有制形式是什么？
2	如果是合伙制企业，谁是合伙人以及合伙协议的条款是什么？
3	如果是股份公司，谁是主要的股票持有者以及他们拥有多少股票？
4	谁是董事会成员？（给出姓名、地址及简历）
5	谁是创业团队的成员，他或她的背景怎样？
6	团队每个成员的角色和责任是什么？
7	团队成员的薪水、红利或其他形式的工资怎样？

8. 财务计划

财务计划的制订是创业计划中所有定性描述进行量化的一个系统工程。它的一个作用是为创业者提供一份依据财务基准进行财务管理的计划；另一个作用是展示企业的潜力，令潜在的投资者明确创业者计划怎样来满足各项资金需求，维持适当的流动性，保证债务的偿付，获得良好的投资回报。一般来说，为了满足外部投资者的要求，财务计划需要列出企业头三年的预估财务数据，且需要其中的第一年的月度数据。财务计划通

常包括以下内容:

(1) 资金的来源和使用

说明未来3～5年内企业的资金需求、来源和使用。

(2) 预计现金流量表

流动资金是企业的生命线,现金流量表的某些细节将反映新创企业运营时出现的资金短缺的情况,很多企业甚至因此而面临破产。这一部分的分析应详细说明预期现金流的流出及流入金额和时间,预测必需的额外融资和时间,并指出营运资金需要的高峰期,指出如何通过股权融资或银行贷款等方式获得额外融资,以及获得的条件和偿还方法,讨论现金流对各种企业因素假设的敏感程度。在营业的第一年,应该估计每个月的现金流量,其后的两年可以按每个季度估算,尽量作相对保守的估计。

(3) 预计资产负债表

资产负债表综合反映创业期内各年末资产、负债和所有者权益的增减变化以及对应关系,用以考察企业资产、负债、所有者权益的结构是否合理,进行清偿能力分析。在创业第一年按每半年编制一次预计资产负债表,在营运最初三年,每年年末编制一次。

(4) 损益预估表

损益预估表是财务管理的利润计划部分,可以表明新创企业的潜在财务可靠性。用销售预测和随之产生的生产或营运成本准备至少最初三年的预计损益表,充分讨论编制过程中的各种财务假设,考虑创业计划中所提到的各种风险因素对预期损益值的影响。

(5) 盈亏平衡分析

计算盈亏平衡点,用图显示达到盈亏平衡的时间,预测达到盈亏平衡的难易程度以及影响因素,分析万一企业没能达到预期销售量,如何降低盈亏平衡点。

总之,在制订财务计划时,坚持谨慎原则最为重要,以保守的估计,赢得理性的收益,将为新创企业的成功奠定信用基础。

9. 风险评估

每一个新创业企业不可避免地将面临一些潜在风险,例如,竞争对手太强,客源流失,自身在生产、管理方面的弱势、技术进步所带来的产品过时、现金流不足等。识别并讨论企业的各种主要问题和风险,可以增加投资者对你的信任度,有助于向投资者表明,你已经充分认识到企业可能面临的关键风险,并且对这些可能发生的风险是有充分的准备和应对措施的。表7-7列出了企业在进行风险评估时必须考虑的一些关键问题。

表7-7 风险评估的关键问题

序号	问题
1	新创企业在哪些方面存在弱势?
2	新企业可能面临的潜在风险有哪些?
3	潜在风险如果发生会产生什么后果?
4	这些潜在风险发生的概率有多大?
5	你将采取什么措施规避、减轻或应对这些风险?

10. 附录

附录是对主体部分的补充，由于篇幅的限制，有些内容不宜在主体部分做过多的描述。附录的功能就是提供更多的、更详细的补充资料，完成主体部分中言犹未尽的内容或需要提供参考资料的内容。对附件资料的参考应该在正文的相关位置中注明。

附录材料一般包括：创业团队成员简介，市场调查问卷及其市场研究数据，有关技术资料或专利证书复印件，顾客、分销商或分包商的来信，供应商和竞争对手的报价材料，工艺流程图，有关法律文书等。

创业计划的准备通常是一个漫长、辛苦、创造性和重复性的过程，这个过程可以把一个思路雏形变成一个难得的商机，就像把一条毛毛虫变成一只美丽的蝴蝶。

7.2 创业计划书的撰写

7.2.1 创业计划书的撰写步骤

要完成一份高质量的创业计划书，创业者及其团队通常需要做好一系列的准备工作，甚至把计划书的写作当成一个项目来完成。一般情况下，必须完成以下几个步骤：

1. 创业计划准备阶段

创业者和创业团队通过激发创意和筛选商机，选择了合适的创业项目后，就可以开始准备撰写计划书，但是在正式动笔之前，还有许多重要的准备工作。

（1）市场调查

通过市场调查，为你所选择的创意或项目的可行性和实施细节搜集各种信息和资料，为计划书的撰写提供有力的依据。这是一项必不可少的工作。市场调查的内容包括：宏观环境和政策调查、所在行业情况调查、产品市场调查、消费者需求调查、竞争对手调查、市场营销调查等。市场调查可以分为实地调查与收集二手资料两种方法。实地调查可以得到创业所需的一手真实资料，但时间及费用耗费较大；收集二手资料较易，但可靠性较差。创业者可根据需要灵活选择调查方法。

通过市场调查，搜集相关信息和数据并进行分析后，可以帮助创业者对行业状况和同类企业的真实情况有一个比较清晰的了解，同时对自己的创业项目有更深刻的认识。创业者可以根据这些信息对创业构想进行重新评判和调整，重新聚焦自己的商业创意，比如初创企业是否具有足够的生命力，产品或服务是否真的有市场，市场上是否有太多的竞争者，财务前景如何等。这个阶段结束后，可能有的创业者会发现创业项目不具有可操作性，必须重新寻找新的创意。

（2）制订工作计划

制订工作计划包括确定创业计划的目的与宗旨、完成创意构思、确定计划的种类和总体框架、确定写作的日程安排。

（3）成立专门的工作小组

指定一个负责人统一协调，各部分分工撰写，明确每个人的分工与责任以及完成的时间，并公布工作制度、纪律和工作要求。

2. 创业计划草拟阶段

这个阶段全面编写创业计划的各个部分，包括对创业项目、企业描述、市场分析、营销计划、管理团队、财务预测、创业风险等内容进行分析，初步形成较为完整的创业计划方案。

3. 创业计划完善阶段

这个阶段要充分寻求外部有关人员的指导与协助，把草拟的计划书交与有关的内行人士，广泛征求多方面的意见和建议，并对计划书进一步修改、补充和完善；认真检查计划书是否完整、务实，有没有可操作性，是否突出了创业项目的独特优势及竞争力，并注意对细节的加工润色，如文字是否通顺、表述是否准确、排版是否规范等，尽量提交一份满意的创业计划方案。

4. 创业计划定稿阶段

这个阶段要对创业计划进行认真检查，看看是否有遗漏，不断修改，直至完善。最后印制成正式文本，进行装帧和包装。

【相关链接】

准备创业计划时要做什么和不做什么

要做的事

让所有管理团队参与创业计划的准备。

计划要有逻辑、完整并有可读性——还要尽量短一些。

要投入大量时间和一定资金来准备该计划，表明对企业的责任心。

描述关键性的风险和假设，说明为什么在这些情况下还可以创办企业，怎么办。

揭示并讨论企业中的所有现存问题或潜在问题。

确定几种可选择的融资源。

要记住计划并不等于事业，实施比计划的价值高很多。

一定要把接受订单和客户放在首位，即使那意味着你必须推迟计划的撰写，因为订单和客户将产生结果为正的现金流。

知道你的目标投资者群（比如，风险资本家、天使投资者、银行或租赁公司）以及他们真正想要的和不想要的，并相应地修改你的计划。

要将比较客观的市场和销售预期值作为财务报表的假设条件，而不是反过来做。

不要做的事

管理团队中不要有无名的神秘人物。（比如，"G先生"，现在是另一家公司的财务副总裁，以后将加入你的公司等）

不要讲模棱两可、含糊不清和不能肯定的话。比如根据团队想达到的生产量来估计销售量。

不要用行话来描述技术产品或制造过程，或用只有专家才能理解的方式来描述，因为这会限制创业计划对所有人的理解。

不要把钱花在制作漂亮的小册子、精美的幻灯演示或其他"噱头"上——相反，只要显示"本质内容"就行了。

当你能签单收现金时,不要把时间浪费在撰写计划上。

在你只是和人握了一次手或达成口头协议,但钱并没有进你的银行账户前,不要假定你已经做成了一笔买卖。(只有当支票兑现的时候买卖才能做成!)

7.2.2 创业计划书的撰写技巧

一份好的创业计划书必须呈现自己的竞争优势与投资者的利益,同时也要具体可行,并提出尽可能多的客观数据来加以佐证。创业计划书要想吸引投资者,是有一些技巧的。

1. 以鲜明性吸引投资者

投资者对项目的优势十分看重,所以在创业计划书上应该充分地展示项目的优势。每个项目的优势都不同,应该结合自己的项目具体分析。通常有以下几种项目优势:

(1) 创新性

创新性体现在产品的创新,如推出新产品、采用新的生产工艺、开辟新的市场、运用新材料和新能源。

创业计划书对创新的要求为项目创新、组织结构创新以及市场营销创新。

(2) 商业价值

合理分析产品市场需求、市场现状,预测市场容量以凸显产品价值。

(3) 技术领先

技术领先意味着该产品不仅仅在国内技术领先,而且在国外也同样保持着先进的地位。产品具有技术壁垒,就不会被轻易复制。如果以长远的眼光看待问题,那么就可保持产品的长久优势。

(4) 盈利模式

投资者往往很关注项目的营利性,一个新的盈利模式常常是项目制胜的法宝。

2. 以条理性引导投资者

创业计划书通常内容比较多,篇幅较大,投资者不可能有时间从头到尾将创业计划书通读,他们常常会关注创业计划书的结构,然后挑自己感兴趣的部分浏览,希望从创业计划书中找到自己疑问的答案。所以一份创业计划书应该结构清晰,让投资者容易找到自己需要了解的那个部分。

在撰写的过程中应该用简洁明了的语句进行描述。创业计划书是给投资者看的,并不是进行文学创作,所以文体语言应简洁通俗,以方便投资者阅读投资计划书。此外,在创业计划书中,合理地使用图表和插图,能使所要表达的意思更加清晰明了,更容易使投资者理解撰写人所要表达的意思。

3. 以客观性打动投资者

客观性要求我们的创业计划书是根据事实撰写的,里面的方案是在对现实的数据分析,是在详细的调查研究、严密的逻辑推理的基础上制定的。

以客观性打动投资者并不是一味地将自己的项目展示给投资者,如果是可以解决的问题,可以加以列举;如果是暂时不能解决的问题,在创业计划书上就不要过多描述。

这并不是以不客观的态度写创业计划书,而是以一种扬长避短的策略来描述项目,这并不违背客观性。

4. 以严密性取信投资者

严密性是指整本创业计划书的逻辑清晰,结构严谨,前后呼应,内容紧凑,全篇形成统一的风格,而不是每个部分单一地列举堆砌。

计划书的逻辑性反映的是创业团队的思维,一份逻辑严密的创业计划书能让投资者更轻松地明白创业团队的项目价值以及当中存在的机会。首先,严密性要求计划书的内容和风格统一,每个部分的叙述应该统一,不能出现前后矛盾的地方,而且整本创业计划书的行文遣词造句风格不应该相差太大。其次,要注重创业计划书各部分之间的内在联系,一份好的创业计划书的每个部分并不是割裂开来的,而是相互联系、相互照应的。另外,对创业计划书的数据选择要严谨,创业计划书中的很多决定都是依靠一些数据做出的,一定要确保这些数据的真实性和准确性,不能胡乱编造数据。

5. 以可行性说服投资者

可行性就是项目具有很强的操作性,符合市场要求,并能真正落地生产经营。增强创业计划书的可能性可以从多个方面入手。增强可行性首先要细,细包括计划的详细和计划的周全性,一份周全详细的创业计划书能让投资者从对产品的一无所知到充分了解。可行性还表现在落地实物和服务的展示上,投资者对这些特别看重,对不可能实施的项目,投资者永远都是没有兴趣的。

【相关链接】

商业计划书的"7个一句话"

1. 用一句话来清晰地描述你的商业模式——即你的产品或服务;
2. 用一句话来明确表述为什么你的创新及时解决了用户的问题,填补了市场的空白;
3. 用一句话(包括具体数字)来描述巨大的市场规模和潜在的远景;
4. 用一句话来概括你的竞争优势;
5. 用一句话来形容你和你的团队是一个"梦幻组合";
6. 用一句话(包括具体数字和时间)来概述你将如何在最短的时间内让投资人赚翻;
7. 用一句话来陈述你希望的融资额和主要用途。

7.2.3 创业计划书的常见问题及对策

(1)企业概况

本部分常见问题有企业名称不符合要求,或者属于特许经营范畴的项目未经过授权,或者注册资金的选择不符合有关规定。2013年10月25日,国务院总理李克强主持召开国务院常务会议,部署推进公司注册资本登记制度改革,放宽注册资本登记条件:除法律法规另有规定外,取消公司制企业最低注册资本的限制,并不再限制公司设立时股东(发起人)的首次出资比例和缴足出资的限期。创业者还应关注经营范围特许的相关规定，如普通投资者无法进入的行业，包括供水、供气、供热、公共客运等领域；另外，烟草需要有专卖许可，食品行业需要有经营许可及卫生许可等。

（2）产品或服务

本部分的典型问题有：技术不过关（未过中试），未能提供专利证明或未提供技术授权，缺乏售后服务的考虑等。对产品或服务进行描述时，如果涉及核心技术，应保证技术已经通过中试，最好通过了终试，而不仅仅是实验室中的产品；如果使用的是他人的技术，应提供技术授权书或者转让证书。对于学生创办的大部分企业，很难说一开始就从技术上超越现有企业，因此，完善售后服务，以及和客户建立良好信任关系往往是企业打开销路的第一步；何况现在严重供大于求，以客户为中心的客户关系管理更加重要。

（3）商业构想与市场分析

本部分的典型问题有：目标人群混乱，需求不确定，市场调研不深入，缺乏对竞争对手的了解等。创业者需要在进行项目论证时，通过设计有针对性的调查问卷，进行充分的市场调查；然后根据调查资料的整理结果进行科学的市场细分，确定企业拟进入的细分市场；同时广泛搜寻竞争对手的相关信息，分析企业相对于竞争对手的竞争优势，制定有针对性的营销策略。

（4）企业选址

本部分的典型问题有：企业地址的选择不方便目标人群，或者成本过高等。撰写创业计划书，很多人会从4P营销理论的角度对企业选址进行论述，选在方便创业者的地点，缺乏对客户需求的考虑。建议撰写者站在4C角度重新考虑选址的问题，根据企业的顾客（Customer）及其愿意接受的价格（Cost），在客户方便购买的地方经营（Convenience），并且通过加强沟通（Communication）进一步了解并满足顾客需求。

（5）营销计划

本部分的典型问题有：定价过低，市场推广策略简单化、平面化，营销策略急于求成等。

创业者一定要了解"一分钱一分货"的道理，太低的定价也许给消费者带来"产品质量一般"的印象，而不一定能够增加产品销售量。大学生创业可以通过增加售后服务等措施增强企业的竞争力。尽可能采用富有创意的营销策略，采用不同的营销渠道，吸引消费者的注意力，提高产品的销售量；一步一个脚印地将营销工作做好，而不是异想天开地急于求成。

（6）组织架构和创业团队

本部分的典型问题有：团队成员背景单一，团队成员分工不合理等。

团队成员背景单一则缺乏学科跨度、经验跨度、资源跨度等，在组建创业团队时应尽可能选择不同专业、特长、性格、资源的人进行合作。高校学生参加创业计划竞赛时，高科技产品的创业团队最好有研究生参与。

（7）成本预测

本部分的典型问题也表现为两个极端：成本估测过高，或者成本估测过低。

成本估测过高，可能会影响创业的信心和决心，使原本不错的项目被放弃执行；成本估测过低,则会使项目运作开始后发生亏本现象,甚至导致企业倒闭。因此,创业团队应该在制订生产计划时,对创业项目的成本进行深入细致的调查思考、精确周密的计算分析,使创业项目的成本预测接近实际。创业团队可以请教行内专家,或专职教师帮忙分析。

(8) 现金流管理

本部分的典型问题有:现金支出估计不足,未留有一定的风险资金。

(9) 盈利情况

本部分的典型问题表现为过于乐观。很多创业计划书在盈利能力描述部分给出的预测数据过于乐观,给人以外行的感觉。比如,动辄40%~50%的毛利,1年左右的投资回收期,20%左右的净利率等。建议创业团队在成本预测较为准确的情况下,正确估计盈利情况。

(10) 资产负债表

本部分的典型问题为资产负债表的数据两边不平衡,以及利润表和现金流量表的钩稽关系不正确等。资产负债表的编制原理是"资产 = 负债 + 所有者权益",可是这一最基本的公式并不为大部分创业者所熟悉,编出的预计报表漏洞百出,或者资产负债表的数据两边不平衡(等式左右两边不平等),或者缺乏报表之间应有的对应关系等。建议创业团队向专业教师进行咨询。

7.2.4 创业计划书的评价

创业计划书是创业者和创业团队制订的、为创业实施或创业融资预先安排的方案,其好坏直接关系到创业项目的成败。因此,使用创业计划的组织或个人拿到创业计划书后,首先要对创业计划进行评价,以判定其优良程度。创业计划书的评价,一般有第一方、第二方以及第三方评价。第一方为创业者,主要判定创业计划是否具有吸引力或实施操作性;第二方为资源提供方,包括创业投资者、一般投资人、管理者、员工等;第三方为独立于计划制订及使用方的咨询机构,受人委托对创业计划书进行公正性评价。

创业计划书评价要素一般包括以下六方面内容:

(1) 报告完整全面。
(2) 方案可行。
(3) 技术含量高或具备创新性。
(4) 经济效益好。
(5) 资金筹措方案合理。
(6) 市场前景广阔。

创业计划书评价标准,因创业计划使用者目的的不同而不同,下面是从投资基金或投资者角度的评价标准。

(1) 概要(10%):内容清晰,简洁,重点突出,具有吸引力。
(2) 新创企业(5%):明确阐明企业的目的、性质、背景及现状,创业理念和战略目标。
(3) 产品/服务(10%):描述产品或服务的基本性能、特征、商业价值、技术含量、发展阶段、所有权情况。

（4）市场分析与营销策略（10%）：包括市场描述、竞争分析、市场细分、市场定位、产品定价、营销渠道、促销方式。

（5）生产计划（10%）：包括生产或服务计划、经营难度及所需要的资源、地区、税收、交通、最靠近的供应商等。

（6）管理团队（10%）：包括关键人物背景、组织结构、角色分配、创业团队实施战略的能力。

（7）财务分析（10%）：财务报表清晰明了，与计划实施同步，内容包括相应时间段的现金流量表、资产负债表、损益表等。

（8）融资回报（10%）：以条款方式提供所需投资、利益分配方式、可能的推出策略。

（9）可行性（20%）：一是市场机会（1/5），明确市场需要以及其合适的满足方式；二是竞争优势（1/5），企业拥有的独特的核心能力以及获取持续的竞争优势；三是管理能力（1/5），管理团队能够有效地发展企业，并合理规避投资风险；四是财务预算（1/5），企业的发展业务具有明确的财务需求；五是投资潜力（1/5），创业项目具有真正的实际投资价值。

（10）创业计划写作（5%）：计划书要简洁清晰，不冗余。

7.3　创业计划书的展示

通常创业计划书会有厚厚的一摞纸，但贷方和投资者不会逐字逐句地阅读创业计划书。因此，创业者在提交了创业计划书后还有一项重要的工作：向贷方或投资者描述你的创业计划，即创业计划的展示。以下技巧将会有助于创业计划的展示：

（1）表现出对企业的热情，但不要过于感情用事。

（2）以你所发现的机遇和打算如何利用这次机遇为焦点。避免直接陈述产品或服务的细节。

（3）对创业项目所能带来的机会、预期利益等进行说明，以迅速吸引投资者。

（4）使用可视化的工具。借助这些工具进行展示，但是不要利用这些工具传达所有的信息，它们的作用仅仅是强调你的口语信息并且使对方关注你所说的话。

（5）概述要点，在展示过程中不要过早地讲述太多的细节问题。

（6）使展示"简明扼要"。

（7）避免使用术语。找一位自己信任的人，在他或她的面前排练一次，找到他或她听不懂的内容，做出相应修改，保证在展示创业计划时都能让贷方和投资者听懂。

（8）在展示创业报告时，直接向每个潜在的贷方和投资者表明他们能获得什么好处。

（9）以强调机遇的性质作为结尾。

（10）准备好问题。一般在展示过程中或结束时，感兴趣的投资者可能希望你讨论一下计划细节。所以,需要预测最有可能被问的问题,并提前准备好答案。此外,可以根据现有的资料,查询贷方和投资者的问题模式,对他们感觉重要的问题做出迅速反应。

本章小结

1. 虽然良好的商业创意并不能保证创业成功,但在创业前做适当的计划是必要的。创业计划是对与创业项目有关的所有事项进行的总体安排。它能够为创业活动提供行动指南、科学规划和安排创业活动,获得创业融资的支持,因此,一份优秀的创业计划,必须认真分析创业项目带给消费者的价值,必须清楚应该做什么和不该做什么。

2. 创业计划的内容一般包括:执行摘要、行业分析、创业企业的描述、生产计划、营销计划、组织计划、财务计划、风险评估、附录等方面。

3. 创业计划书的写作过程包括准备阶段、草拟阶段、完善阶段和定稿阶段。编写计划书时应坚持以鲜明性吸引读者、以条理性引导投资者、以客观性打动投资者、以严密性取信投资者和以可行性说服投资者。

4. 创业计划书的常见问题主要有以下方面:企业概况、产品或服务、商业构想与市场分析、企业选址、营销计划、组织架构和创业团队、成本预测、现金流管理、盈利情况和资产负债表。

5. 创业计划书的评价一般有第一、二、三方评价,其评价要素主要包括报告完整全面、方案可行、技术含量高或具备创新性、经济效益好、资金筹措方案合理、市场前景广阔等方面。评价标准可以根据使用对象的目的不同而有所差异。进行创业计划书展示时,要利用一些技巧更好地打动贷方或投资者。

复习思考题

1. 创业计划书的基本结构是什么?
2. 评价创业计划书的指标有哪些?
3. 撰写一份自己的创业计划书。

推荐阅读

布莱克韦尔(英),著,《创业计划书》,机械工业出版社,2009年3月。

课堂自测题

一、选择题

1. 下列不属于创业计划在创业中的作用的是（　　）。
   A. 为创业活动提供行动指南　　B. 获得融资的支持
   C. 提供解决问题的方法　　　　D. 科学规划和安排创业活动
2. （　　）是创业计划执行摘要应该有的内容。
   A. 行业分析　　　　　　　　　B. 竞争对手分析
   C. 营销策略　　　　　　　　　D. 风险预估
3. 创业计划书中的营销计划是一个以（　　）为基准的计划。
   A. 月度　　　B. 季度　　　C. 年度　　　D. 都可以
4. 由50人以下的股东共同出资，所有股东均以其出资额为限对公司债务承担责任的企业法人的所有权形式是（　　）。
   A. 个体工商户　　　　　　　　B. 合伙企业
   C. 有限责任公司　　　　　　　D. 股份责任公司
5. （　　）不属于常用的行业分析的方法。
   A. 环境分析的PEST方法
   B. 环境与竞争分析的SWOT
   C. 行业竞争分析的波特五力模型
   D. 创新思维的头脑风暴法

二、判断题

1. 一份好的创业计划书是衡量创业项目未来发展前景的唯一标准。（　　）
2. 如果创业企业不需要融资，就不用准备创业计划书。（　　）
3. 资产负债表的编制原理是"资产＝负债＋所有者权益"。（　　）
4. 市场调查可以分为实地调查与收集二手资料两种方法。（　　）
5. 创业计划的评价第一方是资源提供方，包括创业投资者、一般投资人、管理者、员工等。（　　）

自测题答案二维码

案例研讨

如何撰写商业计划书
（周鸿祎）

商业计划书最好是十页的篇幅：第一页是市场介绍；第二页分析市场问题；第三页写解决问题的方式；第四页是市场调研数据；第五页分析竞争对手；第六页介绍核心竞争力；第七页写盈利模式；第八页写近期目标；第九页写资金预算；第十页介绍团队。

第一页：市场介绍（选择行业）。

第二页：分析市场问题。

你要创办一个公司，一定是你发现市场里面的机会，一定在市场里面有一个没有被人解决或者别人解决得不好的问题。投资人很聪明，天天读月度行业报告，对于网游、对于互联网、对于搜索看的报告比你还要多，不要给他论证市场有多大，而是开门见山地说明目前市场里面存在着什么问题。

第三页：问题的解决方案。

你是怎么解决这个问题的？资深的投资人会把自己假想成一个用户，如果自己是一个用户，会不会用这个产品，会否感同身受如营销者所说。你解决的问题越具体、越实在，会使人觉得你越专业。一定要说实话，语言朴实。

第三页：产品的目标用户。

你的用户群，是全国老百姓，还是外企白领，或者是学生，要清晰。哪怕最开始只是一个很小众的用户群，也让人感觉你比较专业。

第四页：市场调研数据（未来的市场有多大）。

你的调研数据可以预估未来的市场有多大。例如，日本有人发明在手纸上印数图游戏和广告，中国有多少个厕所这是能计算出来的，告诉投资者准备进入一个多大的市场。

第五页：竞争对手。

这个市场里面千万不要说只有你最聪明，要充分了解竞争对手。

第六页：核心竞争力。

你要证明你有什么特别之处，为什么这个事你能干，别人可不可以干，你的核心优势是什么？是你的营销手段、生意模式或是推广模式？

第七页：盈利模式。

你知道自己是怎么挣钱的，如果不知道就老老实实说不知道。实际上刚开始很多公司都不知道怎么挣钱，那么就老老实实告诉投资者，自己是早期阶段，不知道怎么挣钱；但是我现在先把产品做好。这样才是比较实事求是的做法。

第八页：近期目标与计划。

你大概准备拿多少钱，在未来12个月里面准备做哪几件事，千万不要列很多买电脑、招聘、定饭盒这些琐碎的事情，而是给自己定出几个关键点，让投资者通过这些事情看到你的思维能力。例如我需要组织一个线下团队，在一百个城市中，每个城市开两家夜总会，要做出你的计划。

第九页：资金预算。

第十页：团队介绍。

对团队成员简单做一个介绍。

思考：

请根据商业计划书的基本结构分析创业计划书的重点，并撰写一份简要的创业计划书。

第8章 创业融资

不要认为吸引投资就是一锤子买卖，从别人的投资那里挖来的第一桶金就是你创业之路的美好终点。如果这样想，无疑就是警告别人远离你。

——Bob Walsh（《互联网创业启示录》）

【学习目标】
- 了解创业融资的特点和名词
- 了解创业融资的渠道
- 掌握争取创业融资的技能

【读书笔记】

在《互联网创业启示录》一书中，融资这一章节写得很有意思。这一章介绍了五个主要的致力于支付处理的公司，运用采访内容一问一答的形式直接呈现出一些创业者急于了解的问题和技巧。作者还采访了苹果公司前首席宣传官、硅谷早期知名投资机构Garage Technology Ventures的创始人盖伊·川崎，明确了"吸引天使投资的确是一门艺术"。跟风险投资者相比，天使投资者更容易爱上他们投资的企业家。找天使投资时，你的盈利能力很可能没有被证实过，所以如果你表现得像个混蛋，你就很难蒙混过关。

8.1 创业融资概述

成立一个企业需要注册资本，需要缴纳注册费用，需要购买、建设或者租赁经营办公场地，需要购买设备，需要招聘员工等，而这一切都离不开资金。在企业运营过程中，更需要源源不断的资金支持。资金是企业的"血液"，是企业生存的基本要素之一。由于创业者个人和创业团队自身拥有的财务资源有限，难以支撑创业的顺利进行，因此，融资是创业者的一项重大工作内容。但是，由于创业企业缺少甚至没有资产以至于不能抵押或担保，以及缺乏可参考的经营情况，具有较大的不确定性，从而使得融资成为其重大难题之一。

8.1.1 创业融资的来源

创业融资按资金来源的性质可以分为：债权融资与股权融资。债权融资是指企业从外部借款，按期还本付息，一般不影响企业的股权结构，主要包括：银行贷款、向亲朋好友借贷、民间借贷和向社会公众发行债券等。股权融资是指企业通过公开发行或私募的方式增加资本，筹集资金。采用股权融资筹集资金，不需偿还引入的资金，也不用按期支付利息，但会引入新的股东，改变企业的股权结构，需要按企业的经营状况分配红利,主要包括:争取国家财政投资、与其他企业合资、吸引投资基金投资、境内外公开发行股票上市等。创业者应该了解各种融资方式的优缺点、融资成本和获取条件。在本章第二节将对各种融资方式进行详细介绍。

8.1.2 创业融资的特点

1. 创业融资需求的阶段性

一般来说,企业在不同的发展阶段对融资的要求是不同的。从企业创办到因种种原因而退出,每一阶段对融资的要求都不同,种子期和初创期是创业企业创立形成的阶段,在这一阶段,资金主要用于购置场地、设备,进一步开发完善产品以及开拓销售渠道等。因此,该阶段对资金需求量是比较大的,具体的融资需求主要体现在以下几个方面:

(1) 创立融资。创立融资主要是用于种子期的资金需求,对于不同类型的企业这种需求是不同的。对于非高新企业而言,企业成立前的筹办费用主要是场地费、设备购置或租赁费,可能会占到融资需求的较大比重,但通常为一次性的。而对于创办高新企业来说,创立融资的需求可能更大,因为一般的高新企业成立之初都要经历较长的种子期,这期间的投入需要一大笔资金,而且这种投入的风险较大,不一定能得到回报。

(2) 生产经营融资。这部分资金主要是指企业成立之后,用于维持日常生产经营活动所需的资金,比如原料采购、人工费用、各种税费的支出等。创业企业成立的最初几年,企业经营尚未步入正轨,很少会有盈利记录,因此这部分资金的需求将会比较大,如果不能及时获得所需资金的话,创业企业可能无法发展壮大甚至无法继续生存。

(3) 周转性融资。企业创办之后进入运营阶段,由于采购、生产、销售的时间差,企业需要准备一笔流动资金,相对而言,这笔资金数量较小。从目前我国中小企业的运营情况来看,周转性融资是最普遍的,企业一般可以利用金融机构的短期信贷或利用商业信用进行周转。

2. 在融资渠道上,更多地依赖内部融资

由于创业企业建立的时间短,缺乏外源融资所需的信用记录和合格的财务报表,信用保证能力差,难以取得外部投资者的信任,因此只能主要依靠创业者的出资和企业的内部积累来滚动发展。在企业创立初期,其有限的外源融资主要来自亲朋好友的借贷和天使融资等非正规融资渠道。

3. 债务融资规模小、期限短

在外部融资方面,创业企业更多的是依赖银行等金融机构的贷款,但是由于企业本身的实力、信用记录等方面的限制,银行对于这些企业的贷款额度一般都较低,期限也较短。这就使得创业者必须花费更多的精力和时间,频繁地进行贷款业务,以保证企业在初创期的正常经营。

8.1.3 创业融资的名词

天使投资(Angel Investment),是指富有的个人出资协助具有专门技术或独特概念的原创项目或小型初创企业,进行一次性的前期投资,它实际上是风险投资的一种特殊形式，是对于高风险、高收益的初创企业的第一笔投资。天使投资往往是一种参与性投资，也被称为增值型投资。

风险投资（Venture Capital，VC），是把资本投向蕴藏着失败风险的高新技术及其产品的研究开发领域，旨在促使高新技术成果尽快商品化、产业化，以取得高资本收益的一种投资过程。

私募股权投资（Private Equity，PE），是通过私募形式募集资金，对私有企业，即非上市企业进行的权益性投资，从而推动非上市企业价值增长，最终通过上市、并购、管理层回购、股权置换等方式出售持股套现退出的一种投资行为。

首次公开募股（Initial Public Offerings，IPO），是指一家企业或公司第一次将它的股份向公众出售（首次公开发行，指股份公司首次向社会公众公开招股的发行方式）。也就是我们经常说的公司上市。

8.2　创业融资的渠道

融资渠道是指取得资金的途径，即资金的来源。确定融资渠道是融资的前提，它直接影响企业的融资成本、融资风险，以及最终融资能否成功。目前，根据资金来源的性质不同，可以将创业融资分为股权融资和债权融资。

8.2.1　股权融资

股权融资的主要方式为吸引风险投资者的风险投资、私募融资和上市融资。

1. 风险投资

（1）风险投资六要素

①风险资本。指由专业投资人提供给快速成长并且具有很大升值潜力的新兴公司的一种资本。风险资本通过购买股权、提供贷款或既购买股权又提供贷款的方式进入这些企业。不同的国家在不同阶段的风险资本的来源不同，在欧洲国家，风险资本的主要来源是银行、保险公司和年金，其中银行是其最主要的来源；而日本的风险资本主要来源于金融机构和大公司资金。

②风险投资人。是指提供风险资本的机构和个人，大体可以分为四类：风险资本家、风险投资公司、产业附属投资公司和天使投资人。其中，风险资本家和天使投资人一般是以个体的形式对创业企业进行投资，他们所投资的资本全部归其自身所有，并非受托管理的资本。两类风险投资人的不同在于，天使投资人一般指创业企业的第一批投资人，其投资规模会相对较小，并且投资于种子期和初创期的企业，甚至在公司产品和业务成型之前就将资金投入。风险投资公司一般通过风险投资基金进行投资。这些基金一般是有限合伙的形式，其中，风险投资公司作为普通合伙人管理该基金的投资运作，并获得相应的报酬。产业附属投资公司往往是一些非金融性实业公司下属的独立风险投资机构，他们代表母公司的利益进行投资。这类投资人通常主要将资金投向一些特定的行业。

③投资目的。风险投资虽然是一种股权投资，但其投资的目的并非获得企业的所有权，更不是为了获得其经营权，而是通过投资并在投资过程中提供增值服务，促进被投资企业发展，使其资本增值，最后通过公开上市 IPO，兼并收购或其他方式退出被投资企业，在产权流动中实现投资回报。在现实中，风险投资以股权方式投资，通常占被投资企业 30% 左右的股权，不要求控股权，也不需要任何担保或抵押。

④投资期限。风险投资的投资期限较长，一般为 3～5 年甚至更长，风险投资可以在企业发展的不同阶段进入，并且在不同发展阶段进入的投资期限和投资风险不同。

⑤投资对象。作为一种高风险高收益的投资方式，风险投资的产业领域主要是高新技术产业。

⑥投资方式。从投资性质看，风险投资的方式有三种：直接投资、提供贷款或贷款担保，提供一部分贷款或担保资金同时投入一部分风险资本购买被投资企业的股权。其中，第一种方式是将风险资本分期分批投入到被投资企业，这种情况在现实中比较常见，可以在降低投资风险的同时，利于资金周转；第二种是一次性投入，这种方式不常见，因为，一次投入后，很难也不愿提供后续资金支持。但是，一般风险资本家和天使投资人可能采取这种方式。

【小案例】

马云的成功

马云以"东方的智慧，西方的运作，全球的大市场"的角度来设计阿里巴巴的发展，使其获得了高盛等世界著名风险投资机构的 500 万美元投资，创造一个网站一分收入没有而每日品牌增值 100 万元人民币的奇迹。1999 年底，马云又以 6 分钟的讲述获得有"网络风向标"之称的软件银行老总孙正义的赏识。两人进行了 3 分钟的单独谈判后，马云获得了孙正义 3 500 万美元的风险投资。在互联网最寒冷的冬天里，阿里巴巴成为最早宣布赢利的网站之一，并被哈佛、斯坦福等著名商学院选为案例，连续 4 年被福布斯评为全球最佳电子商务站点第一名。

（资料来源：张永生《马云向左　史玉柱向右》）

（2）风险投资特征

①投资管理的专业性。风险投资一般采取风险投资基金的方式运作，由专业的风险资本家管理，内部分工专业化，运作模式专业流程化。

②是一种高风险高收益型的投资，被投资对象多为中小型的高新技术企业。

③是一种股权融资，通常占被投资企业 30% 左右的股权，而不要求控股权，也不需要任何担保或抵押，可以在企业不同发展阶段进入，投资期限较长，一般为 3～5 年或更长。

④投资规模较大。主要投资于扩张期和成熟期的企业，并且为了防范信息不对称的管理风险，资金是随着企业的发展分阶段投入。

⑤项目审查严格。创业投资对企业的审查很严格，在产生投资意向后，会对被投资企业进行详细的商业、财务及法律尽职调查。

⑥风险投资人积极参与被投资企业的重大决策。为了降低创业者及其团队的道德风险，风险投资人一般积极参与被投资企业的经营管理和重大决策活动，并为被投资企业带来各种联系资源。

（3）风险投资退出机制

①IPO首次公开发行（公开上市）。

②出售，包括两种形式：股份转让和股票回购。

③清算或破产。

（4）风险投资与天使投资的区别

天使投资也是一种风险投资方式，主要是指自由投资者或非正式机构对有创意的创业项目或小型初创企业进行的一次性的前期直接投资，是一种自发而分散的民间创业投资形式。它们都是以高风险高收益、具有巨大增长潜力的高科技创业企业为主要投资对象，最后在适当的时机以股权转让的形式退出投资获得投资回报。但是，天使投资和风险投资也存在显著的区别：

①投资动机不同。天使投资人大多是曾经的创业者、成功的企业家以及大型公司的高级管理者，他们的投资动机除获取投资的经济利益外，还有许多非经济因素，例如：传授创业经验，获取乐趣和激情，通过投资建立人际网络、调整自己的心智并保持敏捷的商业思维能力，以及投资于健康产业创造社会福利等。而风险投资一般是由专业人士管理，有专业的内部分工和管理模式，具有很强的获取高额投资回报的目的性。

②投资规模不同。天使投资一般是以个体的方式进行投资，其投资规模一般较小，在我国一般为5万～100万美元，并且都是一次性投入。而风险投资一般是机构投资者，他们同时管理多个投资人的资金，因而投资规模更大，一般在100万～500万美元之间，并且为了降低风险便于监控，风险资本是随着被投资企业的发展逐步分批注入。

③投资审查程序不同。天使投资一般为个体的小型的商业行为，因而其决策的主观性比较强，手续比较简便，资金也能在短期快速到位。但是风险投资更多的是多个投资者组成的共享利益、共担风险的机构投资者，用于投资的风险资本是从机构或者个人投资者募集的风险基金，从而其投资决策更加谨慎严格。所以，风险投资行为是一种正规化、专业化、系统化的大型商业行为，在风险投资公司内部具有一套标准、严格、专业的投资决策程序，对被投资企业进行严格的审查，最后风险投资者与被投资企业签订非常正规化和规范化的投资合同，并且合同一旦签订，双方的协商空间非常小。而天使投资人与创业企业签订的投资合同在内容和形式上更加灵活，并且在合同执行过程中还有更多的协商和调整空间。

④主动参与被投资企业管理的程度不同。天使投资人虽然会主动参与被投资企业的经营管理，但其参与的程度不高，更多的是作为一个咨询者，为被投资企业提供经营管理的建议，引入开展业务所需的各种联系资源，如供应商、客户、其他天使投资人脉。风险投资介入被投资企业经营管理和重大决策活动的程度很高，例如，风险投资要求在董事会占有席位，拥有投票权，通过董事会参与企业的重大决策，包括追加投资、资产重组、经营战略以及管理层聘用等。同时为了保证自己的资本不受侵害，风险投资机构往往在被投资企业的董事会拥有一些特殊权利，例如：对被投资企业的一些重大事项的

一票否决权。

⑤投资阶段不同。创业企业一般要经过种子期、创建期、扩张期和成熟期,每一阶段都有不同的资金需求。天使投资金额较小,其投资对象主要是种子期和初创期的创业企业,它在创业企业种子期的投资规模一般为 2.5 万～5 万美元,创建期的投资规模在 25 万～75 万美元不等。风险投资是一种专业化、制度化的投资,可以通过私募的方式吸收机构和个人投资者的资金,投资规模较大,要求也更严格,主要投资于扩张期和成熟期这些上市前准备阶段的企业。

(5) 风险投资与一般金融投资的区别(见表 8-1)

表 8-1 风险投资与一般金融投资的区别

	风险投资	一般金融投资
投资对象	新兴的、迅速发展的、具有巨大竞争潜力的企业,主要以中小企业为主	成熟的传统企业,主要以大中型企业为主
投资方式	通常采取股权式投资,所关注的是企业的发展前景	主要采取贷款方式,需要按时偿还本息,所关心的是安全性
投资审查	以技术实现的可能性为审查重点,对技术创新和市场前景的考察是关键	以财务分析和物质保证为审查重点,有无偿还力是关键
投资管理	参与企业的经营管理和决策,投资管理严密,是合作开发关系	对企业的运营有参考咨询作用,一般不介入企业决策系统,是借贷关系
投资回报	风险共担,利润共享,企业若获得巨大发展,可转让股权收回投资	按贷款合同期限收回本息
投资风险	风险大,投资的大部分企业可能失败,但一旦成功,收益足以弥补全部亏损	风险较小,到期如收不回本息,除追究经营者责任外,所欠本息不能豁免
人员素质	懂技术、管理、金融和市场,能进行风险分析和控制,有较强的承受力	懂财务管理,不要求懂技术开发,可行性研究水平较低
市场重点	未来潜在市场,难以预测	现有成熟市场,易于预测

2. 私募融资

私募融资是指通过非公开宣传、私下与特定的投资人或债务人商谈,以招标等方式筹集资金,形式多样,取决于当事人之间的约定,如向银行贷款,获得风险投资等。私募融资分为私募股权融资和私募债务融资。私募股权融资,简称 PE,是指融资人通过协商、招标等非社会公开方式,向特定投资人出售股权进行的融资,包括股票发行以外的各种组建企业时股权筹资和随后的增资扩股。私募债务融资是指融资人通过协商、招标等非社会公开方式,向特定投资人出售债权进行的融资,包括债券发行以外的各种借款。

与企业的初始融资或一般的增资扩股不同，私募股权融资虽具有"私募"的性质，但其针对的是社会上不特定的投资者（由美国证券交易委员会（SEC）制定的条例D对参与私募融资的投资者的资格和数量等方面有一定的限制），融资亦是通过在社会上招募完成的。

同时，认股条件、投资者的权利义务等通常已经由公司预先确定，对参与私募融资的所有投资者一致适用，没有另行协商的余地。

3. 上市融资

广义的上市融资不仅包括首次公开上市之前的准备工作，而且还特别强调对企业管理、生产、营销、财务、技术等方面的辅导和改造。相比之下，狭义的上市融资目的仅在于使企业能够顺利地融资成功。创业企业的上市融资主要是通过创业板，尤其是高科技创业企业。据统计，美国软件行业上市的公司中的93.6%、半导体行业上市公司中的84.8%、计算机及外围设备行业上市公司中的84.5%、通信服务业上市公司中的82.6%、通信设备行业上市公司中的81.7%都在纳斯达克上市。我国创业板市场于2009年10月23日正式开板，首批28家公司在创业板市场挂牌上市，截至2014年9月15日，已经在创业板市场上交易的上市公司达到392家，总市值达2.14万亿元，已经成为中小企业良好的融资平台。

【相关链接】

创业企业不同成长阶段的融资需求和方式

1. **天使轮融资：企业初创期的融资方式**

创业者此时可能仅有一个想法或正在进行商业模式验证，而一个好的投资人扮演的角色是良师益友：不仅需要在产品上给予建议，还要时不时给创业者以鼓励。投资人在进行天使轮投资决策时往往判断较主观。资金方除了亲朋好友途径外，目前国内也出现了大量的孵化器、众筹等。

2. **A轮融资：企业成长期的融资方式**

区别A轮和天使的一个重要标志就是产品正式上线。投资人在进行A轮投资决策时，由于此时产品已经基本成型，是否拥有刚性用户需求及广阔的市场空间是其核心考量指标。等到A轮资金进入之时，产品可能上线不久，A轮的资金大都用来做"市场推广""用户获取"了。投资方会在产品及管理方面给予建议，也会应创业者需求提供相应所需资源，比如互联网行业内最重要的流量。而作为创业者，在甄别投资方时，A轮以后的融资，投资方背后的资源可能是相较于资金本身更重要的考量因素。

3. **B/C/D轮融资：企业成长期或成熟期的融资方式**

能不能获得A轮之后的融资，其实是一个门槛：产品模式获得资金并进行推广，其实是一个理论获得实践的过程。一个伪需求无论如何推广都是不温不火，而一个痛点一定会引爆一个区域级市场。无论是B轮、C轮、D轮，这时投资方的作用本质上没有大的改变，都是协助企业做大做强。当企业到达了一定规模，投资方还会向公司推介专业、有经验的管理、财务团队，协助项目方规范公司治理。一般C轮后就上市了，也有公司选择融D轮，但不是很多。

以融资需求为轴，企业的不同融资需求对应着不同发展阶段、投资人和投资量级，如图8-1所示。

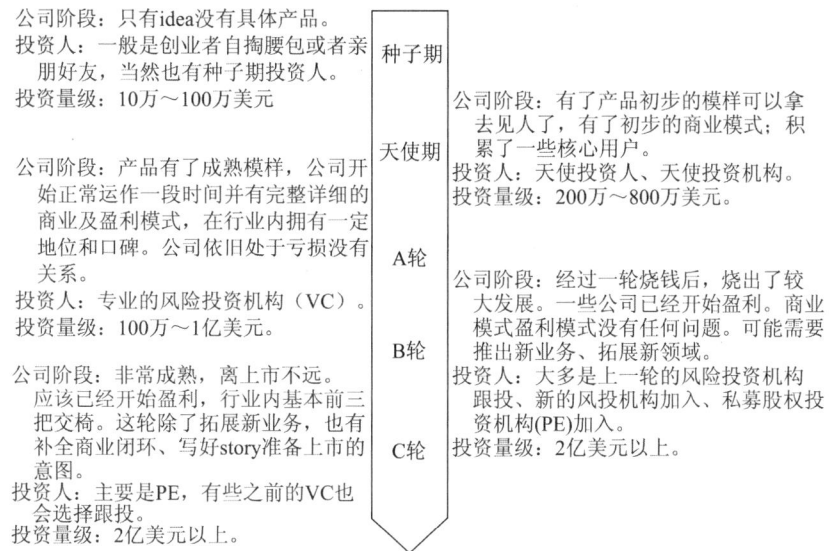

图8-1 创业企业不同成长阶段的融资需求和方式

8.2.2 债权融资

根据第一节对债权融资的定义可知道，债权融资获得的只是资金的使用权而不是所有权，负债资金的使用是有成本的，企业必须支付利息，并且债务到期时须归还本金。债权融资能够提高企业所有权资金的资金回报率，具有财务杠杆作用；与股权融资相比，债权融资除在一些特定的情况下可能带来债权人对企业的控制和干预问题外，一般不会产生对企业的控制权问题。按渠道的不同，债权融资主要分为银行借款、中小企业间的互助机构贷款、创业基金等。

1. 银行借款

银行借款是指企业向银行或其他非银行金融机构借入的、需要还本付息的款项，包括偿还期限超过1年的长期借款和不足1年的短期借款，主要用于企业购建固定资产和满足流动资金周转的需要。

按提供贷款的机构，分为政策性银行贷款、商业银行贷款和其他金融机构贷款。

按机构对贷款有无担保要求，分为信用贷款和担保贷款。信用贷款是指以借款人的信誉或保证人的信用为依据而获得的贷款。企业取得这种贷款，无须以财产作抵押。对于这种贷款，由于风险较高，银行通常要收取较高的利息，往往还附加一定的限制条件。担保贷款是指由借款人或第三方依法提供担保而获得的贷款。担保包括保证责任、财务抵押、财产质押，由此，担保贷款包括保证贷款、抵押贷款和质押贷款。

按企业取得贷款的用途，分为基本建设贷款、专项贷款和流动资金贷款。基本建设贷款是指企业因新建、改建、扩建等基本建设项目需要资金而向银行申请借入的款项。专项贷款是指企业因为专门用途而向银行申请借入的款项，包括更新改造技改贷款、大修理贷款、研发和新产品研制贷款、小型技术措施贷款、出口专项贷款、引进技术转让费周转金贷款、进口设备外汇贷款、进口设备人民币贷款及国内配套设备贷款等。流动资金贷款是指企业为满足流动资金的需求而向银行申请借入的款项，包括流动基金借款、生产周转借款、临时借款、结算借款和卖方信贷。银行贷款是债务融资的主要形式，但对占创业企业绝大部分的中小型创业企业来说，获得银行的贷款是很多企业不敢设想的事情。据深圳市信息统计部门了解，深圳近10万家中小企业，至少有一半以上从未在银行贷到一分钱；大约1/3的企业即使有贷款，总金额也在200万元以下；只有极少数企业能从银行贷到够用的资金。但近一年来，央行的多次降息，使银行的贷款利率达到改革开放后的最低水平，大大降低了以银行贷款方式进行融资的融资成本，为企业利用银行贷款提供了良好的机遇。

2. 中小企业间的互助机构贷款

中小企业间的互助机构贷款是指中小企业在向银行融通资金过程中，根据合同约定，由依法设立的担保机构以保证的方式为债务人提供担保，在债务人不能依约履行债务时，由担保机构承担合同约定的偿还责任，从而保障银行债权实现的一种金融支持制度。从国外实践和我国实际情况来看，信用担保可以为中小企业创业和经营融资提供便利，分散金融机构信贷风险，推进银企合作，是解决中小企业融资难的突破口之一。

我国中小企业信用担保体系构建的逐步规范和完善，是促进我国创业活动、激发并保持经济活力的重要环节，成为近年来我国政府在解决中小企业融资难问题上的主要着力点。从1999年试点到现在，我国已经形成了以中小企业信用担保为主体的担保业和多层次中小企业信用担保体系，经过近几年的探索和规范，特别是在国家税收优惠等政策推动下，各类担保机构资本金稳步增加。

3. 政府基金

政府基金是指政府为鼓励特定群体创业或支持特殊技术创新而批准的专项基金。政府基金又包括科技创新基金和创业基金。科技创新基金有两种方式：贷款贴息和无偿资助。创业基金是指具有一定生产经营能力或已经从事生产经营活动的个人，因创业或再创业提出资金需求申请，经银行认可有效担保后而发放的一种专项贷款。符合条件的借款人，根据个人的资源状况和偿还能力，最高可获得单笔50万元的贷款支持；对创业达一定规模或成为再就业明星的人员，还可提出更高额度的贷款申请。创业贷款的期限一般为1年，最长不超过3年，如大学生创业贷款。

8.2.3　其他融资方式

还有一些融资方式既属于债权融资又属于股权融资，如众筹融资，向亲朋好友融资。

1. 众筹融资

（1）众筹的概念

众筹翻译自国外 crowd-funding 一词，即大众筹资或群众筹资，香港译作"群众集资"，台湾译作"群众募资"，是指用"团购+预购"的形式，向网友募集项目资金，利用互联网和SNS（社会性网络服务）传播的特性，让小企业家、艺术家或个人对公众展示他们的创意，争取大家的关注和支持，进而获得所需的资金援助。

相对于传统的融资方式，现代众筹更为开放，能否获得资金也不再是由项目的商业价值来决定。只要是网友喜欢的项目，都可以通过众筹方式获得项目启动的第一笔资金，为更多小本经营或创作的人（特别是想法很多的大学生）提供了融资的可能。

（2）众筹的构成主体

①筹资人

筹资人通常是需要解决资金问题的创意者或小微企业的创业者；但也有个别企业为了加强与用户的交流和体验，以项目发起人的身份号召公众介入产品的研发、试制和推广，在筹措资金的同时获得更好的市场宣传。

②出资人

出资人往往是数量庞大的互联网用户，他们利用在线支付等方式对自己感兴趣的创意进行小额投资。公众所投资的项目筹资成功后，出资人会获得实物回报，可能是一个产品样品，也可能是会员卡或者演唱会门票，但不会是资金回报。

③众筹平台

众筹平台要利用网络技术的支持，根据相关法律法规，将项目发起人的创意和融资需求的信息发布在虚拟空间里，供投资人选择。当然，发布项目前，众筹平台需要对申请上线的项目进行细致的实名审核，并且确保项目内容完整、可执行和有价值，确定没有违反项目准则和要求。随后，在项目筹资成功后要监督、辅导和把控项目的顺利展开。

（3）众筹的特征

①低门槛：无论身份、地位、职业、年龄、性别，只要有想法有创造能力都可以发起项目。

②多样性：众筹的方向具有多样性，在国内的众筹网站上的项目类别包括设计、科技、音乐、影视、食品、漫画、出版、游戏、摄影等。

③依靠大众力量：支持者通常是普通的草根民众，而非公司、企业或是风险投资人。

④注重创意：发起人必须先将自己的创意（设计图、成品、策划等）达到可展示的程度，才能通过平台的审核，而不单单是一个概念或者一个点子，要有可操作性。

（4）众筹的规则

①筹资项目必须在发起人预设的时间内达到或超过目标金额才算成功。

②在设定天数内，达到或者超过目标金额，项目即成功，发起人可获得资金；筹资项目完成后，投资人将得到发起人预先承诺的回报，回报方式可以是实物，也可以是服务，如果项目筹资失败，那么已获资金全部退还支持者。

③众筹不是捐款，支持者的所有支持一定要设有相应的回报。

（5）众筹的发展

众筹最初是艰难奋斗的艺术家们为创作筹措资金的一个手段，现已演变成初创企业和个人为自己的项目争取资金的一个渠道。众筹网站使任何有创意的人都能够向几乎完全陌生的人筹集资金，消除了从传统投资者和机构融资的许多障碍。

众筹的兴起源于美国网站 Kickstarter，该网站通过搭建网络平台面对公众筹资，让有创造力的人可能获得他们所需要的资金，以便使他们的梦想有可能实现。这种模式的兴起打破了传统的融资模式，每一位普通人都可以通过该种众筹模式获得从事某项创作或活动的资金，使得融资的来源不再局限于风投等机构，而可以来源于大众。众筹在欧美逐渐成熟并推广至亚洲、中南美洲、非洲等开发中地区。国内众筹与国外众筹最大的差别在于支持者的保护措施上，国外如果项目成功了，马上会给项目发钱去执行。国内为了保护支持者，一般分成两个阶段支付资金，会先付 50% 的资金去启动项目，项目完成后，确定支持者都已经收到回报，才会把剩下的钱交给发起人。我国在借鉴 Kickstarter 运作模式的基础上，于 2011 年上线首个众筹平台——点名时间。众筹融资在发展不到 5 年的时间里，规模上呈现惊人的增长速度。Massolution 研究报告显示，2009 年全球众筹融资总额为 5.3 亿美元，2012 年上升至 28 亿美元，到 2013 年达 51 亿美元。截至 2014 年 7 月，国内有分属于股权众筹、奖励型众筹、捐赠性众筹等不同形式的平台数十家。

（6）众筹融资的运作模式与流程

众筹融资的运作模式与流程（见图 8-2）。

①设计项目：项目创建者为筹资项目制定融资目标、设定融资期限，为项目的整个融资流程制订可行方案。

②审核项目：众筹网站对申请融资的项目进行审核。网站一般具有严格筛选机制以控制项目风险，通过审核者可在众筹平台上创建项目。

③创建项目：通过审核项目在众筹网站上创建项目主页，主要使用宣传视频、文字叙述及图片等形式吸引投资者。

④宣传项目：项目创建者利用社交网络、亲友关系等社会资源宣传项目。项目宣传一般与项目筹资同时进行。

⑤项目筹资：融资时限内，投资者在众筹网站承诺向该项目投资一定数额，并选择回报方式。筹资结束时，若完成融资目标，网站会根据投资者提供的银行账号信息统一转账，网站向项目创建者收取一定比例手续费。若未完成融资目标，则不向投资者收款。

⑥回报实现：在项目完成后，项目发起人按当初许诺的回报方式为投资者支付相应的报酬。在融资的每一个环节，尤其是审核环节，网站需要制定严格的标准来降低众筹的风险，谨防欺诈现象，保护投资者的利益。

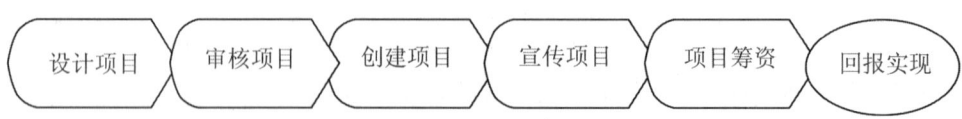

图 8-2 众筹融资流程图

【小案例】

会籍式众筹——3W 咖啡

互联网分析师许单单这两年风光无限,从分析师转型成为知名创投平台 3W 咖啡的创始人。3W 咖啡采用的就是众筹模式,向社会公众进行资金募集,每个人 10 股,每股 6000 元,相当于一个人 6 万。那时正是玩微博最火热的时候,很快 3W 咖啡汇集了一大帮知名投资人、创业者、企业高级管理人员,其中包括沈南鹏、徐小平、曾李青等数百位知名人士,股东阵容堪称华丽,3W 咖啡引爆了中国众筹式创业咖啡在 2012 年的流行。几乎每个城市都出现了众筹式的 3W 咖啡。3W 咖啡很快以创业咖啡为契机,将品牌衍生到了创业孵化器等领域。3W 咖啡强调的是互联网创业和投资圈的顶级圈子。没有人是为了 6 万元未来可以带来的分红来投资的,3W 咖啡给股东的价值回报在于圈子和人脉价值。试想如果投资人在 3W 咖啡中找到了一个好项目,那么多少个 6 万元就赚回来了。同样,创业者花 6 万元就可以认识大批同样优秀的创业者和投资人,既有人脉价值,也有学习价值。很多顶级企业家和投资人的智慧不是区区 6 万元可以买到的。

(资料来源:丁辰灵 小黑马,2013 年 8 月 30 日 http://news.iheima.com/show-6-49293-1.html)

2. 向亲朋好友融资

亲朋好友是创业融资的重要来源。家庭是市场经济的三大主体之一,在创业中起到重要支持作用。特别是在我国,以家庭为中心,形成了亲缘、地缘、文缘为经纬的社会网络关系,对包括创业融资在内的许多创业活动产生了重要影响。

在创业初期,创业者往往缺乏正规融资的抵押资产,缺乏社会筹资的信誉和业绩,因此非正规的金融贷款——从创业者的家人、亲戚、朋友处获得创业所需的资金是非常有效、非常常见融资方式。我国温州民营经济的融资特征是,在创业初期,以自有资金和民营融资为主;当企业具有一定的规模和实力以后,以自有资金和银行借贷为主,民间融资仍是重要的外部资金来源。有调查发现,企业在初创期 75% 以上的资金来源于自身积累和民间借贷;在企业发展阶段,其资金来源主要为初创时的自有资金、留存收益及银行借贷。

但是,为了避免日后出现问题,创业者必须将有利方面和不利方面都告诉家庭成员和朋友,还要告诉他们存在的风险,以便在日后出现问题时对家庭成员和朋友关系的不利影响降到最低。用非个人投资者融资的商务方式来对待向家庭成员和朋友融资时,对每一笔债权性资金都要讲明其利息率和还本付息计划,对股权性资金不能承诺未来支付红利的时间,如果能用对待其他投资者的方式对待家庭成员和朋友,就能避免将来的矛盾。创业者还可以事先用书面方式将一切事项确定下来,在将钱用于企业之前,必须规定融资的一切细节,这些细节包括资金的数量、有关条件、投资者的权利和责任以及对业务失败的处理等。制定一份涉及所有上述条款的正式协议在一定程度上可以避免未来可能出现的纠纷。

8.3 创业融资的选择

根据企业生命周期理论，创业企业的发展阶段可以分为：种子期、初创期、成长期和成熟期。每个阶段呈现不同的特征和不同的资金需求。因此，可以考虑企业不同阶段的融资策略，以充分体现融资策略的长期性和灵活性。

8.3.1 种子期

在种子期，创业者仅有某一想法，一份商业计划书或者某项仍然处于实验室阶段的技术。在该项技术进入产业化之前，一般要经过多次放大实验或临床实验，以检验技术的可靠性、稳定性和可行性。因此，处于种子期的企业需要在产品研发和市场调研方面投放大量的资金。

在这个阶段，企业融资具有资本需求金额小、潜在投资收益大以及投资风险高的特点。要想说服投资机构投资处于这一阶段的企业，十分艰难。最实际可行的方式是自筹和找亲朋好友借款。此外，寻找其他私人投资也是一个可行的办法。这里的私人指的主要是拥有较多闲散资金，并且有兴趣做高风险投资的人，例如天使投资人。他们可能是行业内的资深人士，可能是成功的企业家，也可能是酒吧角落里不起眼的一位顾客。这些人的联系方式通常不容易得到，能否找到他们，就靠自己平时积累的人脉关系和运气了。另外，在接触这些私人投资者时，做好充分准备工作，明确自己要做什么，将自己的创意想法清楚地传递给他们。切记，不要试图欺骗或者隐瞒，因为他们懂得的不会比你少。另外，虽然国内也有风险投资进入种子期企业的案例，但是按照风险投资行业的规则，对于种子期的项目，"谁来做"远比"做什么"更重要。如果你和你的创业团队没有丰富的从业经历或者广泛的人脉关系，那企图得到风险投资就有些异想天开。最后，政府资助也是有效解决种子期资金需求的途径。国家每年有数十亿资金用于科技型中小企业研发、技术创新和成果转化等，另外，有些地方政府也设立了专项资金计划。政府资助更是大学生创业种子期化解资金风险的关键，为鼓励大学生创业，我国已初步建立了专项资助、税收政策、金融政策、产业引导等经济扶持政策体系，设立专项基金资助大学生的创业创新活动。

8.3.2 初创期

初创期是创业人员将种子期具有商业价值的研究成果，通过创业转化为产业的阶段。在初创期，企业拥有一定的生产技术，但是生产设备简陋，生产规模小，产品面临不被市场认可的风险，利润微薄甚至亏损，经营风险很高。同时，为了扩大市场占有率，形成自己的核心竞争力，初创期企业需要大量资金投入到设备购置、产品开发、市场推广。

对于大多数创业者而言，此时获得外部融资依然很困难。除企业内部保留盈余、创业者自身的资本以及亲朋好友的民间借贷外，寻找天使投资也是一个很有效的途径。因为，有些天使投资人有资深的行业经验或创业经验、经营管理经验以及广泛的人脉关系资源，他们能为创业者提供指导，尤其是帮助企业进一步寻找市场潜力领域，提高产品获利能力，整合创业管理团队以及对商业计划精细化。初创期企业的资信水平低，偿债能力差，设备资产等的抵押能力有限，难以满足银行贷款的申请条件。但在风险资本介入以后，由于企业的资金实力和承担风险的能力有所增强，部分对于高新技术企业运作比较熟悉的商业银行会适度介入，并提供一定程度的贷款支持。但是，就目前国内情况来看，风险投资比较少介入初创期企业。此外，政府设立的扶持高新技术企业的创业基金对于这一阶段的企业也具有明显的支持作用。

8.3.3 成长期

在成长期，企业的产品或服务开始逐渐被市场接受，并具有一定的竞争力，市场份额逐渐提高，销售业绩和利润开始增长，企业规模迅速扩张，基本上实现了规模化经营，具有正的稳定的现金流和利润，企业资信水平提高，经营管理活动进入正轨，并且管理团队的素质和能力都有所提高。处于这个阶段的企业需要大量资金用于满足企业扩张的需求，包括将主营业务做大做强，或者在现有业务的基础上进行纵向延伸，整合产品的供应链，继续扩大市场份额。同时，为了适应企业规模的扩张，也需要加大对技术创新、人力资源等方面的投入。

企业发展到成长期，开始有了可用于扩大再生产的内部盈余，融资能力提高，可利用的融资渠道更多。第一，利用留存利润进行内部融资。第二，商业信用。由于生产经营已经经历了一段时期并粗具规模，与供应商和经销商建立了固定的合作关系，并具有一定的话语权，企业有条件通过商业信用——应付账款（针对供应商）和预收账款（针对经销商）占用上下游的资金，积聚一笔可观的流动资金，这笔资金对企业进一步扩张作用良多。第三，向金融机构间接融资。具有了一定的业务记录、设备等固定资产，企业资信水平提高，可以取得银行流动资金贷款以及通过商业担保公司取得银行中长期贷款。第四，风险投资。企业发展到成长期，经营风险大大降低，发展前景逐步明朗，能吸引到一些风险投资机构进行直接融资。第五，创业板上市融资。

8.3.4 成熟期

该阶段的特征是：①企业获得持续稳定的经营现金流。此时企业的生产技术和经营管理能力比较成熟，产品市场占有率和盈利水平稳定，进而能为企业带来大量稳定的现金流。但随着市场的饱和，企业增长速度放缓，逐步出现剩余生产能力，投资收益增长率下降，企业创造新增价值的能力萎缩，即 EVA（经济增加值）在不断减少。②经营风险显著降低。成熟期企业的显著特征是出现了巨大的剩余生产能力，销售额高且利润空间稳定，产品市场相对比较稳定，企业经营风险逐步降低。在这个阶段，企业的资金大多用于开发新产品、开拓新市场，通过兼并、收购、充足等形式实施多元化。

进入成熟期，企业建立了较为完善的财务会计制度和良好的业务记录，可供抵押的资产较多，较为容易获得银行等金融机构的贷款。同时，这个阶段的企业融资难度降低，资金来源更多，供需缺口较小，融资渠道也更大。企业应该选择适宜的融资方式，以优化自身的资本结构,降低资本成本。可供选择的融资渠道包括:民间借贷、向金融机构贷款、上市融资、债券融资、风险投资等。对成熟期企业而言,负债融资导致的财务风险增加不会产生很高的总体风险,不会降低企业的资信等级,企业保持一个相对合理的资本结构,增加长期债务的负债融资和回购股票的方式可以增加财务杠杆的作用,提高权益资本的收益率。

图 8-3 为企业不同发展阶段的融资需求。

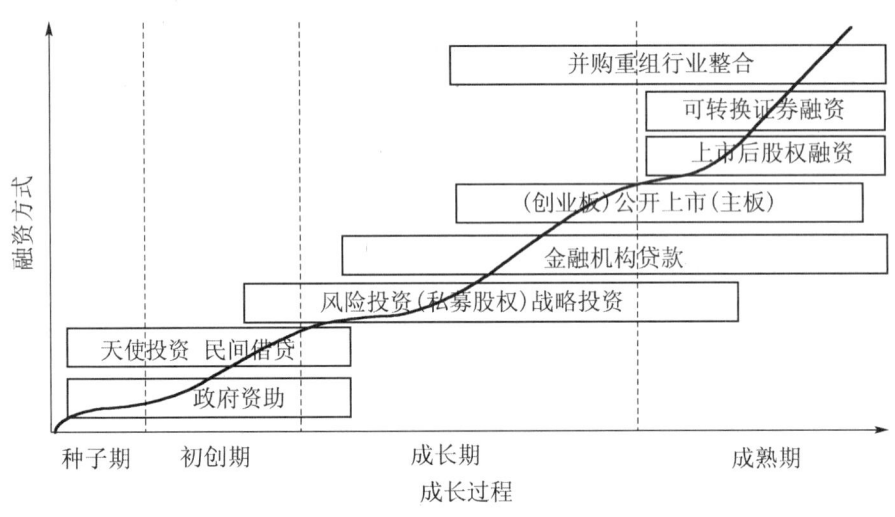

图 8-3 企业不同发展阶段的融资需求

8.4 创业融资的过程

8.4.1 融资前准备

1. 熟悉财务

在中国商业史上,从公元前 473 年开始有记载的大商人陶朱公开始到近代的胡雪岩,传承的思想中,有两点成功的商业经验:第一个是绝门绝技;第二个是理财思想。而融资准备包括掌握财务,更明确地说,就是掌握管理会计的思想。管理会计的思想与一般财务会计、税务会计以及公司日常的会计思想有很大的区别。每个企业领导都应当学会看三张表:资产负债表、损益表和现金流量表。否则,企业领导就无法带领企业正常运转。

资产负债表:资产负债表表明了一家企业有多少资产和多少负债、短期资产、固定资产、总资产,短期负债、长期负债及相对应的资产负债比例等情况。

损益表:损益表表明的是企业一定时期内的收入和支出。

现金流量表:企业的现金流量表表明了企业日常支出需要和收入情况,通过研究现金流量，可以对公司财务进行规划，及时预见紧急情况并有效规避。

上述三个表是反映公司情况的生命线。一个老板若具有良好的财务观念，对于三张表完全精通，则是一个公司健康运转的基础。在掌握三张表内容的前提下，思考公司的问题，把公司所有资源都尽可能地财务化。计算所有的投入产出，将公司所有资源尽可能货币化，这样，企业领导就有了基本的财务思想。这一思想对于公司发展将起到至关重要的作用。而养成财务思考的习惯，还可以规避公司可预见的竞争对手，运用财务手段战胜对手。

2. 掌握融资的基本知识

融资的基本知识主要包括三部分内容：

借贷：借贷是一种资金关系，具体包括银行贷款、发行债券、金融租赁等。

股权转让：通过股权转让，不仅能融入资金，而且可以引入先进的管理经验、管理团队、管理技术等。

政策资助：政策资助主要来自政府的支持。这种资助的周期一般很长，从申报到审批，需要比较长的时间。这也是张雪奎教授常说的，融资不紧张的时候找上级领导，融资急的时候找私募，不急不缓找银行。

3. 建立个人信用

个人信用是一种无形资产，特别是在组建创业团队，接触天使投资人、银行等外部投资者时，良好的信用能赢得创业伙伴和投资者的信任。所以创业者应当有意识地建立个人信用。

4. 积累人脉资源

人脉资源是一种重要的社会资本，是创业过程中需要的一项重要社会资源。

8.4.2 测算融资需求

融资是有成本的，企业在做出融资决策之前，应该测算其融资需求规模，避免筹资过多，造成资金浪费、负债过多，增加融资成本和无法偿还债务的经营风险；同时也要避免筹资不足，影响企业正常经营活动的开展。因此，企业应该根据自身的业务发展、所处的发展阶段、融资的难易程度以及融资成本，确定其资金需求。

企业可以通过定性或定量的方法测算其资金需求。定性的方法是利用直观的资料，依靠个人的经验判断和分析，对融资需求进行预测。在现实中，可以由熟悉企业财务和生产经营状况的专家进行预测。定性方法不能揭示资金需求量与有关因素的数量关系，所以，实际中，企业一般采用定量的方法，即销售百分比法。该方法是首先假定费用、资产、负债与销售收入存在稳定的百分比关系，通过预计销售额和相应的百分比关系来预计资产、负债和所有者权益，最后利用会计恒等式确定融资需求量。具体的步骤包括：

（1）估算启动资金（设备、生产经营场地等固定资产的资金）。

（2）测算营业收入、营业成本、利润。

（3）编制预计财务报表。

（4）结合企业发展规划预测融资需求量。

计算外部融资需求的等式为:

外部融资需求量 = 预计总资产 − 预计总负债 − 预计股东权益

8.4.3 确定融资方式

从资金的性质上看,融资方式包括股权融资和债权融资。这两种方式的融资成本和对企业的经营管理影响不同。而且,企业在不同的发展阶段,对资金需求的特点和融资能力也不同。所以,企业应该根据自身所处的发展阶段,确定适合的融资方式,如表 8-2 所示。

表 8-2 企业在不同发展阶段的融资方式

种子期	自有资金、亲朋借贷、天使投资、政府扶持
初创期	股权性的机构风险投资
成长期	融资组合、债务融资、增资扩股
成熟期	IPO

从创业型企业的产业类型来看,不同产业类型的企业可以选择不同的融资方式,因为它们的成本要求、盈利模式、营销渠道和投资风险都有很大的差异,表 8-3 列出了几种常见的企业类型及与之相适应的融资方式。

表 8-3 不同类型企业的融资方式

制造业型创业企业	信贷资金
高科技型创业企业	天使投资或风险投资基金
服务型创业企业	中小型商业银行贷款
社会型创业企业	政府资金、社区共同集资

另外,企业还可根据资金额度、需求期限、成本承受能力来选择适合自己的创业融资方式,如表 8-4 所示。

表 8-4 不同衡量标准下的创业融资方式

资金额度	小额	员工集资、商业信用、典当
	大额	权益投资、银行贷款
需求期限	短期	短期拆借、商业信用、民间借贷
	长期	银行贷款、融资租赁、股权转让
成本承受能力	弱	股权转让、银行贷款
	强	商业信用、短期拆借

8.4.4 确定融资期限

创业融资按期限可以分为:短期融资和长期融资。融资的期限直接影响资金成本,进而影响企业效益。创业企业在确定融资期限时，应该考虑资金的用途和融资人的风险偏好。

资金的用途包括用于流动资产和长期投资、固定资产。针对流动资产的融资，一般期限较短、数额较小，可以采用商业信用、金融机构短期贷款等短期融资方式。用于购建固定资产和长期投资的资金，一般期限较长、数额较大，因而可以采用长期贷款、企业内部融资、发行债券、发行股票、融资租赁等方式。

根据融资人的风险性偏好不同，可以分为：激进型、稳健型和匹配型三种不同的融资策略。激进型融资策略是"借短用长"，将短期负债不仅用于流动资产，还用于解决永久性的资金需要。稳健型融资策略是"借长用短"，将长期资金不仅用于永久性资产还用于解决一部分流动资产。匹配型融资策略是根据资金用途匹配资金的期限。

因此，创业企业在融资的过程中，一定要了解影响本企业资本结构的因素，例如企业经营状况的稳定性和成长率、企业的财务状况和信用等级、企业资产结构、企业投资人与管理当局的态度、行业特征和企业发展周期、经济环境的税务政策和货币政策，只有彻底地理清它们之间的关系，才能确定最佳的融资期限组合，把握融资时机。

8.4.5 融资谈判

融资谈判是创业融资最为关键的一步，在这个过程中，创业者与投资人就融资的条件、融资的成本、支付的方法、担保的范围等融资事宜进行洽谈。

在融资谈判之前，创业者需要准备两份文件：

（1）《投资建议书》，简要介绍创业企业的经营管理状况、利润情况等；

（2）《创业计划书》，一份对创业企业发展战略、市场状况、商业模式和财务状况的详细叙述。

同时，创业者在与投资者面谈之前，要了解投资者的一些典型提问，并准备好如何应对，还要明确融资谈判的重点，例如：公司的估值、保护性条款、创业团队和创始人的股份行权计划等，从而清楚知道自己的底线。

在融资谈判中，首先需要注意两点：一是尽可能让投资者明白企业想要干什么，也即了解创业企业的产品或服务，融资者可以把自己的创业融资计划书做成幻灯片的形式，以便在最短的时间内让投资者以最快的速度全面地了解到创业企业的信息。二是始终把注意力放在《创业计划书》上，避免给投资者造成泛泛而谈、喜欢幻想的印象。其次，融资者要善于观察谈判对手的情感变化，尽可能抓住谈判的主动权，但不能盛气凌人，要确保和谐的谈判氛围。最后，即使谈判目标无法达成，谈判走向僵局，也不能使谈判关系破裂，可以暂缓谈判。

在融资谈判之后，不管目标是否达成，融资者都应该与投资者保持友好的伙伴关系。因为即使投资者没有提供资金，融资者谦恭友好的态度也能给对方留下深刻的印象，给创业者带来良好的口碑，这也可能吸引其他投资者的青睐。

8.5 创业融资的误区

在融资过程中，有些融资误区会吓跑你的融资方。如果你认为获得风险投资对于创业者十分困难，那么也应换位思考一下风险投资机构所面对的各种挑战。一家风险投资机构平均每年会与500～1000位创业者接洽，但最多投资其中的2～3位。换而言之，投资机构可能花费60分钟与每位创业者见面，而却不可能投资绝大多数的创业者。

但是，即便风险投资机构与创业者进行了60分钟的会面，也不代表融资推介成功。很多推介仅仅几分钟就开始让人厌倦，但是出于礼貌又不得不硬着头皮听完，所以只好全程保持沉默。在与创业者会面的最初3分钟内，风险投资机构往往就可以判断出是否要挨过剩下的57分钟，或是需要与创业者花更多的时间讨论。

以下五个常见错误会让创业者在最初三分钟内出局，失去融资机会。

1. 冗长的介绍

由于经营公司的压力，创业者常常会沉浸于自己的想法中，忘记其他人可能对业务并不那么了解。而另一方面，风险投资机构在科技领域也已经积累了几十年经验，对行业已经非常了解。

创业者的融资推介应该简明扼要地回答以下四个问题：

第一，融资能解决企业的什么问题？

第二，为什么这个问题对潜在客户有很大的影响？

第三，与竞争对手相比，你如何更好地解决这个问题？

第四，为什么你如此热衷于解决这个问题？

吸引眼球和索然无味的推介之间的不同在于其对客户购买原因的理解。

2. 缺乏可信性

如果创业者已经成功转让一家公司，或者已经使另外一家公司上市，很容易就能吸引风险投资机构的注意。但是，如果创业者只是初次创业，那么只有当风险投资机构确信其具有成功企业管理者潜力时，才会进行投资。

没有吸引眼球的企业经营业绩该怎么办？创业者可以想想自己在其他方面所取得的成功，比如有没有赢得过某项比赛，或者以前是否学习成绩非常出色。这只是展示其领导力和成功潜质的多种方式中的两种。如果创业者无法证明自己有过成功的经历，了解获胜的感觉，风险投资机构会很快失去兴趣。

3. 工作团队缺乏实力

风险投资机构希望创业者能够吸引优秀人才、组建和激励优秀工作团队。例如：首席工程师和销售人员对新产品开发和销售额增长跟踪记录。

有些初创企业CEO组建了很优秀的团队，沟通过程中，他们常常会自豪地夸赞首席设计师的成功产品设计或者销售副总帮助公司实现销售额快速增长。如果风险投资机构认为团队实力差，就会严重怀疑创业者个人的判断力。

4. 融资额度不合理

创业者应对自己的产品或服务市场进行细致缜密的分析。也就是说，要求风险投资机构提供 1000 万美元投资前，创业者应能够充分证明这些产品或服务有足够大的市场，能够确保投资带来预期回报。虽然数字计算非常简单，但是如何让风险投资机构相信预测的市场规模和计算的数字，这才是真正的挑战。

5. 市场领导者的潜力

使风险投资机构相信创业者的公司将成为市场引领者，并能掌握 10% 的市场份额，关键在于证明其对客户问题有深入了解，并能够说明客户评判竞争对手产品的具体标准，以及能够展示其产品的竞争力。如果创业者无法让风险投资机构相信其能达到一定市场规模和高度，那就只能考虑尝试其他的融资渠道。

本章小结

1. 创业融资按资金来源的性质可以分为：债权融资与股权融资。创业融资的特点：第一，创业融资需求的阶段性；第二，在融资渠道上，更多地依赖内部融资；第三，债务融资规模小、期限短。

2. 创业融资的主要渠道有：风险投资、众筹融资、银行借款、私募融资、融资租赁、个人创业贷款、合伙人与员工入股。风险投资的六要素包括：风险资本、风险投资人、投资目的、投资期限、投资对象和投资方式。众筹的特征是：低门槛、多样性、依靠大众力量、注重创意；众筹融资既有股权融资，也有债券融资。

3. 融资需求的发展阶段有：种子期、初创期、成长期和成熟期。

4. 创业融资过程分为：融资前准备、测算融资需求、确定融资方式、确定融资期限和融资谈判。

复习思考题

1. 为什么融资成为创业的一大难题？
2. 创业融资需求有什么特点？
3. 创业融资的渠道主要有哪些？
4. 天使投资与创业投资有什么不同？
5. 要想顺利地获得创业资金，创业者在平时要注意哪些？

推荐阅读

1. 冯晓琦，著，《风险投资》（第二版），清华大学出版社，2012 年 10 月。

2. 盛佳、柯斌、杨倩，著，《众筹：传统融资模式颠覆与创新》，机械工业出版社，2014年10月。

3. 张玉利、李新春，著，《创业管理》，清华大学出版社，2006年8月。

课堂自测题

一、单选题

1. 创业融资按资金来源的性质可以分为（　　）。
   A. 债权融资和私募融资　　　　B. 众筹融资和私募融资
   C. 众筹融资和股权融资　　　　D. 债权融资和股权融资

2. 以下选项中，不属于创业融资特点的是（　　）。
   A. 创业融资需求的阶段性
   B. 在融资渠道上，更多地依赖内部融资
   C. 债务融资规模小、期限短
   D. 不重视资金和社会关系的重要性

3. 以下各种融资方式中，既属于股权融资又属于债券融资的是（　　）。
   A. 风险投资　　　B. 众筹融资
   C. 银行借款　　　D. 合伙人与员工入股

4. 从投资方式来看，以下选项中不属于风险投资方式的是（　　）。
   A. 直接投资　　　B. 间接投资
   C. 提供贷款　　　D. 贷款担保

5. 成长期的融资需求特征是（　　）。
   A. 企业的市场风险和管理风险已经解除
   B. 资本需求量稳定
   C. 需要吸纳外部资金
   D. 企业尚无盈利记录

6. 关于创业投资，下列说法不正确的是（　　）。
   A. 以股权方式投资于具有高增长潜力的未上市创业企业
   B. 一般投资于企业的早期或种子期
   C. 以整个创业企业作为经营对象，通过支持"创建企业"并在适当时机转让所持股权，来获得资本增值收益
   D. 积极参与所投资企业的创业过程

7. 企业融资成熟期的特征是（　　）。
   A. 企业获得持续稳定的经营现金流
   B. 企业获得波动较大的经营现金流
   C. 经营风险显著提高

D. 企业创造新增价值的能力提高

二、判断题

1. 风险投资往往是一种参与性投资，也被称为增值型投资。（ ）

2. 在融资谈判之前，创业者至少需要准备《投资建议书》和《创业计划书》两份文件。（ ）

3. 与风险投资机构沟通过程中，可以多多夸赞首席设计师的成功产品设计或者销售副总帮助公司实现销售额快速增长。（ ）

自测题答案二维码

案例研讨

当"众筹"遇上"大学生创业"

目前"众筹"是一种非常流行的集资创业的方式，而当今大学生创业也成为社会上火热的话题。当"众筹"遇上"大学生创业"，会擦出什么样的火花呢？在广州五山就有这样一家餐厅——比逗，是一群充满激情的"90后"大学生采用"众筹"的方式创立的。

餐厅总投资为85万元，核心创始团队此前已经筹集50万元的资金，剩余资金通过众筹的方式向校内的同学筹集，这35万元在一个月的时间就筹集到了。由于比逗通过众筹的方式筹集资金，很快在学生当中传播开来，知名度迅速覆盖了五山华工华农两所高校。创始人之一刘永杰说，众筹股东每股1000元，每位需出资至少1000元，最多5000元，享有1至5股的分红权。同时，股东有义务传播咖啡馆的理念，积极向朋友介绍推荐。"从2014年8月份运营至今，我们没有做过任何宣传，只是通过微信线上传播，现在每天都有不错的客流量，日均收入4000元左右，基本达到收支平衡"。此外，比逗还在番禺大学城开了一家分店，客流量也是相当可观。

思考：

1. 比逗获得资金的渠道有哪些？
2. 试分析比逗为什么能众筹成功。

第 9 章 新创企业

现代企业需要的是少走从前的弯路，从一开始就走规范化管理道路。企业在没有开业前，就必须考虑企业的组织结构问题。管理制度可具有灵活性，然而生产与质量管理、资金的控制需要严格些。

——陈德智（《创业管理》）

【学习目标】
- 了解如何选择公司地址
- 了解有哪些企业类型
- 掌握不同企业类型之间的不同点
- 了解新创企业的可能风险、风险管理

【读书笔记】

在《创业管理》一书中，作者谈到了技术工艺设计问题。一个以一项技术创新而创业的创业者，在新创企业开业前，一定要对技术进行切合市场与生产实际的技术工艺的设计，对于没有足够资金的创业者，需要的是根据市场需要的产品指标要求，根据自己实际创业财力而设计适宜的工艺路线，以期能够用相对简化或能够买得起的设备进行创业起步。一个创业者应该抛弃什么都自己买、小而全的观念，有些使用频率较低的设备，完全可以采取租用的方式，一些生产环节也可以采取委托加工的方式。

9.1 新创企业的筹备

创办一个新公司首先要进行公司注册，如同新生儿诞生后要申报户籍。

在决定创办公司时，创业者必须确定公司的法律形式。选择公司的法律形式即是要创业者清楚究竟想创办一个什么类型的公司。

9.1.1 公司的类型

公司的法律形式或类型（或企业组织形式）是以出资方式、利润分配方式和风险承担方式的不同来划分的。

9.1.1.1 个人独资企业（Sole Proprietorship）

1. 什么是个人独资企业

最简单的企业组织形式莫过于独资企业，这种组织形式通常仅涉及一位拥有并经营企业的个人。如果创业者希望独自负责企业运营，那么不妨尝试下这种形式，而这种形式也是许多小投资创业项目的选择。

根据《个人独资企业法》第 2 条的规定，个人独资企业是指依照《个人独资企业法》在中国境内设立，由一个自然人投资，财产全部为投资人个人所有，投资人以其个人财产对企业债务承担无限责任的经营实体。个人独资企业是一种简单的公司组成形式，但是万一经营不善，独资者的全部资产要用于抵债。

2. 个人独资企业的权利和义务

个人独资企业不是法人，但是法律确认它能以自己的名义享有一定的权利、承担一定的义务，承认它有一定的独立的能力。个人独资企业的显著特征是个人所有制企业，投资人的投资以及企业所得收益均归个人所有，投资人享有企业财产所有权，其有关权利可以依法进行转让或继承。同时，投资人也是企业的负责人和代表人，享有企业的经营权和管理权。个人独资企业的民事权利与义务由投资人即企业的主人享有和承担，并且投资人还要以自己的个人财产对企业债务承担无限责任。

3. 个人独资企业的设立条件

根据《个人独资企业法》规定，我国对个人独资企业的设立，在立法上采取了准则主义，即只要符合法律规定的设立条件，企业即可直接办理工商登记，无须经过有关部门批准。

① 投资人为一个自然人。个人独资企业的投资人必须是自然人，法人、其他组织不能成为个人独资企业的投资人。申请设立个人独资企业的投资人应当具有相应的民事权利能力和民事行为能力。

② 有合法的企业名称。个人独资企业必须与其责任形式相符，不能使用"有限责任""有限""公司"等字样。

③ 有投资人申报的出资。法律没有限定个人独资企业的出资额，由投资人在设立时予以申报。投资人的申报金额原则上应与企业生产经营规模相适应，可以是个人资产出资，也可为家庭共有财产出资。

④ 有固定的生产经营场所和必要的生产经营条件。生产经营场所包括企业的住所和与生产经营相适应的处所。住所是企业的主要办事机构所在地，是企业的法定地址。

⑤ 必要的从业人员。

4. 个人独资企业的优缺点

(1) 个人独资企业的优点

①经营管理灵活自由。企业主可以完全根据个人的意志确定经营策略，进行管理决策。

②企业的建立与解散程序简单。

(2) 个人独资企业的缺点

①公司胜败命悬一人之手，缺乏可靠性。独资企业的存续完全取决于企业主个人的得失安危，企业的寿命有限。业主一旦死亡或发生意外，而其家庭成员又无兴趣和能力继续经营该公司，这种公司就会"自然死亡"。

②公司规模一般很小。独资企业有限的经营所得、企业主有限的个人财产、企业主

一人有限的工作精力和管理水平等都制约着企业经营规模的扩大。

③个人独资企业很难独立应付企业所有领域的问题。一人之力，必然有限，这也是个人独资企业规模难大、起落频繁的原因。

④业主对企业的债务负无限责任。当企业的资产不足以清偿其债务时，业主以其个人财产偿付企业债务。这有利于保护债权人利益，但独资企业不适宜风险大的行业。

5．企业个人独资企业适合经营的领域

（1）首选是流通领域

有专家曾指出，个人创办企业首选是流通领域。把生产者和消费者连接起来，做流通领域的销售企业，这是个人企业较好的渠道之一。现在大的生产厂家自己往往不设销售网，依靠很好的销售公司来实现销售。个人独资企业则可以成立销售网络，做生产者和消费者的桥梁。

（2）市场中介机构

之前我国市场的中介机构只允许合伙制，现在可以开办个人独资企业。市场中介机构也是一个流通平台，是一个提供服务的资讯窗口，例如法律咨询、房产中介、家政服务中介等。

（3）创意产业和高新技术开发公司

在如今的市场环境下，好的点子和先进的技术可以带来丰厚的利润。一些个人独资的软件开发公司、设计公司和点子公司都迎合了目前这一庞大的市场需求，并且表现出越来越旺盛的生机。

（4）医疗保健服务机构

随着人民生活水平的提高，医疗保健服务也越来越受到人们的关注。此外，在中国的落后地区还可组织传统的制造业。

中国现在还处于工业化的前期，目前存在的一个很重要的问题是如何实现农村的工业化，实现农业向工业的转移、农村向城镇的转变。建筑业、工厂等都还存在较大市场需求。

9.1.1.2 合伙制公司（Partnership Enterprise）

合伙制公司，在我国称为合伙企业，《中华人民共和国合伙企业法》第二条规定：本法所称合伙企业，是指依照本法在中国境内设立的由各合伙人订立合伙协议，共同出资、合伙经营、共享收益、共担风险，并对合伙企业债务承担无限连带责任的营利性组织。

（1）合伙企业的设立条件

① 应当有两个以上的合伙人。设立合伙企业必须有合格的合伙人参与，就人数而言，应当至少有两个合伙人。

② 有合伙人实际缴付的出资。作为合伙企业的合伙人必须有具体的出资，出资的形式可以是货币、实物、土地使用权、知识产权、其他财产权，经合伙人一致同意，劳务也可以作为出资形式。合伙企业的具体出资额，法律并没有金额限制，只要合伙人认为与经营相适应即可。

③ 有自己的名称。合伙企业作为市场主体之一，应当有自己的名称。根据《企业名称登记管理规定》，企业只准使用一个名称，该名称应符合经营特点、组织形式。企业名称经依法核准登记后，企业便享有名称使用权。

④ 有经营场所和从事合伙经营的必要条件。合伙企业必须有一定的营业场所和从事经营的必要条件。所谓必要条件，就是根据合伙企业的合伙目的和经营范围，如果缺乏则无法从事生产经营活动的物质条件。

⑤ 法律、行政法规规定的其他条件。

（2）合伙企业财产

合伙企业财产是合伙企业开展生产经营活动的物质基础。《中华人民共和国合伙企业法》规定，合伙企业存续期间，合伙人的出资和所有以合伙企业的名义取得的收益，均为合伙企业的财产。

① 合伙人出资财产部分。在一般情况下，合伙人的出资意味着所有权的转移。如果合伙人出资时有特别约定的，应当以其约定为准。以土地使用权或其他需要变更登记的财产出资的，应当办理变更手续。当合伙人以知识产权出资时，可以通过许可方式将使用权作为出资，在这种情况下合伙人保留知识产权的所有权。若合伙人对出资财产本身不享有所有权，则其只能以其享有的权益出资，如合伙人以租赁房屋权益作为出资的，由于客观上不能转移所有权，因此此时的出资只能是房屋的使用权。

② 以合伙企业名义取得的全部收益部分。这部分财产是合伙经营积累的财产，这部分财产，任何合伙人都不得擅自处分，应当由全体合伙人统一使用和管理。收益在分配前，应当作为整体以符合合伙企业经营目的的方式使用，所有合伙人对其享有的权益同经营决策权益是一致的。合伙人作为合伙企业责任的最终承担者，对于合伙企业财产享有权利，同时也承担相应义务。

合伙人对合伙企业财产享有的权利包括以下方面。a. 根据合伙企业财产权利内容的不同享有共同权或共用权。合伙人对合伙企业享有所有权的财产享有共有权；对合伙企业享有他物权或其他限制权利的财产享有共用权。b. 共同支配权。合伙人对合伙企业财产的转让和处分决定，必须经全体合伙人的同意，不得擅自转让或处分。c. 利益分配权。每个合伙人对合伙企业在经营过程中的利润，均享有分配的权利。

合伙人对合伙企业财产承担的义务包括：a. 合伙人应当按照合伙协议约定的期限、数额和方式缴纳各自的出资。b. 合伙企业存续期间，合伙人不得请求分割合伙企业的财产。c. 合伙人不得擅自处分合伙企业财产，包括转让、赠予、对外出资等。d. 合伙人的个人债务应当以其他个人财产优先清偿，不得直接以对合伙企业财产享有的权益抵销或清偿债务。

（3）合伙企业的优缺点

合伙组织形式与个人独资企业和公司相比，合伙企业有其他经济体无法代替的优势，同时也有自身的不足，这需要经营者根据自己的目的和取舍进行选择。

① 合伙企业的资本来源比独资企业广泛，它可以充分发挥企业和合伙人个人的力量，这样可以增强企业经营实力，使得其规模相对扩大。但相对于公司而言，合伙企业

的资金来源和企业信用能力有限,不能发行股票和债券,这使得合伙企业的规模不可能太大。

② 由于合伙人共同承担合伙企业的经营风险和责任,因此,合伙企业的风险和责任相对于独资企业要分散一些。但与公司股东的责任相比,合伙人之间的连带责任使合伙人需要对其合伙人的经营行为负责,加重了合伙人的风险。

③ 法律对合伙企业不作为一个统一的纳税单位征收所得税,因此,合伙人只需将从合伙企业分得的利润与其他个人收入汇总缴纳一次所得税即可。

④ 由于法律对合伙关系的干预和限制较少,因此,合伙企业在经营管理上具有较大的自主性和灵活性,每个合伙人都有权参与企业的经营管理工作,这点与股东对公司的管理权利不同。

⑤ 由于合伙企业具有浓重的"人合性"(指以股东的个人信用为公司信用基础),任何一个合伙人破产、死亡或退伙都有可能导致合伙企业解散,因而其存续期限不可能很长。

(4)合伙企业适合从事的行业

合伙制公司比较常见于会计师事务所、律师事务所和一些医疗卫生行业。一般可分为普通合伙制和有限合伙制。普通合伙制下的合伙人对公司的债务负有无限的风险责任,以个人财产全部清偿,有限合伙制的合伙人只以自己的出资额为清偿极限。

9.1.1.3 有限责任公司(Limited Liability Company)

有限责任公司,又称有限公司,包括普通有限责任公司和一人有限责任公司。

普通有限责任公司是指两个以上的股东共同出资,每个股东以其所认缴的出资额对公司承担有限责任,公司以其全部资产对其债务承担责任的法人企业。我国政策规定,公司必须有两个以上、50个以下的股东方可成立。

一人有限责任公司是指一名股东(自然人或法人)持有公司的全部出资的有限责任公司,强调股东的唯一性。

(1)有限责任公司的设立条件

① 有符合法律规定的股东人数。

按照《中华人民共和国公司法》规定,有限责任公司由50个以下股东出资设立。一个自然人或一个法人可以投资设立一人有限责任公司,一个自然人只能投资设立一个一人有限责任公司。一人有限责任公司应当在公司登记中注明自然人独资或者法人独资,并在公司营业执照中载明。

② 有符合公司章程规定的全体股东认缴的出资额。

③ 有股东共同制定的公司章程或一人有限责任公司股东制定的章程。

④ 有公司名称,公司名称中应标明"有限责任公司"或"有限公司"字样,并建立符合有限责任公司要求的组织机构。

⑤ 有公司住所。

(2)组织机构

完整的公司机构应当包括股东会、董事会和监事会。股东会是有限责任公司的权力机构,是由全体股东组成的表达公司意思的非常设机构。股东会对外不代表公司,对内不执行业务。董事会是有限责任公司的执行机构,是由股东会选举产生,对内执行公司业务,对外代表公司的常设性机构。股东人数少和规模较小的公司可不设董事会,仅设一名执行董事。监事会由股东代表和适当比例的公司职工代表组成,具体比例由公司章程规定。监事会中的职工代表由公司职工民主选举产生。有限责任公司,股东人数较少和规模较小的,可以设一至两名监事。董事、经理及财务负责人不得兼任监事。

(3) 股东的权利和义务

企业法律形态选择必然由出资人完成,公司股东首先考虑的是个人权利义务、风险和利益。股东的权利通常简称为股东权或股权,是指股东基于其出资在法律上对公司所享有的权利。股东的权利分为自益权和共益权。自益权是从公司得到经济利益的权利;共益权是参与公司经营管理和监督的权利。股东行使共益权时,也是实现或保障股东自身的利益。

(4) 有限责任公司的优缺点

有限责任公司比个人独资企业风险小,筹资容易,有利于中小企业扩大资本;比股份有限公司设立程序简单方便,但由于不能公开发行股票,股份不许上市交易,股份转让不自由,所以在筹资规模和来源上要稍逊股份有限公司一筹。公司股份的转让必须经过股东会或董事会的同意,股东个人无权转让。

9.1.1.4 股份有限公司(Corporation Limited)

股份有限公司,又称股份公司,是指公司全部资本分为等额股份,股东以其所认购的股份对公司承担责任,公司以其全部资产对公司债务承担责任的企业法人。股份公司以其股东人数的广泛性、完全的资合性(以资本为公司信用基础)区别于其他企业法律形态。

(1) 股份有限公司的设立条件

① 发起人符合法定人数;

② 有符合公司章程规定的全体发起人认购的股本总额或者募集的实收股本总额;

③ 股份发行、筹办事项符合法律规定;

④ 发起人制定公司章程,采用募集方式设立的,经创立大会通过;

⑤ 有公司名称,建立符合股份有限公司要求的组织机构;

⑥ 有公司住所。

(2) 股份有限公司的优点

股份有限公司具有其他公司和企业形式无可比拟的优点,股份有限公司几乎是以广泛聚集资金、兴办大型企业为目的者的唯一选择。

① 利于集资。股份有限公司是集中资本的一种最有利的公司形式,它不仅可对外公开发行股票和债券,而且可以更为广泛地吸收社会的小额分散资金。

② 分散风险。公司以其有限制的利益和有限制的风险实现了不同于其他企业法律形式的统一,股份有限公司的股份更进一步将这种利益和风险细分,股东的风险较之有限责任公司进一步分散。

③ 股份转让便捷。股份有限公司是最典型的资合公司，股份具有较高程度的流通性，可自由买卖、自由转让、自由流通；无须像有限责任公司通过召开股东会议决定股权的转让，并保障其他股东的优先购买权。

(3) 股份有限公司的不足

股份有限公司与其他企业相比，具有优越性和便捷性；同时在法律制度上也存在与利益相平衡的制约，这些对于投资者而言，是不可避免的缺陷和不足。

① 设立和管理成本比其他公司更高。股份有限公司设立责任较重，公司设立程序比有限责任公司更为复杂，管理机关对其管理要求更复杂、庞大，公司活动也更多受到约束和限制，因此设立和管理成本都较高。

股份有限公司的注册资本最低限额为人民币 500 万元。依据《中华人民共和国公司法》第八十一条规定：股份有限公司采取发起设立方式设立的，注册资本为在公司登记机关登记的全体发起人认购的股本总额。公司全体发起人的首次出资额不得低于注册资本的百分之二十，其余部分由发起人自公司成立之日起两年内缴足；其中，投资公司可以在五年内缴足。在缴足前，不得向他人募集股份。股份有限公司采取募集方式设立的，注册资本为在公司登记机关登记的实收股本总额。股份有限公司注册资本的最低限额为人民币 500 万元。法律、行政法规对股份有限公司注册资本的最低限额有较高规定的，从其规定。

② 经营信息公开。股份有限公司具有公众性，法律出于对人数众多且不参与经营管理的股东的保护，要求股份有限公司实行公示主义的管理方法。公司的经营信息需要按照法律规定完整、及时、准确地予以披露，这在一定程度上影响了公司通过隐蔽方式获得利益的可能。

③ 法律严格监管。法律对于股份有限公司的管理比任何一种企业形式都更为严格，体现在对公司内部管理机构设置、信息披露、关联交易等都有明确的规定。

④ 少数股东控制。由于股东人数众多，股权转让的便捷，股东对公司缺乏责任感，大量的股东选择"搭便车"。相对而言，只要掌握一定比例的股份（有时这种比例非常低），就能操纵公司经营管理，因此很容易导致少数股东滥用控制权利，损害其他小股东利益。

9.1.2 公司的组织形式

在对公司的注册形式有了了解之后，那在注册公司时，一个创业者该如何选择公司的组织形式呢？以下几个方面对公司组织形式进行对比和分析，如表 9-1 所示。

表 9 – 1 公司组织形式的对比和分析

	个人独资企业	合伙制公司	有限责任公司	一人有限责任公司	股份有限公司
1. 股东人数	法律、行政法规禁止从事营利性活动的人，不得作为投资人申请设立个人独资企业	合伙企业由两个以上五十个以下合伙人设立，但是，法律另有规定的除外。合伙企业分为普通合伙人和有限合伙人，其中，至少应当有一个普通合伙人	有限责任公司由五十个以下股东出资设立		设立股份有限公司，应当有两人以上两百人以下为发起人，其中须有半数以上的发起人在中国境内有住所
2. 决策与执行机构		有限合伙人不执行合伙事务，对企业承担有限责任。普通合伙人执行合伙事务，对企业承担无限连带责任，并且可以要求在合伙协议中确定执行事务的报酬及报酬提取方式	有限责任公司的股东会作为公司的权力机构，对公司事务进行决策		股份有限公司的股东会作为公司的权力机构，对公司事务进行决策
3. 财务	《个人独资企业法》第二十一条规定：个人独资企业应当依法设置会计账簿，进行会计核算		有限责任公司应当在每一会计年度终了时编制财务会计报告，并依法经会计师事务所审计，且依照公司章程规定的期限将财务会计报告送交各股东	《中华人民共和国公司法》第六十三条规定：一人有限责任公司应当在每一会计年度终了时编制财务会计报告，并经会计师事务所审计	股份有限公司应当在每一会计年度终了时编制财务会计报告，并依法经会计师事务所审计，且财务会计报告应当在召开股东大会年会的二十日前置备于本公司，供股东查阅

续表

	个人独资企业	合伙制公司	有限责任公司	一人有限责任公司	股份有限公司
4. 责任形式	《个人独资企业法》第十八条规定：个人独资企业投资人在申请企业设立登记时明确以其家庭共有财产作为个人出资的，应当依法以家庭共有财产对企业债务承担无限责任	普通合伙人对合伙企业债务承担无限连带责任，有限合伙人则以其认缴的出资额为限对合伙企业债务承担有限责任	有限责任公司的股东以其认缴的出资额为限对公司承担有限责任	《中华人民共和国公司法》第六十四条规定：一人有限责任公司的股东不能证明公司财产独立于股东自己的财产的，应当对公司债务承担连带责任	股份有限公司的股东以其认购的股份为限对公司承担有限责任
5. 所得分配	无特别规定	除合伙协议另有约定或合伙人协商决定外，合伙企业的合伙人按照实缴出资比例分配、分担；无法确定出资比例的，由合伙人平均分配、分担	除全体股东另有约定外，有限责任公司的股东按照实缴的出资比例分取红利		股份有限公司按照股东持有的股份比例分配，但股份有限公司章程规定不按照出资比例分取红利的除外

《中华人民共和国公司法》对公司的注册资本做了以下调整：

（1）取消了有限责任公司最低注册资本3万元，一人有限责任公司最低注册资本10万元的限制，理论上说，可以"一元开办公司"。

（2）取消了首次出资比例限制，也就是说可以"零首付"。

（3）取消了出资方式和货币出资比例限制，对于高科技、文化创意、现代服务业等创新型企业可以灵活出资，提高知识产权、实物、土地使用权等财产形式的出资比例，克服货币资金不足的困难。

（4）取消了公司注册资金缴足出资的时限，可以大大提高公司股东资金的使用效率。

9.2 新创企业选址策略

一个公司必须有地址，如果没有具体的地址，公司生产经营和办公就没有载体。公司的地址是公司生产经营和办公的必备条件，也是公司注册的必备法定条件之一。与此同时，公司地址选择不好，也会对今后公司的发展产生影响，例如，某个公司的地理位置选择不佳，有关方面开支大，而产品销路又不好，就会造成该公司无利可图，甚至会出现亏损；同时还会造成迁移费高，成本拉高，影响员工工作情绪。

创业者在开始选择公司地址时，必须认真调查研究，通盘考虑。

1. 生产性质的创业企业选址

这类创业企业在选址时要考虑具备生产条件：交通方便，便于原料运进和产品运出；生产用地满足，生产用水能保证；生产所使用的原料基地要尽量离企业不远；所使用的劳动力资源要尽量就地解决；考虑当地税收是否有优惠政策等。如果是一些可能对环境造成影响的生产项目，还须考虑环保因素。

2. 商业性质的创业企业选址

这类创业企业在选址时应考虑创业地的实际情况、客流量、店铺租金等。如在城市，若干个商业圈往往带动圈内商业的规模效应，选择在商业圈内会较易经营。但与繁华商圈寸土寸金的消费能力相应，店铺租金或转让费也是寸土寸金，往往会让创业者捉襟见肘，想要得一立足之地倍感困难。因而可以在商业圈内利用联合经营、委托代销等方式，或者在商业圈边缘选址，转向"次商圈"，将因此而节约下来的资金用于货品升级、提升服务等。在选址时要有"借光"的意识，比如在体育馆、展览馆、电影院旁边选址等。如果选择商圈之外的经营场所，则要注意做出特色，形成自己独特的风格，以达到"酒香不怕巷子深"的效果。

3. 服务性质的创业企业选址

这类创业企业在选址时要根据具体的经营对象灵活选址，但对客流量要求较高。"天下熙熙，皆为利来；天下攘攘，皆为利往"，客流在一定意义上就等于财流。在车水马龙、人流量大的地段经营，成功的概率往往比在人迹罕至的地段要高得多，但也应结合企业的目标消费群体特点，如针对居民的应设在居民社区附近，针对学生的则应设在学校附近。如果以订单为主，低成本、高效能的办公楼为首选。

目前，创业的年轻人多以从事服务性和知识性的创业者为主，集中在网络技术、电子科技、媒体制作和广告等产业。这些性质的公司可以选在行业聚集区或较成熟的商务区以及新兴的创意产业园区。

在选择经营场地时，各行业的考虑重点各不相同，其中有两项因素是不容忽略的，即租金给付的能力和租约的条件。经营场地租金是最固定的营运成本之一，即使休息不营业，也得支出。有些货品流通迅速、空间要求不大的行业，如精品店、高级时装店、餐厅等，负担得起高房租，就设于高租金区；而家具店、旧货店等，因为需要较大的空间，最好设在低租金区。

9.3 新公司注册流程

进行工商登记是公司正式确定的法定程序。任何一个公司只有进行工商登记之后，才能正式挂牌进行生产经营，成为名副其实的公司。新公司的注册流程如图 9-1 所示。

```
┌─────────────────────────────────────────────────────────────────────┐
│                        确定公司法定代表                              │
└─────────────────────────────────────────────────────────────────────┘
                                 ↓
┌─────────────────────────────────────────────────────────────────────┐
│         核名和提供证件：到工商局办理名称预先核准手续                 │
└─────────────────────────────────────────────────────────────────────┘
                                 ↓
┌─────────────────────────────────────────────────────────────────────┐
│        租房：签订租房合同，并让房屋产权人提供房产证复印件            │
└─────────────────────────────────────────────────────────────────────┘
                                 ↓
┌─────────────────────────────────────────────────────────────────────┐
│  编写公司章程：可找人代写，也可从工商局网站下载样本，进行修改后，由所有股东签名 │
└─────────────────────────────────────────────────────────────────────┘
                                 ↓
┌─────────────────────────────────────────────────────────────────────┐
│     刻法人名章：到公安局指定的刻章社，刻法人名章(方型)，费用15～20元 │
└─────────────────────────────────────────────────────────────────────┘
                                 ↓
┌─────────────────────────────────────────────────────────────────────┐
│ 到银行开立公司验资户：携带"公司章程""工商局的核名通知""法人名章""身份证" │
│ 到银行开立公司的验资账户，将各股东的资金存入账户，银行出据"询证函""股东缴款单" │
└─────────────────────────────────────────────────────────────────────┘
                                 ↓
┌─────────────────────────────────────────────────────────────────────┐
│ 办理验资报告：拿着"股东缴款单""询证函""公司章程""核名通知书""房租合同" │
│ "房产证复印件"到会计师事务所办理验资报告，一般费用为500元           │
└─────────────────────────────────────────────────────────────────────┘
                                 ↓
┌─────────────────────────────────────────────────────────────────────┐
│ 申领营业执照，注册公司：到工商局领取公司设立登记的各种表格，填好，然后将"核名 │
│ 通知""公司章程""房屋租赁合同（一年以上的租赁协议（合同）原件）""房产证复印 │
│ 件""验资报告"一起交给工商局，一般3个工作日后可以领取执照（各地时间略有差别） │
└─────────────────────────────────────────────────────────────────────┘
                                 ↓
┌─────────────────────────────────────────────────────────────────────┐
│ 刻制公章：参股股东中包括法人股的，应持其中一家法人单位介绍信、营业执照副本原件、 │
│ 章样一式两份；参股股东中无法人股，即全部为自然人参股的应由法人代表办理，携带本人 │
│ 身份证原件、复印件各一份，营业执照副本原件、复印件各一份，章样一式两份，到公安局 │
│ 指定的刻章社，刻公章、财务专用章，费用120～180元                     │
└─────────────────────────────────────────────────────────────────────┘
                                 ↓
┌─────────────────────────────────────────────────────────────────────┐
│ 办理企业组织机构代码证：凭营业执照到技术监督局办理组织机构代码证，费用30元 │
└─────────────────────────────────────────────────────────────────────┘
                                 ↓
┌─────────────────────────────────────────────────────────────────────┐
│ 开基本户：到银行开立基本账户；                                      │
│ 办理税务登记并领购发票：领取执照后的30日内到当地税务局申请领取税务登记证（国税、│
│ 地税）。服务性公司使用地税发票，销售商品公司使用国税发票            │
└─────────────────────────────────────────────────────────────────────┘
```

图 9-1　新公司注册流程图

一般来说，创办公司在进行工商登记前，还应先做一系列准备工作，其中，首先应确定的就是公司的法定代表人。

9.3.1 公司法定代表人确立

公司的法定代表人是指代表公司行使职权的负责人。在进行公司确立登记前，创业者必须确定好公司法定代表人。

1. 各组织形式公司的法定代表人

个人独资企业的法定代表人就是公司的投资创办人。合伙制公司法定代表人由协议合伙人根据合伙协议推举确定的企业负责人担任。有限责任公司设立董事会的，董事长为公司的法定代表人，有限责任公司设立执行董事的，执行董事为公司法定代表人。股份有限公司的董事长为公司法定代表人。其中，有限责任公司董事长的产生办法由公司章程规定，股份有限公司的董事长由董事会以全体董事的过半数选举产生。

2. 成为法定代表人的条件

在确定公司法定代表人的时候，要注意法定代表人必须符合下述条件：

（1）具有完全民事行为能力；

（2）具有公司所在地的正式户口或临时户口；

（3）具有管理企业的能力和相关的专业知识；

（4）从事公司的生产经营管理活动；

（5）公司法定代表人一般不能兼任另一企业的法定代表人。

如果没有公司所在地正式户口而担任公司的法定代表人，需要办理有效期在一年以上的暂住证。

3. 八种人不能担任法定代表人

有下列情况之一的人，不能担任公司的法定代表人：

（1）无民事行为能力或者限制民事行为能力的；

（2）正在被执行刑罚或正在被执行刑事强制措施的；

（3）正在被公安机关或者国家安全机关通缉的；

（4）因犯有贪污贿赂罪、侵犯财产罪或者破坏社会主义市场经济秩序罪，被判处刑罚，执行期满未逾三年的；因犯有其他罪，被判刑，执行期满未逾五年的；

（5）担任因经营不善破产清算的企业的法定代表人或董事、经理，并对该企业的破产负有个人责任，自该企业破产清算完结之日起未逾三年的；

（6）担任因违法被吊销营业执照的企业的法定代表人，并对该企业违法行为负有个人责任，自该企业被吊销营业执照之日起未逾三年的；

（7）个人负债数额较大，到期未清偿的；

（8）有法律和国务院规定不得担任法定代表人其他情形的。

9.3.2 企业名称核准

创业者到工商局办理名称预先核准手续，先领取企业名称预先核准申请书，然后填写申请书。具体为：企业相关负责人到工商局领取一张"企业（字号）名称预先核准申请表",填入你准备取的公司名称(一共5个),工商局会检索是否有重名,如无重名,即可使用并核发"企业(字号)名称预先核准通知书",费用是30元(可以检索5个名称)。

办理企业名称预先核准登记时,应向工商登记机关提交下列文件证件:

①企业名称预先核准申请书;

②全体股东的身份证复印件;

③指定(委托)书。

在进行企业名称预先核准登记时注意的问题:

1. 检查拟登记的名称是否符合法律规定

公司在进行公司名称预先核准登记时,应对将登记的公司名称再进行一次检查,检查其是否符合法律规定,主要包括以下几个方面:

(1) 新设立公司不能使用含义模糊、无积极意义、无任何内涵的外文译名,以及具有不良政治影响和不规范语言文字的名称,公司名称不能含有下列性质的字词:有损于国家、社会公共利益的;可能对公众造成欺骗或者误解的;外国国家(地区)名称、国际组织名称;政党名称、党政军机关名称、群众组织名称、社会团体名称及部队番号;汉语拼音字母(外文名称中使用的除外)、数字;带殖民文化色彩,有损民族尊严和感情,带民族歧视内容的;含封建文化糟粕的字词;以有消极政治影响或以反动政治人物和公众熟知的反面人物的名字命名的;格调低级庸俗,甚至还有色情内容的;以党和国家领导人或老一辈革命家的名字命名的。

(2) 部分公司名称的确定还要遵循以下一些特殊规定:

① 专业性广告经营企业,名称中应使用"广告"字词,非专业性广告公司,名称中不得使用"广告"字词;

② 名称中不允许使用两种组织形式;

③ 经商标注册人许可,商标可作为企业名称中的字号。

检查无误后,就可以进行企业名称核准申请登记,填写"企业名称预先核准登记申请书"。

2. 填写"企业名称预先核准申请书"应注意的问题

"企业名称预先核准申请书"由工商局提供,填写时要注意以下几点:

(1) 根据拟定的公司名称,按顺序填写在"申请企业名称"一栏中,只需填写"中文名称";有英文名称的,英文名称也应填上。

(2) 公司的住所可以大致填写,不一定是具体住所,只需写明所在地区、县即可;

(3) 关于公司注册资金的规定,有限责任公司和股份公司应满足《中华人民共和国公司法》的规定。

(4) "经营范围"一栏应使主要的经营项目与公司名称所反映的行业特点相一致。

(5) 在"全体股东签名"表格内应由全体股东亲笔签名。

(6) "申请人签字"处,申请人签字应与指定(委托)申请人一致。

填写完上述几部分内容后,"企业名称预先核准申请书"基本填写完毕。

9.3.3 公司注册资本准备

这是公司登记前准备工作的重要环节。

公司的注册资本是指公司在登记机关登记注册的资本额，是全体出资者（股东）投入公司的实际出缴资金总和，也叫法定资本，是全体出资者（股东）对公司享有股东权益和承担责任的依据。注册资本反映的是公司法人财产权，所有的股东投入的资本一律不得抽回，由公司行使财产权，这从法律上确立了企业法人独立活动并对外承担民事法律责任的财产基础。可以看出，注册资本属法律范畴。为了保护债权人的合法权益，维护社会正常的经济秩序，许多国家都实行资本法定主义，在《中华人民共和国公司法》中规定公司必须具备的最低资本数额，同时要求公司在注册成立时将公司资本加以登记公示，日后如有变动，必须及时变更注册。注册资本体现了国家法律对公司资本的强制要求，是一个法律概念。

注册资金是国家授予企业法人经营管理的财产或者企业法人自有财产的数额体现。其与注册资本的概念有很大差异。注册资金反映的是企业经营管理权；注册资本反映的则是公司法人财产权。注册资金是企业实有资产的总和，注册资本是出资人实缴的出资额的总和。注册资金随实有资金的增减而增减。当企业实有资金比注册资金增加或减少20%以上时，要进行变更登记。而注册资本非经法定程序，不得随意增减。

【相关链接】

大学生创业贷款优惠政策

国家在大学生创业优惠政策中对于贷款方面做出了以下规定：

1. 各国有商业银行、股份制银行、城市商业银行和有条件的城市信用社要为自主创业的各大高校毕业生提供小额贷款。在贷款过程中，简化程序，提供开户和结算便利，贷款额度在5万元左右。

2. 贷款期限最长为两年，到期后确定需要延长贷款期限的，可以申请延期一次。

3. 贷款利息按照中国人民银行公布的贷款利率确定，担保最高限额为担保基金的5倍，担保期限与贷款期限相同。大学生创业贷款办理方法如下：大学毕业生在毕业后两年内自主创业，需到创业实体所在地的当地工商部门办理营业执照，注册资金（本）在50万元以下的，可以允许分期到位，首期到位的资金不得低于注册资本的10%（出资额不得低于3万元），1年内实际缴纳注册资本如追加至50%以上，余款可以在3年内分期到位。如有创业大学生家庭成员的稳定收入或有效资产提供相应的联合担保，信誉良好、还款有保障的，在风险可控的基础上可以适当加大发放信用贷款，并可以享受优惠的低利率。

9.3.4 银行验资账户办理

所有股东带上自己入股的那一部分钱到银行，与此同时，还要带上"公司章程""工商局发的核名通知""法人代表的私章""身份证原件""用于验资的钱""空白询证函表格"，到银行去开立公司账户，这时要告诉银行是开验资户。开立好公司账户后，各个股东按自己出资额向公司账户中存入相应的钱。银行会发给每个股东缴款单、并在询证函上盖银行的章。

询证函是要到会计师事务所领取的"银行询证函"，通常企业负责人要联系一家会计师事务所，领取一张"银行询证函"（必须是原件，会计师事务所盖鲜章。通常报纸上的分类广告中有很多会计师事务所的广告）。

注意：公司法规定，注册公司时，投资人（股东）必须缴纳足额的资本，可以以货币形式（也就是人民币）出资，也可以以实物（如汽车）、房产、知识产权等出资。到银行办的只是货币出资这一部分，如果你有实物、房产等作为出资的，需要到会计师事务所鉴定其价值后再以其实际价值出资，相对而言比较麻烦。

9.3.5 公司注册

注册公司要到工商局领取公司设立登记的各种表格，包括"设立登记申请表""股东（发起人）名单""董事经理监理情况""法人代表登记表""指定代表或委托代理人登记表"。填好后，连同"工商局的核名通知""公司章程""房租合同""房产证复印件""验资报告"一起交给工商局。大概3个工作日后可领取执照。此项费用300元左右。

【相关链接】

大学生创业注册优惠政策

国家在大学生创业优惠政策中对于注册方面做出了以下规定：

1. 程序更简化

凡高校毕业生（毕业后两年内，下同）申请从事个体经营或申办私营企业的，可通过各级工商部门注册大厅"绿色通道"优先登记注册。其经营范围除国家明令禁止的行业和商品外，一律放开核准经营。对限制性、专项性经营项目，允许其边申请边补办专项审批手续。对在科技园区、高新技术园区、经济技术开发区等经济特区申请设立个人企业的，特事特办，除了涉及必须前置审批的项目外，试行"承诺登记制"。申请人提交登记申请书、验资报告等主要登记材料，可先予颁发营业执照，让其在3个月内按规定补齐相关材料。凡申请设立有限责任公司，以高校毕业生的人力资本、智力成果、工业产权、非专利技术等无形资产作为投资的，允许抵充40%的注册资本。

2. 减免各类费用

除国家限制的行业外，工商部门自批准其经营之日起1年内免收其个体工商户登记费（包括注册登记、变更登记、补照费）、个体工商户管理费和各种证书费。对参加个私协会的，免收其1年会员费。对高校毕业生申办高新技术企业（含有限责任公司）的，其注册资本最低限额为10万元，如资金确有困难，允许其分期到位；申请的名称可以"高新技术""新技术""高科技"作为行业予以核准。高校毕业生从事社区服务等活动的，经居委会报所在地工商行政管理机关备案后，1年内免予办理工商注册登记，免收各项工商管理费用。

提醒：据工商局个体处的工作人员介绍，有关政策已经执行，大学毕业生在办理自主创业的有关手续时，除带齐规定的材料，提出有关申请外，还要带上大学毕业生就业推荐表、毕业证书等有关资料。

9.3.6 公章刻制

1. 公章式样的要求

工商部门对公司公章的刻制有严格的规定。作为公司的创办者，对于公章的刻制应该了解如下的一些基本知识和程序。

国家行政机关和企业、事业单位、社会团体的印章一律为圆形。公章上的名称一律采用国务院公布的简化宋体字，自左而右弧形排列，其所属处、室、科等办事机构名称在第二行自左而右平行排列。

2. 审批手续

企业刻制公章，一律凭工商部门的"刻制公章通知书"和工商营业执照副本办理刻制审批手续，即公司刻制公章应先到工商部门领取"刻制公章通知书"，然后带上公司的营业执照到指定的印章刻制单位进行刻制。

3. 特种行业公章的审批手续

经营范围有公安机关管理的特种行业，如文化娱乐场所，化学危险、剧毒、放射物品，管制刀具等行业的单位刻制公章，必须先到所在地公安机关治安部门办理特种行业经营许可证，再到工商部门办理营业执照，凭工商部门开具的《刻制公章通知书》和工商营业执照副本办理刻制审批手续。

4. 更换公章的手续

公司如果原公章磨损，需要更换刻制新印章，必须持单位介绍信，将旧章交公安机关经其同意并开具证明，才能刻制新的公司印章。

如果公司名称要变更，需到工商部门办理变更手续后，再办理刻制审批手续。

9.3.7 企业组织机构代码证办理

公司代码是公司法定的组织代码，是公司在国家管理和其业务活动中的数字符号，在一定程度上，可以说公司代码就是公司代号。公司代码是公司登记的必备条件之一，它在公司的活动中经常用到，作为公司的创办者对于公司代码的了解是必要的，并且对它以后的使用也应该熟悉。

在我国，公司代码实行登记申请制。公司在工商机关颁发营业执照或者核准登记之日起30日内，持营业执照或批准文件，向所在地技术监督部门申请代码登记。

技术监督部门对公司申请代码登记实行核准，一般来说，技术监督部门应当自公司申请代码登记之日起10日内，对所提交的批准文件或者登记证书的真实性、合法性、有效性进行审核；经审核通过后赋予代码并颁发代码证书，费用约80元。

公司代码分为法人代码和非法人代码，具有法人资格的公司，其代码为法人代码，不具有法人资格的公司，其代码为非法人代码。

技术监督部门对经核准赋予法人代码的公司，颁发《中华人民共和国企业法人代码证书》；对经核准赋予非法人代码的企业，颁布《中华人民共和国企业代码证书》。

技术监督部门颁发的代码证书分为正本和副本。正本和副本具有同样的效力。公司可以申领代码证书正本一份、副本若干份。但是，任何公司不得伪造、涂改、出借或者转让代码证书的正本和副本。公司的名称、住所等发生变更时，公司应当在有关主管部门批准或者核准变更之日起 30 日内，持有关文件或者证书，向技术监督部门申请换领代码证书。

技术监督局办理组织机构代码证，时间大概需要半个月，技术监督局会首先发一个预先受理代码证明文件，凭此文件就可以办理后面的税务登记证、银行基本户开户手续了。

公司代码证书如果毁损或者灭失的，公司可以向技术监督部门申请补发代码证书。

公司代码证书有效期的限制。代码证书自颁发之日起 4 年内有效。有效期满后，在 30 日内，公司应该持代码证书的正本和副本向颁发证书的技术监督部门办理换证手续。

【相关链接】

什么是组织机构代码

组织机构代码是国家质量技术监督部门根据国家标准编制，并赋予每一个机关、事业、企业单位，社会团体，民办非企业单位和其他机构颁发的全国范围内唯一的、终身不变的法定标识，覆盖所有单位（包括法人和非法人以及内设机构），是连接政府各职能部门之间的信息管理系统的桥梁和不可替代的信息传输纽带。目前已在工商、税务、银行、公安、财政、人事劳动、社会保险、统计、海关、外贸和交通等 40 余个部门广泛应用，已成为单位在进行社会交往、开展商务活动所必需的"身份证明"。

9.3.8 银行基本户开设

凭营业执照、组织机构代码证，去银行开立基本账户。最好是在原先办理验资时的那个银行的同一网点办理，否则，会多收 100 元的验资账户费用。开设基本账户需要填许多表格，建议最好把能带齐的资料证件等全部带上，避免徒劳跑多趟，开设基本账户时，还需要购买一个密码器（从 2005 年下半年起，大多数银行都有这个规定），密码器需要 280 元。今后你的公司开支票、划款时，都需要使用密码器来生成密码。

企业设立基本账户应提供给银行的材料：

① 营业执照正本原件，复印件 3 张。
② 组织机构代码证正本原件，复印件 3 张。
③ 公司公章、法人章、财务专用章。
④ 法人身份证原件，复印件 3 张。
⑤ 国/地税务登记证正本原件及各复印件 3 张。
⑥ 企业撤销原开户行的开户许可证、撤销账户结算清单、账户管理卡。

9.3.9 税务登记办理

领取执照后，30 日内到当地税务所（局）申办税务登记证件。在办理此项业务前，必须办好技术监督部门颁发的组织机构统一代码证书，证书上的统一代码，就是税务机关要发给新公司的税务登记证上的"纳税识别号"。没有此代码，税务所（局）是不会办税务登记的。

一般的公司都需要办理2种税务登记证，即国税和地税。服务性公司使用地税发票，销售商品公司使用国税发票。办理税务登记证时，必须有一个会计，因为税务局要求提交的资料中有一项是会计资格证和身份证。若企业刚成立，规模小，也可先请一个兼职会计。

1. 办理有限责任公司、股份公司、合伙制公司税务登记需携带的资料

（1）营业执照或其他核准执业证件及工商登记表或其他核准执业登记表复印件；
（2）有关机关部门批准设立的文件；
（3）有关合同、章程、协议书；
（4）法定代表人（负责人）居民身份证、护照或其他证明身份的合法证件；
（5）组织机构统一代码证书；
（6）银行账号证明；
（7）住所或经营场所证明；
（8）委托代理协议书复印件。

一般而言，办理税务登记时，应该带齐上述证件或材料，但是各个地区税务机关的规定不尽相同，纳税人要根据所在地税务机关的具体要求向税务机关提供材料。

2. 办理个人独资企业登记需携带的资料

（1）营业执照或其他核准执业证件及工商登记表或其他核准执业登记表复印件；
（2）核准开业通知书；
（3）住所、经营场所证明；
（4）业主居民身份证、护照或其他证明身份的合法证件及照片（免冠，至少3张）；
（5）税务机关需要的其他资料。

【相关链接】

大学生创业税收优惠政策

国家在大学生创业优惠政策中对于税收方面做出了以下规定：

1. 凡高校毕业生从事个体经营的，自当地工商部门批准其经营之日起1年内免交税务登记证工本费（即免税）。

2. 新成立的城镇劳动就业服务企业（国家限制的行业除外），当年安置待业人员（含已办理失业登记的高校毕业生，下同）超过企业从业人员总数60%的，经相关主管税务机关批准，可免纳所得税3年。劳动就业服务企业免税期满后，当年新安置待业人员占企业原从业人员总数30%以上的，经相关主管税务机关批准，可减半缴纳所得税2年。

除此之外，具体不同的行业还有不同的税务优惠：

1. 大学毕业生创业新办咨询业、信息业、技术服务业的企业或经营单位，提交申请经税务部门批准后，可免征企业所得税两年。

2. 大学毕业生创业新办从事交通运输、邮电通信的企业或经营单位，提交申请经税务部门批准后，第一年免征企业所得税，第二年减半征收企业所得税。

3. 大学毕业生创业新办从事公用事业、商业、物资业、对外贸易业、旅游业、物流业、仓储业、居民服务业、饮食业、教育文化事业、卫生事业的企业或经营单位，提交申请经税务部门批准后，可免征企业所得税一年。

9.3.10 发票购领

公司进入运营就要使用各种含税发票。创办者购买发票一般是到各地的税务所（局）进行购领。公司纳税人第一次购领发票时，必须带上公司税务登记证副本及单位公章（或财务章）；以后每次购买发票时除携带上述物品外，还须携带上一次购领发票的凭单第三联（经税务所主管人员签字并加盖税务所公章）。

公司如果是第一次购领行业专用发票，公司纳税人必须先到地税局征管法制科办理准购手续，内容如下：

（1）办理广告业专用发票，须携带营业执照副本（经营广告业务，但无营业执照的带期刊证、广告经营许可证）、税务登记副本；

（2）办理律师业专用发票须携带司法局批文的原件、税务登记证副本；

（3）办理公路货运统一结算专用发票、化学危险品货物运输统一计算专用发票，须携带营业执照副本，税务登记证副本，交通管理处核发的经营许可证，以前审核购票的凭单；

（4）办理人力三轮车客、货运输结算，联运行业货运统一专用发票，铁路专用线共用专用发票，代扣税专用发票，须携带营业执照副本、税务登记证副本、市运输指挥部核发的经营许可证；

（5）办理货物托运业专用发票，须携带营业执照副本、税务登记证副本、外经贸部核发的"国际货物运输代理企业批准证书"及批准通知单；

（6）办理咨询代理专用发票，须携带营业执照副本、税务登记证副本。

9.4 新创企业管理

9.4.1 新创企业管理的特殊性

经过前期的商机筛选、资源准备、商业模式选择、规划创业计划书以及选择组织模式等一系列的创业准备，完成新企业的建立后，进入新企业的管理阶段。创业初期新企业的首要任务是生存，企业的业务开展和自身的成长严格依赖于企业所掌握的资源情况。由于新企业资源禀赋有限，几乎没有冗余资源或独特管理能力，缺乏整合网络资源、生存和成长所必要的信誉和可靠性。而且，人们对于创业信息的了解总是没创业者多，新企业也缺乏使利益相关者信任的经营历史，几乎所有新企业都存在被顾客、供应商、投资方甚至政府等利益相关者认知和认可度低的问题。

新企业要在资源缺乏、信用度低的状况下，克服生存问题，获得独特成长，就要依靠有限的自有资金创造自由现金流，维持企业资金运转；利用一切可以利用的人力资源，如调动周围所有可以帮忙的人：家人、朋友、同学等；创业团队的人员要事无巨细，具体执行，确保每一个环节的顺畅。

【相关链接】

大学生创业企业运营优惠政策

国家在大学生创业优惠政策中对于企业运营方面做出了以下规定：

1. 员工聘请和培训享受减免费优惠

对大学毕业生自主创办的企业，自工商部门批准其经营之日起 1 年内，可在政府人事、劳动保障行政部门所属的人才中介服务机构和公共职业介绍机构的网站免费查询人才、劳动力供求信息，免费发布招聘广告等；参加政府人事、劳动保障行政部门所属的人才中介服务机构和公共职业介绍机构举办的人才集市或人才、劳务交流活动给予适当减免交费；政府人事部门所属的人才中介服务机构免费为创办企业的毕业生、优惠为创办企业的员工提供一次培训、测评服务。

2. 人事档案管理免 2 年费用

对自主创业的高校毕业生，政府人事行政部门所属的人才中介服务机构免费为其保管人事档案（包括代办社保、职称、档案工资等有关手续）两年。

3. 社会保险参保有单独渠道

高校毕业生从事自主创业的，可在各级社会保险经办机构设立的个人缴费窗口办理社会保险参保手续。

9.4.2 新创企业风险管理

9.4.2.1 新创企业风险的特征

创业过程就是创业机会、资源、团队之间高度配置适当的动态平衡过程。但随着时空的变迁、机会模糊、市场不确定性、资本市场风险及外在环境等因素的冲击，这三个要素也会因为相对地位的变化而产生失衡的现象，进而为企业带来风险。

对于风险的理解，一般有两个角度，一是强调了风险表现为结果的不确定性，一是强调为损失的不确定性。前者属于广义上的风险，说明未来利润多寡的不确定性，可能是获利（正利润）、损失（负利润）或者无损失也无获利（零利润）；后者属于狭义上的风险，只能表现为损失，没有获利的可能性。风险的核心含义是"未来结果的不确定性或损失"。如果采取适当的防范策略使破坏或损失的概率不会出现，或者说在智慧认知和理性判断的基础上，继而采取及时而有效的防范措施，那么风险可能带来机会，由此进一步延伸的意义，不仅仅是规避了风险，可能还会带来比例不等的收益，有时风险越大，回报越高、机会越大。

新企业的风险主要有以下几个特点：

(1) 风险的客观存在性。即指风险的存在是客观的，是不以人的意志为转移的。

在创业过程中,由于内外部事物发展的不确定性的客观存在,因而创业风险是必然存在的,要求我们采取正确的态度承认创业风险,认识创业成长发展规律,并积极对待创业风险。

(2) 风险的不确定性。创业的过程往往是由创业者一个"构思"或是创新技术变为现实的产品或是服务的过程。在这一过程中,创业者面临各种各样的不确定因素,如可能遭受已有市场竞争对手的排斥,进入新市场面临着需求的不确定性,新技术难以转化为生产力,顾客需求发生改变等。此外,在创业阶段投入较大,而且往往只有投入没有产出,因而可能面临资金不足的风险,从而导致创业的失败。也就是说,影响创业各种因素是不断变化并且难以预知的,这种难以预知造成了创业风险的不确定性。

(3) 风险的双重损益性。创业风险对于创业收益不是仅有负面的影响,如果能正确认识并且充分利用创业风险,反而会使收益有很大程度的增加。

(4) 风险的相关性。指创业者面临的风险与其创业行为及决策是紧密相关的。同一风险事件对不同的创业者会产生不同的风险,同一创业者由于其决策或是其采取的策略的不同,会面临不同的风险结果。

(5) 风险的可变性。创业风险的可变性是指在创业的内部与外部条件发生变化时,必然会引起的创业风险的变化。创业风险的可变性包括创业过程中风险性质的变化、风险后果的变化,以及出现新的创业风险这三个方面。

(6) 风险的可测性与测不准性。创业风险的可测性是指,创业风险是可测量的,可通过定性或是定量的方法对其进行估计。创业风险的测不准性是指,创业风险常常会出现偏离误差范围的状况,它一般是由于创业投资的测不准、创业产品周期的测不准与创业产品市场的测不准等造成的。

9.4.2.2 大学生创业中经常遇到的风险

(1) 技术风险。很多大学生基于技术创新发现商机进行创业。这种以其自主知识产权开发生产等方式创立科技创新性企业,技术含量高、投资风险大。因为技术成功、技术前景、产品生产、技术效果及技术寿命等众多不确定性因素,使得技术很容易在市场竞争中丧失优越性乃至被淘汰,引发投资贬值或投资失败。

(2) 融资型风险。资金是创业必须具有的资源,但是很多大学生创业在融资方面存在风险。刚刚步入社会的大学生,人脉资源相对单一和集中,所以在融资渠道的选择方面就避免不了渠道单一,从而使融资缺乏灵活性,在应对突变时不易周转,导致融资风险。

(3) 市场风险。指市场情况的不确定性可能带来的损失。主要表现为市场接受能力、市场接受时间、产品扩散速度和竞争能力的不确定性。

(4) 管理风险。指因创业企业管理不善产生的风险。许多创业者因为管理企业经验的缺乏而导致的管理制度风险、营销管理风险,甚至是人力资源管理风险。最为常见的就是因人设岗,这在大学生创业中很常见。当创业企业发展到一定程度以后,对企业管理的需要就日渐凸显,管理不善会导致内部消耗巨大、重要员工流失、产品销售不畅等一系列风险事件的发生。

(5) 其他风险。创建一个成功的企业,不仅需要具有良好前景的项目、足够的资金、优秀的管理等不可或缺的条件。企业作为组织本身是在宏观的外部环境中活动的，宏观环境中的自然地理因素、人口构成流动因素、技术革新因素、政治与法律因素、社会文化因素等其他风险，既可为企业的生存和发展提供了机会，也会对企业造成潜在或直接的威胁。

9.4.2.3 树立正确的创业风险意识

既然创业风险是创业过程中不可避免的现象，那么直面风险并化解之，是创业过程中的重要任务。风险识别是应对一切风险的基础，只有识别了风险才可能有化解的机会。同时风险也是一种机会，应该开拓、提高它积极的作用。

创业风险识别是创业者依据企业活动，对创业企业面临的现实以及潜在风险运用各种方法加以判断、归类并鉴定风险性质的过程。创业者必须掌握风险识别的能力，并不断提高这种能力。创业者应该树立正确的风险意识：

（1）未雨绸缪的意识。创业风险需要创业者通过创业活动的迹象、信息归类，认知风险产生的原因和条件，不仅要识别风险所面临的性质及可能的后果，更重要的是（也是最困难的）识别创业过程中各种潜在的风险，为采取有效措施提供依据。

（2）有备无患的观念。创业风险的出现是正常的，带来一些损失也是正常的，既不能怨天尤人，也不能骄兵轻敌。关键的问题是要密切监视风险，减少损失，化解不利，甚至转化为盈利的机会。

（3）实事求是的思想。虽然风险识别是一个主观过程，但是必须遵循客观规律。风险识别十分复杂，应按照一定的程序、标准、方法系统地分析各种现象，对创业所面临的风险做出实事求是的评估。

（4）持之以恒的精神。由于创业风险伴随着整个创业过程，同时风险具有可变性和相关性的特点，因此创业者必须要有打"持久战"的准备。风险的识别工作应该是连续地、系统地进行，并成为企业一项持续性、制度化的工作。发现和识别风险，是为了防范和控制风险。如果创业者在企业未发生损失之前就能够识别风险发生的可能性，那么这个风险是可被管理的，因此风险识别是进行风险管理的基点。

9.4.2.4 创业风险评估技术

创业者要系统、科学、全面和准确地评估创业风险，需要一定的专业知识，必须根据不同性质与条件，按照一定的途径，运用一定的方法，或者借助一定的工具来实施。比较重要的风险识别评估的技术包括：SWOT 分析法、ATA 事故树分析法、模糊综合评价法、AHP 层析分析法等。

（1）SWOT 分析法

SWOT 分析法是用来确定企业自身的竞争优势、竞争劣势、机会和威胁，从而将公司的战略与公司内部资源、外部环境有机地结合起来的一种科学的分析方法。风险涉及创业企业的所有资源，包括实物、金融、无形资产等，尽可能列出创业企业需要的其他设施、条件，以及企业的宏观环境（自然、社会、政治、法律和经济等）和微观环境（投资者、消费者、供应商、政府部门和竞争者等）。通过对上述因素的分析，明确企业面临的机会及威胁，发现企业的优势与劣势，采取相应对策。

（2）事故树（ATA）分析法

ATA 分析方法，指利用逻辑关系、因果关系以及事物发展的规律性等，运用逻辑推理，对创业中涉及的主要风险事件，按时间顺序和事件的成功或失败因素组合在一起，确定系统最后的状态，发现风险产生的原因及条件。本方法有利于对各种系统性危险进行识别和评价，了解创业过程中风险的动态变化。

(3) 模糊综合评价法

由于创业过程中有随机事件的是否发生的不确定性和企业本身状态的模糊性。在这种认知不确定的状态下，基于模糊数学的隶属度理论把定性评价转化为定量评价，即用模糊数学对受到多种因素制约的事物或对象做出一个总体的评价，再分别确定各因素的权重和隶属度向量，获得模糊评判矩阵，最后进行归一化的模糊运算并得到模糊评价的综合结果。它具有结果清晰、系统性强的特点，能较好地解决模糊的、难以量化及非确定性情境下企业风险识别及评价问题。

(4) 层次分析（AHP）法

层次分析法是决策者对复杂系统的决策思维过程模型化、数量化，定性与定量相结合的决策分析方法。该方法按企业风险的性质和企业的总目标将此问题分解成不同层次，分为最低层（供决策的方案、措施等），相对于最高层（总目标）的相对重要性权值的确定或相对优劣次序的排序并构建多层次的分析模型。这种方法有利于降低信息不对称、信息不足对企业带来的风险。

在运用上述评估技术时首先要通过调查、现场考察等途径获得；其次，需要敏锐的观察和科学的分析对各类数据及现象做出处理。根据对于信息的分析结果，确定风险或潜在风险的范围。根据量化结果，运用定量分析、定性分析、假设、模拟等方法，进行风险影响检验评估，预计可能发生的风险，最后提出方案选择及确定处理风险的方法和行动方案；避免损失时间、精力和资源。

9.4.3 新创企业成长管理

9.4.3.1 企业资源持续整合与利用

企业在成长过程中要注重整合外部资源，追求外部成长。新创企业建立之后，在人力资源、资金以及物力资源等方面相对匮乏，创业者需要培养敏锐的洞察力，寻找现有环境中存在的可利用资源，可以是供应商、代理商，甚至可以是竞争对手，借助可以利用的资源，发展壮大企业。此外，通过上市迅速获得短缺资金来扩大公司规模也能够促进企业迅速成长。

企业在成长过程中同样要注重资源的积累，从注重创造资源向管理好已经创造出来的资源转变，从资源的"开创"向资源的"开发利用"转变。例如管理好已经拥有的客户资源、人力资源以及其他有形和无形的资产，通过资源的整合利用实现价值最大化。特别是保持企业持续成长的人力资本，需要企业根据发展战略的要求，有计划地对人力资源进行合理配置，通过对企业中员工的招聘、培训、使用、考核、激励、调整等，调动员工的积极性，发挥员工的潜能，为企业创造价值。

9.4.3.2 企业价值观念的转变

基于长远目标分析企业成长过程中出现的问题，在成长过程寻找合适的变革切入点，主动变革，逐步完善企业的系统建设，逐渐程序化、流程化，适应企业的发展和周围环境的变化。在注重企业增长速度的同时，注重增加企业价值，建立企业形象，打造企业品牌。在这个过程中就需要创业者对企业文化进行管理。创业期的企业也有企业文化，只是在初期业务模式不明晰，还没有成功的经验和思想，无法形成系统的企业文化体系，而且也没有大量的资源来进行文化塑造和文化建设。但是创业者不可忽略企业文化的建设，要形成固定的企业价值观和文化氛围。新企业成长过程中建立企业文化有独特的管理措施：第一，企业凝聚力管理。创业团队内部上下一心，团结一致。第二，企业员工形象管理。生产适销对路的产品、提供优质的服务需要企业培育一流的、有职业道德的员工队伍。第三，企业产品形象管理，提供与企业形象相对应的产品设计、制造和营销。第四，企业家形象管理。创业者可以通过提高自身知名度和美誉度来扩大企业的影响力，提高企业在社会中的信誉。

本章小结

1. 创业者在创办企业之初，就需要考虑公司的类型，以及如何选择。目前的公司类型主要有个人独资企业、合伙制公司、有限责任公司和股份有限公司。进行工商登记是公司正式确定的法定程序。任何一个公司只有进行工商登记之后，才能正式挂牌进行生产经营，成为名副其实的公司。

2. 创办新企业时要考虑公司地址的选择问题、新企业的组织形式、新成立公司注册流程，然后是新企业的管理。

3. 新创企业有其管理的特殊性，需要在资金、人力等资源有限的情况下经营，创业者还要切实执行具体的运营细节，做到亲力亲为。

4. 在这个多变的环境中，新企业暗藏着各种各样的风险，存在性、不确定性、双重损益性、相关性、可变性、可测性与测不准性迫使创业者不得不树立正确的风险意识，并且运用恰当的风险评估技术来规避风险，如SWOT分析法、事故树分析法、模糊综合评价法和层次分析法等。

5. 企业的成长是受多方面驱动的，如创业过程的商机、创业带头人和创业团队以及节约和创造资源等驱动因素。要保证企业的健康成长，企业尤其需要注重资源持续整合与利用和企业成长观念的转变。

复习思考题

1. 公司的类型有哪些？各有什么优缺点？
2. 简述公司经营地点选择的策略。
3. 简述新创企业风险的特征。
4. 大学生在创业中经常会遇到哪些风险？

5. 简述创业风险的评估技术。
6. 简述新创企业的成长管理。

推荐阅读

1. 张丽，著，《李彦宏传》，哈尔滨出版社，2013 年 1 月。
2. 霍华德·H. 史蒂文森，等著，《新企业与创业者》（第 5 版），高建、姜彦福、雷家骕，等译，清华大学出版社，2002 年 8 月。
3. 埃里克·G. 弗拉姆豪茨（美），等著，《企业成长之痛——创业型企业如何走向成熟》（第 4 版），黄震亚、董航 译，清华大学出版社，2011 年 7 月。

课堂自测题

一、单选题

1. 以下不属于个人独资企业设立条件的是（　　）。
   A. 投资人为法人
   B. 有合法的企业名称
   C. 有投资人申报的出资
   D. 有固定的生产经营场所和必要的生产经营条件
2. 我国政策规定，（　　）公司必须有两个以上、50 个以下的股东方可成立。
   A. 个人独资企业　　　　　　　　B. 合伙制公司
   C. 有限责任公司　　　　　　　　D. 股份有限公司
3. 利用逻辑关系、因果关系以及事物发展的规律性等，运用逻辑推理，对创业中涉及的主要风险事件，按时间顺序和事件的成功或失败因素组合在一起，确定系统最后的状态，发现风险产生的原因及条件。上述方法指的是（　　）风险评估方法。
   A. SWOT 分析法　　　　　　　　B. 事故树分析法
   C. 模糊综合评价法　　　　　　　D. 层析分析法
4. 同一风险事件对不同的创业者会产生不同的风险，同一创业者由于其决策或是其采取的策略的不同，会面临不同的风险结果，指的是风险的（　　）特性。
   A. 风险的客观存在性　　　　　　B. 风险的不确定性
   C. 风险的相关性　　　　　　　　D. 风险的可变性
5. 进行工商登记是公司正式确定的法定程序。任何一个公司只有进行工商登记之后，才能正式挂牌进行生产经营，成为名副其实的公司。以下（　　）流程正确。
   A. 核名和提供证件→租房→编写公司章程→刻法人名章→到银行开立公司验资户→办理验资报告→申领营业执照，注册公司→刻制公章→办理企业组织机

构代码证→开基本户→办理税务登记并领购发票

B. 核名和提供证件→编写公司章程→租房→刻法人名章→到银行开立公司验资户→办理验资报告→申领营业执照，注册公司→刻制公章→办理企业组织机构代码证→开基本户→办理税务登记并领购发票

C. 核名和提供证件→租房→编写公司章程→刻法人名章→办理验资报告→到银行开立公司验资户→申领营业执照，注册公司→刻制公章→办理企业组织机构代码证→开基本户→办理税务登记并领购发票

D. 核名和提供证件→租房→编写公司章程→刻法人名章→到银行开立公司验资户→办理验资报告→申领营业执照，注册公司→办理企业组织机构代码证→开基本户→刻制公章→办理税务登记并领购发票

二、判断题

1. 服务性质的创业企业在选址时应考虑创业地的实际情况、客流量、店铺租金等。（　）

2. 在选址时要有"借光"的意识，比如在体育馆、展览馆、电影院旁边选址等。（　）

3. 担任因违法被吊销营业执照的企业的法定代表人，并对该企业违法行为负有个人责任，自该企业被吊销营业执照之日起未逾五年的不能担任法定代表人。（　）

4. 公司如果原公章磨损，需要更换刻制新印章，必须持单位介绍信，将旧章交公安机关经其同意并开具证明，才能刻制新的公司印章。（　）

5. 创业风险识别是创业者依据企业活动，对创业企业面临的现实以及潜在风险运用各种方法加以判断、归类并鉴定风险性质的过程。（　）

自测题答案二维码

案例研讨

肯德基快餐店的选址策略

地点是饭店经营的首要因素，餐饮连锁经营也是如此。肯德基快餐店（简称KFC）对快餐店选址是非常重视的，选址决策一般是两级审批制，一个是地方公司，另一个是总部，其选址成功率几乎是百分之百，这是肯德基的核心竞争力之一。肯德基选址按以下几个步骤进行。

一、商圈的划分和选择

1. 商圈的划分

肯德基计划进入某城市，会先通过有关部门或专业调查公司收集这个地区的资料。有些资料是免费的，有些资料需要花钱去买；资料凑齐了，就开始规划商圈。

商圈规划采取的是计分的方法。例如，这个地区有一个大型商场，商场营业额在1000万元算1分，5000万元算5分；有一条公交线路加若干分，有一条地铁线路加若干分。这些分值标准是多年平均下来的一个较准确的经验值。

通过打分把商圈分成好几大类，以北京为例，有市级商业型（西单、王府井等），区级商业型、定点（目标）消费型、社区型、社区商务两用型、旅游型等。

2. 选择商圈

确定目前重点在哪个商圈开店，主要目标是哪些。在商圈选择的标准上，一方面要考虑餐馆自身的市场定位；另一方面要考虑商圈的稳定性和成熟度。餐馆的市场定位不同，吸引的顾客群不一样，商圈的选择也就不同。

例如，马兰拉面和肯德基的市场定位不同，顾客群也不一样，它们是两个"交叉"的圈，有人吃肯德基也吃马兰拉面，有人可能从来不吃肯德基专吃马兰拉面；相反的情况也不少。马兰拉面的选址当然也与肯德基不同。而肯德基与麦当劳市场定位相似，顾客群基本重合，所以在商圈选择方面也是一样的。可以看到，有些地方同一条街的两边，一边是麦当劳，另一边是肯德基。

商圈的成熟度和稳定度也非常重要。肯德基一定要等到商圈成熟稳定后才进入。

二、聚客点测算和选择

1. 确定这个商圈内最主要的聚客点

北京西单是很成熟的商圈，但不可能西单的任何位置都是聚客点，肯定有最主要的聚集客人的位置。肯德基开店的原则是：努力争取在最聚客的地方及其附近开店。古语有"一步差三市"之说。开店地址差一步就有可能差三成的买卖。这跟人流动线（人流活动线路）有关，可能有人走到这儿该拐弯了，则这个地方就是客人到不了的地方，差不了一个胡同，但生意差很多。这些在选址时都要考虑进去。

人流量也是重要因素。在这个区域里，人们从地铁出来后是朝哪个方向走，都得派人去掐表、去测量，有一套完整的数据之后才能够据此确定店址。比如，在店门前人流量的测定，是在计划开店的地点掐表记录经过的人流，测算单位时间内多少人经过该位置。除了该位置所在人行道上的人流外，还要测马路中间的和马路对面的人流量。马路中间的只算骑自行车的，开车的不算。是否算马路对面的人流量要看马路宽度，路窄就算，路宽超过一定标准，一般会有隔离带，顾客就不可能过来消费，就不能算对面的人流量。

肯德基选址人员将采集来的人流量数据输入专用的计算机软件，算出在此地投资不能超过多少，超过了则这家店不能开。

2. 选址时一定要考虑人流会不会被竞争对手截住

人们除对品牌的忠诚外，还要考虑便捷。如果附近有肯德基和麦当劳两家店，顾客就会考虑：我今天挺累的，干吗非要再多走那么100米去吃麦当劳，我先进肯德基店。除非这里边人特别多，找不着座位我才往前挪动。如果竞争对手的聚客点比肯德基选址更好就会有影响；如果两个一样，就无所谓。例如，北京北太平庄十字路，有一家肯德基店，如果往西100米，竞争者再开一家西式快餐店就不妥了，因为主要客流是从这边来的，在那边开，大量客流已被肯德基截住了，开店效益就会不好。

3. 聚客点的选择影响商圈选择

聚客点的选择也影响到商圈的选择。因为一个商圈有没有主要聚客点是这个商圈成熟度的重要标志。比如，北京某新兴的居民小区，居民非常多，素质也很高，但调查显示，找不到该小区哪里是主要聚客点，这时候可能先不去开店，什么时候这个社区成熟了或比较成熟了，知道其中某个地方确实是主要聚客点才开店。

为了规划好商圈，肯德基开发部门投入了巨大的人力和物力，以北京肯德基公司而言，其开发部人员常年跑遍北京各个角落，肯德基已经根据自己调查划分出的商圈，成功开出了50多家餐厅。

（资料来源：摘自中国营销管理网，www.yingxiaoguanli.net/html/28/n-5428.html）

思考：

请分析肯德基快餐店的选址策略。

【相关链接】

部分城市大学生创业优惠政策

北京

贷款金额：最高50万元，且由区财政进行贴息。

优惠政策：由区财政进行贴息。

除拥有北京再就业优惠证的人员外，持有北京户口的未就业大学毕业生想要从事个体经营或自主、合伙开发创办小型企业，自筹资金不足的，也可申请小额担保贷款。

青岛

贷款金额：最高不超过5万元。两人及以上团队创业的可放宽到20万元。

贷款方式：小额担保贷款。

优惠政策：对从事微利项目的，由同级财政据实全额贴息。

上海

贷款金额：5万元至30万元。

优惠政策：专门设立了大学生创业"天使基金"。

重庆

申请对象：半年以上未就业，有固定户口的大学毕业生。

贷款金额：3000～4000元。

贷款方式：抵押贷款，担保贷款，主创业小额贷款。

太原

申请对象：有登记失业的高校毕业生贷款金额：不超过5万元。

贷款方式：小额担保贷款。

优惠政策：各县（市、区）财政部门可委托指定担保机构，为其提供担保，小额担保贷款基金运行中出现缺口，由各县（市、区）负责补足。

安徽

申请对象：高校毕业生。

贷款金额：最高5万元。

优惠政策：财政按中国人民银行公布的同期贷款基准利率上浮3个百分点以内给予全额贴息。

成都

2007年7月，成都市工商局为支持全市试验区建设，促进民营企业发展，颁发了《关于进一步促进民营企业发展的实施意见》，首次推出了公司设立"零首付"登记政策。2009年11月23日，成都市工商局注册分局在成都市金融办公室的协助下，与多家银行达成共识，建设银行、交通银行、中信银行等21家商业银行及其支行，同意为"零首付"公司开户。

2009年12月，据成都市劳动和社会保障局局长胡昌年介绍，《成都市关于进一步做好促进城乡充分就业工作的实施细则》规定，当年新招用3名以上劳动者，签订1年以上期限劳动合同并缴纳社会保险费的自主创业者，可享受社会保险补贴。对于成都市在领取失业保险金期间的就业困难人员，在辖区内自主创业成功的，给予一次性5000元创业补贴。

西安

2011年起西安市政府办公厅下发《进一步推进大学生自主创业贷款工作的通知》（以下称"通知"），将享受优惠政策、自主创业大学生户籍范围由西安市暂扩大到全省范围内，同时对于能按期归还本息的，将由市财政给予企业50%的贴息。

除了贷款支持外，《通知》要求各相关部门要继续强化服务，对于大学生自主创业，工商、税务、城管等部门要简化手续，放宽市场准入。其中，将免收大学生申办个体工商户各项费用。此外，大学生创办的企业减半收取企业开业注册登记费。

对大学生创业将落实"首违免罚"政策：即工商、城管执法等部门在对大学毕业生在创业过程中首次出现的情节轻微、没有对社会和他人造成危害后果的一般性违法行为，只给予警示告诫，帮助大学生创业者纠正，不给予行政处罚。

大学生就业创业，看看2015年都有哪些扶持政策

2015年，高校毕业生就业总量继续增加，结构性矛盾依然比较突出。人社部发出《关于做好2015年全国高校毕业生就业创业工作的通知》，要求各地继续把高校毕业生就业工作作为重中之重，精准发力，千方百计促进高校毕业生就业创业。

一、切实抓好高校毕业生就业创业政策落实

各地要把抓好政策落实作为2015年高校毕业生就业创业工作的重点,结合实际细化完善政策措施,加大督促检查力度,确保政策落实"最后一公里"畅通,让符合条件的高校毕业生和用人单位都能享受到政策扶持。会同有关部门全面落实和完善鼓励小微企业吸纳高校毕业生就业社保补贴、培训补贴等政策,落实好高校毕业生创业税收优惠、小额担保贷款、离校未就业高校毕业生灵活就业社保补贴等政策,促进毕业生多渠道就业和创业。会同有关部门统筹实施"选聘高校毕业生到村任职""三支一扶""大学生志愿服务西部计划""农村义务教育阶段学校教师特设岗位计划"等基层服务项目。积极探索政府购买基层公共管理和社会服务岗位吸纳高校毕业生就业的措施,健全鼓励高校毕业生到基层工作的服务保障机制,进一步完善相关政策和制度安排,引导高校毕业生到基层建功立业、成长成才。要进一步简化程序,降低门槛,优化流程,为毕业生享受政策提供更多便利。会同教育等部门主动为毕业生在校期间享受政策提供帮助,对符合条件的毕业年度高校毕业生,及时发放"就业创业证",落实好相关政策;对申领求职补贴并符合条件的,要在离校前全部发放到位,补贴标准较低的要适当调高标准。积极推进国有企业招聘应届高校毕业生信息公开工作,加大监督检查力度,切实保障毕业生公平就业权益。要主动适应经济发展新常态,会同有关部门结合产业转型升级、创新驱动发展,在大力发展新兴产业、现代服务业、小微企业特别是创新型企业,以及实施"一带一路"等区域发展战略中,努力开发更多适合高校毕业生的高质量就业岗位。

二、精心实施离校未就业高校毕业生就业促进计划

各地要按照改革要求,把就业促进计划作为帮扶离校未就业高校毕业生就业的重要手段,以扎实有效的措施精心组织实施,力争使每一名有就业意愿的未就业高校毕业生都能在毕业半年内实现就业或参加到就业准备活动中。进一步加强离校未就业高校毕业生实名登记工作,做好与教育部门和高校的信息衔接,通过多种渠道和方式掌握未就业毕业生实名信息,完善信息分解、核查、反馈等工作机制,健全未就业毕业生实名制数据库,逐步实现基于信息化的离校未就业高校毕业生就业管理和就业服务。对本省(自治区、直辖市)生源未就业高校毕业生,要主动联系,了解掌握其就业需求和求职意愿,有针对性地提供就业服务,并做好享受政策情况记录,加强跟踪管理,切实保证服务不断线。扎实开展就业见习工作,结合本地产业发展和高校毕业生就业需要,扩大就业见习规模,拓展优质见习岗位,建立健全见习管理制度,提高见习质量。深入实施离校未就业高校毕业生技能就业专项行动,对有培训意愿的未就业高校毕业生,重点依托技工院校开展以定向培训为主的就业技能培训;对企业拟录用的高校毕业生,重点开展以定岗培训为主的上岗前培训,按规定落实好培训补贴政策,引导更多高校毕业生走技能成才之路。要切实做好困难高校毕业生就业援助工作,重点对零就业家庭、城乡低保家庭、农村贫困户、残疾等就业困难的未就业高校毕业生,完善"一对一"个性化精准帮扶机制,提高帮扶实效。

三、深入实施大学生创业引领计划

各地要认真落实大学生创业引领计划的各项要求，进一步完善实施方案，帮助扶持有志创业的高校毕业生成功创业，以创业兴业带动就业。切实加强创业培训工作，以有创业愿望的大学生为重点，编制专项培训计划，优先安排培训资源，使每一个有创业愿望和培训需求的大学生都有机会获得创业培训。积极协调有关部门落实鼓励大学生创业的各项政策和便利化措施，减轻创业大学生负担，为创业大学生提供多渠道资金支持，对在电子商务网络平台开办"网店"的高校毕业生，落实好小额担保贷款和贴息政策。进一步加强创业服务工作，加快建设青年创业导师团队，建立健全青年创业辅导制度，组织开展形式多样的创业交流活动，帮助创业大学生积累经验、获得支持。加强创业孵化基地功能建设和制度建设，积极探索建立公共服务机构与市场主体合作机制，用好用活市场资源，提高创业孵化成功率。

四、加强公共就业人才服务

各地要加强公共就业人才服务能力建设，主动适应高校毕业生就业需要，为毕业生就业提供更具针对性、更加专业化的就业指导和就业服务。各级公共就业人才服务机构要将到本地求职的高校毕业生纳入免费公共就业服务范围，对符合条件的落实就业扶持政策。对到省会及省会以下城市的社会团体、基金会、民办非企业单位就业的高校毕业生，所在地的公共就业人才服务机构要协助办理落户手续，畅通毕业生流动就业渠道。要针对毕业生不同时期求职就业的需要，积极组织开展公共就业人才服务进校园、民营企业招聘周、高校毕业生就业服务月、就业服务周、部分大中城市联合招聘等专项活动，突出活动亮点和本地特色，促进供需有效对接。要加强面向高校毕业生的岗位信息服务，广泛收集各类企业用人需求，深度挖掘适合毕业生的就业岗位，及时向毕业生发布。创新就业服务方式，在组织专业化、跨区域招聘活动的同时，加快推进就业信息全国联网，开发运用微信、微博、移动客户端等服务新模式，搭建更加适合毕业生特点的便捷高效的服务平台。

五、创新高校毕业生就业宣传工作

各地要高度重视、主动加强高校毕业生就业宣传工作，树立正确的舆论导向，汇聚更多促进高校毕业生就业的正能量。要准确把握宣传内容，重点宣传党和政府对高校毕业生就业工作的重视和部署，宣传各地促进毕业生就业创业的政策措施及其新进展、新成效、新经验，宣传毕业生服务基层、面向企业就业、自主创业的生动实践，宣传获取就业创业政策和岗位信息的各种渠道，引导社会客观看待就业形势，树立理性就业观念，营造关心和促进高校毕业生就业的良好氛围。要创新宣传形式载体，在发挥好报纸、广播、电视等传统媒体宣传作用的同时，更加重视网络传播移动化、信息服务个性化的发展趋势，运用新媒体技术优势，打造更适合高校毕业生等青年群体的宣传平台。要着力提高宣传实效，结合各类就业专项服务活动，精心策划主题宣传，加强政策权威解读，做好先进典型宣传，深入高校和用人单位开展各种宣讲活动，特别要抓住毕业生求职的关键期和不同类别、不同阶段毕业生的求职意向，增强宣传的针对性、精准度和实效性。同时，加强舆情收集、分析和研判，密切关注高校毕业生就业形势变化和热点问题，及时回应社会关切，做好舆论引导。

　　各地要坚持把促进高校毕业生就业创业作为就业第一位的工作，切实加强组织领导，推动将高校毕业生就业工作纳入政府政绩考核内容，进一步健全目标责任制，落实好政府促进就业的责任。要协调和组织就业工作联席会议各成员单位和有关部门，结合本地实际，及早对工作进行谋划和安排，发挥各方优势，采取有力措施，共同做好高校毕业生就业创业工作。要结合本地区"十三五"规划编制工作，认真分析当前及今后一个时期高校毕业生就业形势，研究未来五年促进高校毕业生就业创业的思路和举措。各地要按照本通知精神，制定具体措施，加大工作力度，加强督促检查，确保各项工作落到实处。

相关内容二维码

　　（资料来源：人社部官网　http：//www.mohrss.gov.cn/SYrlzyhshbzb/ldbk/jiu ye/）

第10章 典型创业形式

> 创办新企业最有效的方式是创造一种独特的产品/服务，或者对目前市场上已有的产品/服务进行改进，或将供应范围扩展至一个新的领域。
>
> ——唐纳德和杰弗里（《新创企业管理》）

【学习目标】

- 了解网络创业的特点
- 掌握网络创新的商业模式
- 了解技术创业的内涵
- 熟悉技术创业的主要模式
- 了解社会创业
- 熟悉社会创业的过程

【读书笔记】

《新创企业管理》一书中，作者总结归纳了两种创办新企业的方式，一种是"革命式创新"方式，另一种是"变革式创新"方式。我们必须认识到独特的创意并不仅仅来自大公司，大多数商业创意往往来自人们的经历。比如先前的工作、爱好或兴趣以及自身发现的问题。如果没有独特的想法，在他人想法的基础上有所改进创新也不失为一种好方法。但应尝试提供难以复制的产品或服务，否则竞争对手很容易进入市场。创业者不能仅仅依靠感觉或直觉来创办企业，市场分析是成功创办企业的关键。

10.1 网络创业

据《第37次中国互联网络发展状况统计报告》显示，截至2015年12月，我国网民规模达6.88亿人，全年共计新增网民3951万人，增长率为6.1%，较2014年提升1.1%。我国互联网普及率达到50.3%，超过全球平均水平3.9%，超过亚洲平均水平10.1%。网民在手机电子商务类、休闲娱乐类、信息获取类、交通交流类等应用的使用率都在快速增长，移动互联网带动了整体互联网各类应用发展。

继Google创始人拉里·佩奇之后，越来越多的隔离在延伸发展，更多的年轻大学生在离校后甚至在学校里就开始创办公司，依托互联网创业并取得了辉煌业绩，从eBay创始人彼埃尔·奥米迪亚、Netscape的马克·安德烈森，到国内阿里巴巴董事长马云、百度总裁李彦宏、网易总裁丁磊、新浪创始人王志东等国内外网络名人成功的榜样在激励着一大批年轻人，尤其是学习能力强、知识拥有量大、易于接受新生事物的大学生，进入网络创业的领域，使得网络创业成为越来越普遍的现象。

10.1.1 网络创业的概念与特点

网络创业是一种基于互联网的创业方式,而互联网和网络技术渗透在创业定义的四个方面中,即创业家特征、创业过程、创业结果和创业环境。本书把网络创业定义为"行为者在互联网环境中把握并利用市场机会、协调资源、创建组织以开展新业务的商业活动"。

网络创业是以互联网为载体进行的创业活动,具有普通创业活动的特点。但同时,由于互联网这种新的技术和传播手段与以往的任何一种都大不一样,它大大地拓宽了人们创业的空间和实现手段,所以,网络创业拥有与任何一种创业活动不一样的特点。

1. 平民化

所谓平民化就是指普通的老百姓都可以进行网络创业。一般的创业活动不仅需要创业者对行业的了解和知识的积累,同时需要一定的资金,特别是对于实体经济而言,一般都需要相对数量资金对硬件设施的前期投入。而网络创业对创业者要求的门槛较低,只要具有一定文化知识,掌握了基础的计算机和互联网操作技术,有一台计算机,就可以开始创业。创业者可以利用很多网上的免费资源为商业活动服务,只要能够引起别人的注意,而没有违反相关的法律法规即可。比如,现在很多人在网上有用微博账号,通过放置有趣或有用的内容吸引更多粉丝关注,即可利用该微博账号作为广告平台盈利。而在淘宝网等 C2C 网站开设网店,既可省去店铺租金,又可以免去店铺装修、货架摆设等很多硬件投入,通过低成本的低价吸引顾客。因此,全民创业的时代已经到来。

2. 创新的要求高

网络创业大大降低了创业者的进入门槛,但进入并不意味着每个人都能成功。由于互联网包含了海量信息,如何让创意在互联网上迅速传播并引起别人的注意呢?这一方面意味着创意要出奇方能制胜。作为商业领域,不仅要新奇,还要发现未满足的需要,甚至是创造需要。这有很多形式,可以是一种新的商品,如为网络账号下的虚拟人生买单,具体形式可以是购买 QQ 秀,甚至可以是 4 万多元虚拟使用一年的迈巴赫;也可以是一种新的形式,如 MP3 的上传下载;还可以是一种平台,如淘宝网、京东、卓越亚马逊等网上商城;也可以是相同的东西不同的运营模式,如网上定制报纸。网上有很多东西,只要别人没有想到,或者想到没有做到,如果你想到了而且把它做出来,就可能成功。在此有很多成功案例,如新浪、网易等门户网站和百度等搜索引擎,腾讯 QQ 等即时通信工具,它们在一定时期是一种新的技术或者新的形式;同时还有很多小型互联网企业也获得了成功,如现在的网上律师事务所,网上医疗咨询"好医生在线"等正蓬勃发展,深受众网民的追捧。

【华工创业案例】

华工学子创业网站卖出 200 万元

2007 年的暑假,华南理工大学计算机软件学院 2004 级 5 班的 QQ 群前所未有地热闹,话题焦点集中在该班名叫许少煌的同学身上。原来,2007 年 8 月 8 日国内某大型综合网站挂出了一条不足 500 字的消息,称国内实名制社交网站——亿聚网正式以 200

万元人民币收购许少煌同学的创业项目007OS.com。据称，许少煌和他的团队从2006年开始着手设计007OS，主力研发中国首个基于社会性网络的WEBOS（网络操作系统）。他希望007OS.com可以提供网络存储空间、在线办公软件、在线MP3播放器、blog工具，支持RSS、电子邮件、照片、视频、游戏等内容，而且可以使用户非常容易地把图像、视频和写作传输到网络。

3. 扩张速度快

互联网有个很著名的法则叫梅特卡夫法则，其具体内容是：一个网络的经济价值＝用户数量的平方。如果只有一部电话，那么这部电话实际上就没有任何经济价值；如果有两部电话，根据梅特卡夫法则，电话网络的经济价值等于电话数量的平方，也就是从0上升到2的平方，即等于4；如果再增加一部电话，那么，这个电话网络的积极价值就上升到3的平方，即等于9。也就是说，一个网络的经济价值是以指数级上升的，而不是按照算术级上升的。由此看到，网络的扩张速度是惊人的。现在全球的网民有几亿人，因此即使只有百分之一的人能够对你的东西感兴趣，那么就是个很巨大的数字。

网络违背了传统经济的边际收益规律，在传统经济里，随着产品生产的增加，相应会增加成本从而使收益降低，而在网络世界里不是这样。网络世界里生产的产品的成本因为其虚拟性（如软件）并不会有很大的改变，但是使用的人越多，收益就会越高。同时，还有一个"技术锁定"效应会加速这种趋势。所谓的"技术锁定"就是当使用了某种技术或者东西以后会形成的习惯性，以后也会继续使用这种产品或技术，并且使用者还会不断地向周围人扩散，我们使用的微软Windows操作系统就是一个典型的例子。由于互联网巨大的潜在消费能力，因此只要迎合了消费者的某些需求就会迅速成功，企业急剧膨胀。

4. 全球化竞争

市场经济中总是存在竞争的，在我们的实体经济中也是处处存在。但是，它从来没有像互联网上的竞争那么激烈。在实体经济社会中，企业之间的竞争总是局限在一定的范围之内的，即使到现在也是。不同的国家和地区法律、文化、资源总是千差万别的，因此竞争总是在一定的范围之内。但是互联网基本上打破了这种局限，只要把产品放到网上，不管什么地方，不管有什么样的文化传统，只要能够上网看到该产品就完全可以了，这种竞争从时间上和空间上大大地扩大了。所以，每一个互联网创业者要从一开始就要面对全国甚至全球的其他竞争者。我们今天就看到了百度搜索必须面对Google的直接竞争。

5. 创业的形式多样化

互联网这种新的交流和传播方式的出现使得我们可以实现以前根本就不可能的事情，极大地扩大了创业的多样性。可以是实物和虚拟的结合，比方说在互联网上发布产品的信息，再通过物流来进行配送；也可以是完全虚拟的，如软件等通过互联网进行下载上传；还可以是一种服务，比如提供信息或者咨询。互联网创业没有形式的好坏，只有是否能够吸引人们的注意力，是否足够新颖。

6. 融资渠道多样化

网上创业的资金来源比传统产业多，传统产业的资金多来源于自由筹资和银行贷款,而网上创业最主要的资金来源是风险投资。传统产业的贷款必须连本带利偿还,而风险投资与融资企业共担风险。著名的网络企业,如百度、腾讯等,都获得了 IDGVC 的风险投资,才有了今天的辉煌。很多网上创业者身无分文,也没有抵押,但他们有很好的创意,设计了切实可行的盈利模式,因而获得风险投资基金的青睐,获得风险投资并取得了成功。像这样的创业者想获得银行的贷款几乎是不可能的。

互联网产业的这些特点,使得互联网上充满了商机。现在全世界已经进入到网络创业的时代,每天都有新人进入网络淘金,每天都有心得创意在网上出现,网络创业走到每个人的身边。

网格创业的第一个问题是:我做什么?我的网上盈利模式是什么?

10.1.2 网络创业的主要模式

在市场竞争日益激烈的今天,创业者必须选择一个合适的、有效的和成功的商业模式,并随着企业内部和外部环境的不断变化而变化,才能获得持续的竞争力,从而保证新创企业的生存和发展。许多知名的报刊媒体,已经广泛使用商业模式这个词,来表述成功企业的经营典范。互联网企业在日常的运营当中,最根本的就是要追求利润,也就是良好的业绩。决定商务业绩的因素主要有三个:商务模式、商务运作的环境和变化。作为新创立的互联网企业,商务模式更是其最为重要和首要的因素。所谓商务模式,就是在生产经营中,企业所采取的一系列盈利的方式和体系。互联网企业商务模式范围非常广阔,不仅依产业的不同而相互区别,而且在同一个产业中各个公司的商务模式也各不相同。对互联网企业的盈利方式和体系进行概括,一般可以把商务模式分为广告商模式、信息中介模式、经济商模式、销售商模式、社区服务提供商模式、内容订阅服务提供商模式、生产商模式、效用服务提供商模式等。

1. 广告商模式

互联网企业通过在其所运营的网站上添加图案、特殊按钮、分类链接等手段来吸引潜在的客户,向他们提供某种产品的信息;提供商品的企业向互联网企业支付一定的广告费用。广告商模式进一步可以分为:

(1) 大众化的门户网站

面对大众,其访问量很高,每天的访问量能够达到几百万人次。这些网站提供多元化的内容并对其进行分类(如新浪、搜狐等)。巨大的访问量成为广告的理想场地,因此很多的传统企业通过互联网来扩大其影响。大量广告的加入不仅仅丰富了网站的内容,方便了消费者,更重要的是为门户网站提供了赖以存在的基础——广告收入。

(2) 个性化的门户网站

大众化的门户网站能够提供多元化的内容,但是不能兼顾个人的爱好,对有些访问者来说,多元化的同时也意味着多余。因为其只对某一方面的内容感兴趣,比如体育,那么多元化的内容同时给他带来了访问的麻烦——寻找信息不太便利。因此,个性化的门户网站是一个选择。个性化的门户网站就是给网站的每个注册用户提供个性化的内容和服务,使其能够从一开始就省去了很多的麻烦。这样的网站由于访问量没有大众化的网站那么高,因此有些网站就要求收取一定的费用,但是它能够提供用户所喜欢的内容。

（3）专业化的门户网站

专业化的门户网站是在某一个方面，专注、专业地提供某个方面的内容。比如说汽车之友网站，在这个网站上都是一些汽车的爱好者，他们关注汽车的最新动向，讨论汽车的各种问题，表达自己对汽车的各种心得。网站的作用就是给他们提供一个良好的交流平台，同时提供相关的最新信息，包括新的产品、汽车活动、政策等。

（4）免费模式

网站提供各种各样的网络服务，比如免费浏览网页、免费网站托管、免费的电子贺卡、免费邮箱等。完全免费是很难做到的，因为企业必须有收入的来源，除非是政府的网站或者与某个行业的协会共同建立的网站。

2. 信息中介模式

在信息中介模式中，网络企业通过互联网搜集客户身上有价值的东西，比如他们的爱好、购买的习惯、收入水平等，然后将这些资料卖给对他们有价值的公司，帮助他们为客户提供更好的服务或者发展新的客户。这些信息媒体在有的时候为了取得信息，会给予用户一定的奖励。信息媒体进一步分类可以分为两类：

（1）评价系统模式

用户可以利用这类网站相互地交流对产品或者服务质量的看法或者建议，还可以根据自己的经历来给提供商品或者服务的企业评分，从而为新的消费者提供消费的信息；同时，也对市场中的企业进行区分，保证了消费者的利益并促进了市场的优胜劣汰。例如目前国内最大的城市生活消费指南网站——大众点评网。

（2）注册模式

注册模式一般用于提供内容为主的企业，比如电影、电子书籍、歌曲的下载和在线浏览。注册模式可以对用户进行追踪，可以搜寻到有用的客户信息，也可以实行有效的广告策略——给消费者发送邮件或者当用户上线时发送提示信息。

3. 经纪商模式

在经纪商模式中，网络企业作为市场的中介商将买者和卖者联系起来，并从他们的交易中收取费用。他们可以是B2B、B2C、C2C或C2B的经纪商，比如携程网、淘宝网等。经纪商商务模式还可以进一步分为如下几类。

（1）买卖配送

买卖配送是指买卖双方在线订购和提供商品或者服务。买者通过系统发出订购的需求，并填写个人资料，比如身份证明和地址、联系方式等。卖者从系统接收到信息，并按照系统提供的具体信息提供上门或在线的商品或服务，比如快餐的配送、股票的买卖等。

（2）市场交易

这是现在B2B的电子商务模式中比较普遍的一种了。相关行业或者企业在网络企业的网站中提供买卖商品的相关信息，双方如果觉得满意就可以通过有关经纪商（互联网企业）的网上交易平台进行交易，互联网企业从中按照交易的数额或者批次收取一定的费用。

(3) 虚拟商城

在虚拟商城里面汇集了很多的在线经销商，经销商向虚拟商城缴纳一定的会员费、每月列表费和交易佣金。虚拟商城是将商场虚拟化，让人们可以在线上完成在线下商城的所有操作和体验，通过提供真实商品数据的三维场景让用户在线上测试商品和线下实际接触商品一样。虚拟商城和大众化的门户网站结合时能达到很好的效果。

(4) 后中介商

后中介商联系买家与在线经销商，提供金融解决方案和质量保证。它和虚拟商城有相同之处，但是后中介商也可以进行交易，订单追踪，提供提单和托收服务。后中介公司通过保证消费产品和服务来保护消费者的利益。

(5) 拍卖经纪商

拍卖经纪商为卖主提供网上拍卖的服务。经纪商收取佣金，佣金一般按照交易额的一定比例收取。拍卖时，卖主定出底价，买主通过竞价，出价最高的得到该商品或服务。还有一种所谓反向拍卖，就是由买主定出底价，然后当出现符合买主要求的商品或者服务的时候由经纪商决定买卖的达成。比如美国的 eBay 就是一个管理可让全球民众上网买卖物品的线上拍卖及购物网站。

4. 销售商模式

销售商模式就是在线销售模式，批发商和零售商通过互联网销售他们的货物和服务。货物可以通过列出价格或拍卖方式售出。这包括虚拟销售（销售比特产品或者其他产品或服务）的商家、目录销售商、网上网下渠道并存的销售商和比特产品的销售商。

5. 社区服务提供商模式

网络社区是指以论坛（BBS）为基础核心应用，包括公告栏、群组讨论、在线聊天、交友、个人空间、无线增值服务等形式的网上互动平台，同一主题的网络社区集中了具有共同兴趣的访问者。网络社区主要包括两种类型，一种是以天涯（tianya.cn）、猫扑（mop.com）、西祠胡同（xici.net）等为代表的综合性、大型虚拟社区平台，拥有较为庞大的用户群体和较大的全国性社会影响力；另一种是基于地方或某些垂直领域的中小型论坛（BBS），如落伍者（im286.com）、商都信息港（shangdu360.com）。

6. 内容订阅服务提供商模式

这种模式一般应用在内容服务上，比如电影、歌曲、电子书籍、电子报刊、论文数据等。这些产品有些是免费的，但是很多比较好的、有特色的都需要付费，因为这些网站的专业性比较强，广告的收入有限。但是这些网站一旦做大之后，凭借其规模效应，其收益是相当可观的，比如在国际上比较著名的数据库网站 CA（美国化学文摘）、ARL（Academic Research Library）等。

7. 生产商模式

在这种模式中，生产商努力通过互联网直接接触到最终用户，而没有通过中间商（批发商）和零售商。在这种情况下，生产商可以直接了解产品的销售情况，了解消费者的爱好和客户的需要。这样既节省了调查的成本，也节省了中间流通环节的费用和成本，大大提高了效率。现在很多的企业产品，包括汽车、计算机、化妆品等，都可以通过网上进行订购,也直接根据消费者的需求来组织生产。这种模式使工业生产从大众化生产走向个性化生产。

8. 效用服务提供商模式

这种模式是根据用户访问的数据量进行计费的,这种模式的优点就是最大限度地节约网络资源。现在采用这种模式的不是很多,主要是随着现在计算机和网络硬件技术的发展,网络容量不断地升级,这种节约也就不是那么必需了。另外一个原因就是在买方市场的今天,这种方式会令潜在客户望而却步。因为浏览时按照访问的信息量进行收费,那么在用户第一次访问的时候就必须付费了,而这个时候用户没有决定是否要用这个网站的资源,不利于发挥体验营销的优势。

互联网创造了很多致富的神话,但是互联网也产生了让很多人倾家荡产的泡沫,其原因中很重要的一点就是商业模式的模仿性太强了。由于互联网企业的进入门槛比较低,很多投机者看到其他的投资者成功了,就迫不及待地也创立一个相似的或者完全一样的企业,由于没有做好准备,很多人失败了。2000年的网络经济泡沫的破灭就是最好的证明。商业模式就像技术一样,也需要不断地创新。只有发现与众不同的商业模式,才能在日益竞争激烈的市场中夺得一席之地。

10.2 技术创业

当今的世界越来越网络化,相互联系日益紧密,科研人员和工程师以及具有理工科背景的莘莘学子不难找到将技术知识与市场对接的机会,但他们往往因为缺乏某些创业技能而难以获得创业的成功。此外,技术创业具有难度大、投入大、一旦成功收益大的特点,但不可简单复制非技术型创业的经验与方法,从而也更具有挑战性。

10.2.1 技术创业的内涵

1. 技术创业

技术创业是创业的特殊形式,是技术开发及商业化的重要方式。技术创业利用科学和工程上的突破性提升为顾客开发更好的产品和服务。类似于创业的组织创造观和机会观,技术创业的定义也存在组织创造视角和机会视角。从组织创造的视角来看:扎赫拉等人将技术创业定义为由独立的个人或公司创建的,旨在利用技术发现的新企业;加拿大工程学会则认为技术创业是一个或几个人对科技知识的创新运用,为了达到自己的愿景和目标,建立并经营一个企业,承担财务风险。从机会视角来看:多尔夫和拜尔将技术创业看成一种基于识别高潜力、高技术性商业机会的企业领导方式,包括汇集人才和资金资源,以及利用重要而适时的决策制定技能管理方案以达快速增长的目的;加鲁德和凯伦则认为,技术创业不仅是机敏的个人发现已经存在的机会和推测其未来发展趋势,而且包括通过整合和转移现有资源创造新机会的过程。谢恩和文卡塔拉曼则将技术创业定义为创业者组织创业公司使用的组织资源、技术系统和战略以追求机会的过程。无论是组织创造观还是机会观,都认为"新"和"动态"是技术创业的核心内容。

根据创业在个人和公司上的划分，技术创业也可以划分为独立技术创业和公司技术创业。多尔夫和拜尔认为技术创业可以来自技术上的革命性突破或渐进提高，目标市场可以是现有市场也可以是全新市场，可以发生于单个人身上，也可以发生在公司内部。独立技术创业指非公司个人或团体进行的创业，主要强调新创企业；而公司技术创业则强调公司内部进行的创业，除新创企业外，公司技术创业还涉及技术相关的创新，可能包括新生产方式和新生产程序。安东尼奇和普罗登将公司技术创业定义为现有组织内一个或一群技术创业者建立并管理一个以研究、发展、创新和技术为基础的企业的过程，这一过程也包括承担风险。

根据以上分析，我们可以得出如下结论：

（1）技术创业是技术、创业和创新三者的交集部分，如图10-1所示。纯技术和创新的交集 B 为技术创新的内容，而纯技术与创业的交集 A 为一般创业，纯创业与创新的交集 C 为普通创业或创新，只有同时具备了技术、创新和创业三个方面特征的交集 D 才叫技术创业。

（2）技术创业是技术机会和市场机会的匹配。技术创业一定包括对技术机会的识别、把握和实现及市场机会的识别、把握和实现。

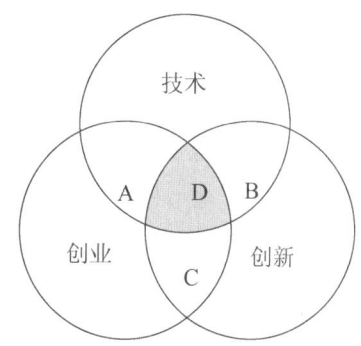

图 10-1 技术、创业和创新

（3）技术创业包括新的资源配置方式的产生。

2. 技术商业化的一种形式

从另外的角度来看技术创业，我们可以考虑以技术商业化方式为基础的技术创业。对拥有市场潜力较大的科学技术知识的研发人员来说，选择合适的技术商业化方式是非常重要的事。奥德斯发现大学研发人员采取两个不同的技术商业化路径。第一，技术许可路径。这意味着拥有产业技术的研发人员先申请专利，而主要通过技术许可的方式收获技术的经济效用。第二，创业路径。这意味着技术拥有者直接创建企业来创造经济效用。在期待收益较大并且技术占有较容易的情况下创业路径可能会成为有效的技术商业化模式。

虽然技术创业的风险较大，但技术创业带来的回报比技术许可商业化模式带来的收益可能会更大。因为技术创业产生的产业链格局变化是整个经济创新的主要动力，多数国家鼓励技术创业商业化模式。

【小案例】

青年科技创业

结束了大学理工科的学习之后，王阳任职于一所商业学校，同时继续他在银行安全领域的技术研究。由于工作原因，王阳在深圳生活了一段时间，在那里他的研究有了很大进展。在深圳，一个朋友向王阳展示了自己研发的电子游戏系统，由此更激发了王阳对科技研究的兴趣和信心。回到广州之后，王阳决定全身心投于银行安全这个中国鲜有人涉及的研究领域，并在不久后发明了一种用于银行安全系统的人体测量高科技识别技术。同时，他联系了一些醉心于电子和信息技术的朋友并告知他们他的项目规划，在他们同意加入之后，王阳组建了和风科技公司，该公司创造了 5 个就业机会。

（资料来源：李时椿、常建坤，《创业案例集》，2008 年 9 月）

10.2.2 技术创业的主要模式

从基础创业源的要素投入和创业机制上，我们可以把技术创业分为五种基本方式：研发单位的衍生公司、技术创业家寻求资金自行创业成立的公司、公司内部技术创业的衍生公司、公司技术引进或技术移转而衍生的新公司、资本家寻求技术创业家合作发展成立的公司。

1. 研发单位的衍生公司

通过正式渠道派出本单位人员或自行离职人员与技术自母体移转至成立的衍生公司，母体与衍生公司有如脐带关系。这方面的典型单位是国家部委办所属研究所成立的一系列科技型企业，包括军工研究所利用军转民技术成立的公司，随着国家加快研究所改制的力度和步伐，将促使更多的研究所分离可转化的科研成果。由于研究所本身的专项技术积累较多并提供了良好的科研开发与成果转化的基础，通常是在研究所内部首先进行研制开发，一旦形成比较成熟的产品并投放市场取得经济效益以后，为了建立良好的激励约束机制和迅速做大规模，再由研究所投资选择适当人员组建公司，进行企业化运营。这种方式产生的主要特点：研究所体制通常为事业单位体制，从一开始就没有建立完整的项目收益和风险分担机制，导致科研人员的风险意识和抗风险能力不强，研发过程中没有较多的市场因素参与决策。成立公司依靠的是母体的技术创新推动力和资本输出，而分离成立公司的主要原因是为了使科研成果迅速规模化扩张，解决科技人员的激励问题。

2. 技术创业家寻求资金自行创立公司

这种方式相对比较简单，一般由掌握成熟技术的大公司、国有科研机构或高等院校的科研开发人员脱岗或兼职，自行出资或通过民间融资、银行贷款成立公司，进行科研成果的产业化经营。由于是利用技术创业家的自有资金和自身掌握的技术进行独立经营，没有大公司或研究机构的品牌、资金或人力的内部支持，这种创业方式的技术开发风险和市场风险、经营风险都比较大，因此，这类公司的技术创业家都有强烈的创业精神，同时对技术和市场有充分的认识，在驱动技术创业家进行创业时，技术推力和市场拉力两者几乎有同样的强作用力。

3. 公司内部技术创业的衍生公司

内部技术创业也称作岗位创业，通常公司对内或外招聘技术人才在公司内部全面负责一个项目的开发，用智力和技术入股，与公司共同承担风险，也共同分享收益。国内一些高科技公司，如华为、联想均采用此种方式。一旦项目成功，双方即按事先协议确定的股权比例成立新公司，再进行独立的经营。由于项目相对独立，整个开发过程类似于一次全新创业。但由于有企业的资金支持和其他配套服务，项目负责人承担的压力比独自创业小得多。内部创业由于实施的主体通常是大公司内部，直接面向市场和客户，故从一开始就有明确的市场目标，而关键点则在于实现研发的突破。可见，市场拉力是前期的辅助驱动力,而技术推力才是后期的主导力量。

4. 公司技术引进或技术移转衍生的新公司

技术引进衍生新公司是指母公司通过搜集、分析各种相关技术信息,购买国外的机械设备、信息情报或技术人才,经过学习和改进后,将引进技术注入新公司创造效益的过程。而技术移转衍生的新公司通常是接受国外公司或机构、国内不同领域的研究机构的技术授权,将科学技术信息进行改进并应用而成立的新公司。母体公司为了能够独立地运行投资项目,避免投资风险或便于同技术转让方进行收益分成,往往成立新的公司来运用技术并经营产品。从微观运行机制上看技术引进和技术转移是企业技术创新的主要形式之一,引进技术的母体公司实际投入的是资本,技术则主要来自第三方,由于引进或转移的技术一般是成熟技术,所以主导这一行为的主驱动力是市场拉力。

5. 资本家寻求技术创业家合作发展成立的公司

这种模式的典型方式就是风险投资,即风险投资家运用股权或准股权的投资方式,投资于具有技术创新或高速增长潜力的公司,并通过投入管理模式和方法、人才来协助企业发展,在企业获得初步成功时于适当时机以上市或转让企业股权的方式回收投资,并获得资本收益的一种投资活动。不难分析出,风险投资方式实际上是资本家鉴于市场拉力与投资机会,而寻求技术创业家合作发展技术创业的。资本流动的本质是为了追逐利润,风险投资家在选择合作伙伴的时候,往往更加关注的是技术产品的市场前景,因而,一旦风险投资家和技术创业家合作成立的公司中资本取得了控制权,公司主导创业的驱动力因素一般都是风险投资家关注的市场拉力,这一现象在硅谷企业中表现得尤为明显。

10.3 社会创业

作为世界上最大的发展中国家,中国在建设和谐社会以及创新型国家的过程中,面临诸多亟待解决的社会问题,为了应对这些挑战,人们不断探索和创新能够有效解决社会问题并满足复杂社会需求的方法和途径。而兼顾商业和社会价值的社会创业活动,在刺激了经济增长与发展的同时,还能起到改善社会福利的作用。从创业层面看,社会创业者将创新、创业的经济目标和社会目标整合起来,是一类新型、更高层次的创业活动。从社会层面看,社会企业是一种致力于解决社会问题的个体组织,为弱势群体服务,提供对社会有益的产品。全球都在引爆一股社会创业的热潮。

10.3.1 社会创业的概念

与商业创业相比,社会创业还是一个比较新兴的概念,在过去几年中被用若干种方式进行了界定。多种多样的定义使得其至今还未形成一个清晰的标准化表述。但是,不少学者已经明确指出,社会创业的内涵包含以下一个或多个内容:

1. 社会创业关注的是那些自由市场体系和政府没有解决的社会问题和没有满足的社会需要

（1）社会创业创造了创新性的方法解决社会问题，并运用创意、能力、资源和社会配置来实现社会的可持续发展。

（2）社会创业者是那些发现机会在哪里的人。

（3）社会企业是一种致力于解决社会问题的私人组织，为弱势群体服务，提供对社会有益的产品，在它们看来，公共机构和自由市场体系提供的这类产品并不足够。

2. 社会创业从根本上是受社会利益驱动的

（1）社会创业是一个多维结构，包括企业为了达到某个社会使命而表现出来的纯粹的创业行为。

（2）社会创业者是能够用新方法去解决主要问题的，而且坚持不懈去追求自身愿景的人，他们不达目的誓不罢休。

3. 社会创业往往借助而非抵制市场力量

（1）社会创业者非常关注市场信号，同时不丧失自身的潜在使命，从某种程度上说是在伦理规范和利润动机中寻求平衡——这种平衡的行为就是行动的核心和灵魂所在。

（2）社会创业者将创新、创业和社会目标整合起来，通过从交易中获取收入保持财务上的可持续性。

本书认为社会创业有广义和狭义之分。广义的社会创业是指创造性地、系统地响应社会需求，采用创新的方法解决社会主要问题，从而实现社会价值。它既包括一些营利组织充分利用资源解决社会问题，也包括非营利组织支持个体去创立自己的小型公司或者企业。而狭义的社会创业主要是指非营利组织应用商业机制和市场竞争来营利，再将其所得投入到社会服务中去。

【相关链接】

大学生创业主要形式

方向一：高科技领域

身处高新科技前沿阵地的大学生，在这一领域创业有着近水楼台先得月的优势，"易得方舟""视美乐"等大学生创业企业的成功，就是得益于创业者的技术优势。但并非所有的大学生都适合在高科技领域创业，一般来说，技术功底深厚、学科成绩优秀的大学生才有成功的把握。有意在这一领域创业的大学生，可积极参加各类创业大赛，获得脱颖而出的机会，同时吸引风险投资。

推荐商机：互联网衍生行业。

方向二：智力服务领域

智力是大学生创业的资本，在智力服务领域创业，大学生游刃有余。例如，家教领域就非常适合大学生创业，一方面，这是大学生勤工俭学的传统渠道，积累了丰富的经验；另一方面，大学生能够充分利用高校教育资源，更容易赚到"第一桶金"。此类智力服务创业项目成本较低，一张桌子、一部电话就可开业。

推荐商机：设计工作室、摄影工作室、翻译事务所等。

方向三：连锁加盟领域

统计数据显示,在相同的经营领域,个人创业的成功率低于20%,而加盟创业的成功率则高达80%。对创业资源十分有限的大学生来说,借助连锁加盟的品牌、技术、营销、设备优势,可以较少的投资、较低的门槛实现自主创业。但连锁加盟并非"零风险",在市场鱼龙混杂的现状下,大学生涉世不深,在选择加盟项目时更应注意规避风险。一般来说,大学生创业者资金实力较弱,宜选择启动资金不多、人手配备要求不高的加盟项目,从小本经营开始;此外,最好选择运营时间在5年以上、拥有10家以上加盟店的成熟品牌。

推荐商机:VR、3D打印、无人机等都是趋势行业。

方向四:开店

大学生开店,一方面可充分利用高校的学生顾客资源;另一方面,由于熟悉同龄人的消费习惯,因此入门较为容易。正由于走"学生路线",因此要靠价廉物美来吸引顾客。此外,由于大学生资金有限,不可能选择热闹地段的店面,因此推广工作尤为重要,需要经常在校园里张贴广告或和社团联办活动,才能广为人知。

推荐商机:创咖等创意产业。

(资料来源:莆院学创中心,2016年4月)

10.3.2 社会创业的过程

对社会创业的深入研究,往往需要结合我们对商业创业过程的理解。将社会创业与商业创业放在一起加以分析的方式并不激进。在现实中,对社会创业者最为常见的定义就是他们将商业性质的方法运用到社会创业当中。社会创业和商业创业最主要的差异不在于创业过程本身,而在于创业诉求的归属上。事实上,社会创业是对传统商业创业过程的完美演绎。

1. 社会创业者识别出创造社会价值的机会

这可能源于一个明显的或不太明显的社会问题,还有可能是一个未被满足的社会需求。这种机会的识别有两个需要特别注意的地方。首先,社会创业者看到的机会往往对其他人而言只是威胁和缺陷。例如,许多人看到了一个废弃的工业园区,而社会创业者则可能看到一个能够联合园艺和景观技术的合作契机。其次,未被满足的社会需求可能涉及一个无法满足的显性的需要。例如,一些城市的父母可能对当地的公共教育并不满意,但这同时也表明这种需求仍然是"隐形的"。也就是说,一些社会受益者可能还不知道他们能够获得的利益。例如,家长甚至可能还不了解他们的儿女能够获得何种教育提升的锻炼,也不会了解这些改善措施对于子女的意义。显然,对于社会创业者而言,潜在需求是一种更为复杂的机会类型(相对于实际需求),因为它既包括向受益者推介创意,还包括其他创业过程。

2. 机会引导企业概念的开发

企业概念有以下几个基本方面。第一,社会创业者识别出某种新产品或新市场需求。例如,一个帮助流浪人员的机会可能促使你创建一种新型的粥店或者庇护所,在这里,流离失所的人们可以被集中起来,或者通过这种行为影响当地的其他人。第二,社会创业者识别和明确能够从成功企业获取的实际社会回报,以创造社会收益的方式来设定企业的目标。第二个方面在商业领域里的体现就没有那么明显了,在商业创业中的测度指标通常很明确:利润或者其他相关指标(如市场份额)。社会创业者面临的挑战是,要用一种可识别的、正当的、能度量的方式来体现企业的社会价值。例如,一个富有使命感的组织,会通过吸引更多拥护者的长期信仰来明确使命,并设立为特定地区所有人服务的目标。许多社会企业不成功的关键原因在于未能准确地识别和明确社会回报,并在这个阶段定错了目标。

开发企业概念的其他方面的工作主要是获取市场信息。坎贝尔在1998年列出了以下几个部分:评估企业状况、构建企业基础构架、形成可执行的创意、开展柔性研究、形成创业计划。

3. 确定并获取资源

社会企业主要依赖三种基本类型的资源。一是财务上的需求。财务来源于所获得的收入、慈善机构的捐助和政府的补贴。在创业最初阶段,后面两种资源的来源尤为重要,因为这个时期企业并没有什么可盈利的产品。二是人力资源上的需求,主要以捐赠和工资的形式,志愿者这一人力资源通常来自社会创业者。三是使企业运行并富有竞争力的教育、知识和技术的资源。例如,一个社会创业者需要开展一项教育券(school voucher)项目,他应该认识到,除了需要开办需要的资金和劳动力以外,他还需要拥有开展这项业务所必需的政治和技术知识。

4. 社会创业者开办和引导创业企业成长

新企业启动之后随之而来的是成长问题:无论成长速度的快慢,通常都伴随着组织规模的扩张和经营业务的扩大。然而,各种情况下,成长都是在明确的战略指导下进行的,具体包括满足人力资源和财务需求的计划、社会创业者和其他人承担社会责任、处理和协商不可避免的冲突过程、有计划且持续性地按初期社会价值的测量尺度评价自身的成长。设想一位社会创业者打算在城市商业区开办一个文化艺术区(在这个区域里,官方或非官方的注意点都集中在艺术方面)。对于这样一家企业,一个典型的社会价值衡量尺度是每个月在指定地方有多少赞助者进行资助,这个项目刚开始可能需要与两个相似的城市艺术团体加强联合活动,但同时,仍需要指定出成长战略,最可能涉及预算、活动、地理空间(如联系更多的艺术团体、在城市中寻找区位优势)的扩张,还包括创建综合性艺术网站等。这种扩张的路径应当很明晰,包括员工、财务和克服项目阻碍等规划内容。此外,还必须包括成长的测度,这意味着要定期观察在这个地区艺术捐赠者的数量变化。

5. 目标实现和超越

社会企业创立过程容易为眼前利益所蒙蔽而制订计划。不能简单地为目标做个计划而应当知道在目标达成以后应当做些什么。社会企业在达到了自己的目标后至少存在四种可能性:关门歇业;对自身的重新定义以实现新的社会使命;获得一种稳定的服务均衡状态;与其他新事业合为一体。例如,一家社会企业在一个特定区域内为儿童接种疫苗。这种行为的绩效测度是相对明显的——接种儿童的数量或比例,其目标就是使更多的儿童接种疫苗,在这个社区内此种疾病不再传播蔓延。当这个目标达成以后,这家企业将关门,或者将精力用于其他领域,如帮助另外一些社区接种或是再去防治其他的疾病。同样，这家已经充分发挥实效的企业还可以把自己融入更广阔的政府公共卫生体系当中。图10-2显示了社会创业的过程。

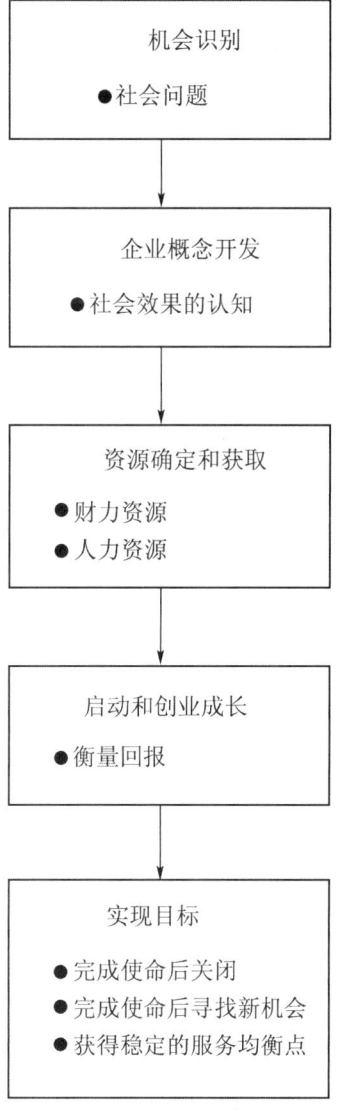

图10-2 社会创业的过程

本章小结

1. 网络创业具有平民化、创新的要求高、扩张速度快、全球化竞争、创业的形式多样化、融资渠道多样化等特点。

2. 网络创新的商业模式有广告商模式、信息中介模式、经纪商模式、销售商模式、社区服务提供商模式、内容订阅服务提供商模式、生产商模式、效用服务提供商模式等，其中广告商模式、信息中介模式和经纪商模式又分别有多种模式。

3. 技术创业是技术、创业和创新三者的交集部分、是技术机会和市场机会的匹配，一定包括新的资源配置方式的产生。

4. 从基础创业源的要素投入和创业机制上，我们可以把技术创业分为五种基本方式：研发单位的衍生公司、技术创业家寻求资金自行创业成立的公司、公司内部技术创业的衍生公司、公司技术引进或技术移转而衍生的新公司、资本家寻求技术创业家合作发展成立的公司。

5. 广义的社会创业是指创造性地、系统地响应社会需求，采用创新的方法解决社会主要问题，从而实现社会价值。它既包括一些营利组织充分利用资源解决社会问题，也包括非营利组织支持个体去创立自己的小型公司或者企业。而狭义的社会创业主要是指非营利组织应用商业机制和市场竞争来营利，再将其所得投入到社会服务中去。

6. 社会创业的过程包括：识别出创造社会价值的机会、机会引导企业概念的开发、确定并获取资源、社会创业者开办和引导创业企业成长，最后是目标实现和超越。

复习思考题

1. 三种典型创业形式有何区别？
2. 当今网络创业如此盛行，原因何在？
3. 技术创业模式的利弊是什么？
4. 社会创业是怎样进行的？

推荐阅读

1. 赵延忱，著，《中国创业学》（中国创业智库丛书），中国人民大学出版社，2010年7月。

2. 《赢在中国》项目组，著，《马云点评创业》，中国民主法制出版社，2007年10月。

3. 凯瑟琳·艾伦（美），著，《技术创业：科学家和工程师的创业指南》，李政、潘玉，译，机械工业出版社，2009年10月。

4. 严中华，著，《社会创业》，清华大学出版社，2008年9月。

课堂自测题

一、单选题

1. 下列选项中不属于网络创业特点的是（　　）。
   A. 创新要求高　　　　　　　　　B. 扩张速度慢
   C. 竞争全球化　　　　　　　　　D. 融资渠道多样化
2. 下列选项中属于广告商模式的是（　　）。
   A. 大众化的门户网站、个性化的门户网站、专业化的门户网站、免费模式
   B. 大众化的门户网站、个性化的门户网站、多样化的门户网站、免费模式
   C. 大众化的门户网站、个性化的门户网站、多样化的门户网站、收费模式
   D. 大众化的门户网站、个性化的门户网站、专业化的门户网站、收费模式
3. 网络社区以（　　）为基础核心应用。
   A. 贴吧　　　　　　　　　　　　B. 网站
   C. 论坛　　　　　　　　　　　　D. 数据库
4. 效用服务提供商模式的优点是（　　）。
   A. 用户访问的数据量大
   B. 潜在利润高
   C. 最大限度地节约网络资源
   D. 网络数据容量大
5. 社会创业从根本上来说，是受（　　）驱动的。
   A. 社会利益　　　　　　　　　　B. 社会价值
   C. 创业者个人利益　　　　　　　D. 创业者个人价值
6. 社会创业过程中，企业概念开发是指（　　）。
   A. 社会问题、新产品或新市场
   B. 社会问题、扩张与变革
   C. 社会效果的认知、新产品或新市场
   D. 社会效果的认知、扩张与变革

二、判断题

1. 研发单位的衍生公司是通过正式渠道派出本单位人员或自行离职人员与技术自母体移转而成立的衍生公司，母体与衍生公司有如脐带关系。（　　）
2. 技术移转衍生的新公司是授权国外公司或机构、国内不同领域的研究机构，将科学技术信息进行改进并应用而成立的新公司。（　　）
3. 广义的社会创业主要是指非营利组织应用商业机制和市场竞争来营利，再将其所得投入到社会服务中去。（　　）

4. 社会创业者面临的挑战是，要用一种可识别的、正当的、能度量的方式来体现企业的社会价值。（　　）

案例研讨

自测题答案二维码

胡云睿：校园里走出的新型胶黏王

胡云睿家庭经济条件不好，然而读本科时，他组织家庭贫困的同学做牛奶订购工作，鼎盛时期团队成员达到四五十人，一天订单甚至能达到 6 万元的水平。

一次偶然的机会，胡云睿了解到一个较好的黏合剂产品，市场相当可观，但国内基本靠进口。他一下子就发现了其中的商机："我的专业方向是化学工程专业，难道我不能做出价廉物美的替代产品吗？"

创业初期，为了产品检测数据的准确性，胡云睿几乎跑遍了广州所有的检测所。经过几百次的实验，反复检测，产品的黏合度、固化时间、环保等指标终于达到了要求。

后来，胡云睿的公司接到了第一个订单，虽然只有 3000 元，但是胡云睿和他的团队成员信心大增。紧接着钉胶、环保万能胶、UV 胶等产品相继开发成功，他们生产的黏合材料系列产品替代了国外的同类产品，在辐射固化技术的应用领域达到国内领先水平。

目前胡云睿成立了 4 家全资或控股的公司，正在向着"绿色环保黏合材料制作专家"和"黏合材料综合解决方案最佳提供者"的目标努力。（详情请扫描右边的二维码）

思考：

为胡云睿的公司概括出一个技术创业过程，并对这个过程的每一步进行具体阐述。

参考文献

[1] 刘志超. 创业基础［M］. 北京：科学技术文献出版社，2015.
[2] 刘穆远，周桥. 微创业全攻略［M］. 广州：广东经济出版社，2015.
[3] 张玉利. 创业研究：经典文献述评［M］. 天津：南开大学出版社，2010.
[4] 肖建忠，付宏. 新创企业的企业家［M］. 天津：南开大学出版社，2009.
[5] 蔡莉，朱秀梅. 科技型新创业集群形式与发展机理研究［M］. 北京：科学出版社，2008.
[6] 刘丽君. 知识创业教育导论［M］. 北京：北京理工大学出版社，2010.
[7] 凯瑟琳·艾伦. 技术创业：科学家与工程师的创业指南［M］. 北京：机械工业出版社，2009.
[8] 黄亚生，等. MIT 创新课：麻省理工模式对中国创新创业的启迪［M］. 北京：中信出版股份有限公司，2015.
[9] 通用电气公司（GE）. 工业互联网：打破智慧与机器的边界［M］. 北京：机械工业出版社，2015.
[10] 乌尔里希·森德勒. 工业 4.0：即将来袭的第四次工业革命［M］. 北京：机械工业出版社，2015.
[11] 罗兰贝格. 弯道超车：从德国工业 4.0 到中国制造 2025［M］. 上海：上海世纪出版股份有限公司，2015.
[12] 克里斯·安德森. 长尾理论［M］. 北京：中信出版社，2012.
[13] 教育部高等教育司. 创业教育在中国：试点与实践［M］. 北京：高等教育出版社，2006.
[14] 田毕飞. 创业者性格特质与中国中小企业国际创业策略研究［M］. 北京：人民出版社，2014.
[15] 雷家骕. 国内外创业教育发展分析［M］. 北京：中国青年科技出版社，2007.
[16] 张丽. 李彦宏传［M］. 哈尔滨：哈尔滨出版社，2013.
[17] 埃里克·G. 弗拉姆豪茨，等. 企业成长之痛——创业型企业如何走向成熟［M］. 4 版. 黄震亚，董航，译. 北京：清华大学出版社，2011.
[18] 聂元昆，王建中. 创业管理——新创企业管理理论与实务［M］. 北京：高等教育出版社，2011.
[19] 张玉利，陈寒松. 创业管理［M］. 2 版. 北京：机械工业出版社，2011.
[20] 王国红，唐丽艳. 创业与企业成长［M］. 北京：清华大学出版社，2010.
[21] 普南·莎马. 哈佛企业家创业指南［M］. 北京：世界知识出版社，2006.
[22] 布莱克韦尔. 创业计划书［M］. 北京：机械工业出版社，2009.
[23] 冯晓琦. 风险投资［M］. 2 版. 北京：清华大学出版社，2012.
[24] 罗玲玲. 创意思维训练［M］. 北京：首都经贸大学出版社，2008.
[25] 普拉哈拉德. 穷人的商机［M］. 林丹明，等译. 北京：中国人民大学出版社，2010.
[26] 周德文，吴比. 四海皆商机：温州人的创富史 1978—2010［M］. 杭州：浙江大学出版社，2011.
[27] 高阳. 红顶商人胡雪岩 4：时局中的商机［M］. 南京：江苏文艺出版社，2012.
[28] 唐达天. 突围［M］. 北京：群言出版社，2012.
[29] 剑虹. 最后的金矿——无限商机在非洲［M］. 北京：中国时代经济出版社，2007.
[30] 魏炜，朱武祥. 发现商业模式［M］. 北京：机械工业出版社，2009.
[31] 钱志新. 新商业模式［M］. 南京：南京大学出版社，2008.
[32] 王琴. 跨国公司商业模式［M］. 上海：上海财经大学出版社，2010.

[33] 《赢在中国》项目组. 马云点评创业 [M]. 北京：中国民主法制出版社，2007.
[34] 严中华. 社会创业 [M]. 北京：清华大学出版社，2008.
[35] 张振刚，雷育胜，等. 大学生学习与职业生涯规划 [M]. 北京：清华大学出版社，2015.
[36] 李肖鸣. 创业基础慕课学习评价手册 [M]. 北京：清华大学出版社，2015.
[37] 李肖鸣，朱建新. 大学生创业基础 [M]. 2版. 北京：清华大学出版社，2014.
[38] 任荣伟. 内部创业战略 [M]. 北京：清华大学出版社，2014.
[39] 徐俊祥. 大学生创业基础知能训练教程 [M]. 北京：现代教育出版社，2014.
[40] 李家华，等. 创业基础 [M]. 北京：清华大学出版社，2015.
[41] 何传添，等. 大学生创业管理教程 [M]. 北京：清华大学出版社，2015.

后 记

在《创业基础》封笔之际，我有很多话想要说，还有很多人想要感谢。

首先，感谢我们的编写团队，尽管我们有的人从事教学工作，在为培养大学生贡献着自己的知识和才华；有的人从事咨询工作，在为地方经济建设和企业转型升级出谋划策；有的人从事企业管理或创业管理工作，在积累实践经验形成自己的一套管理秘籍；有的人正在进行专业方向的研究工作，在为自己的学术提升努力着。大家都有各自繁忙的正当理由，但为了编写好这本书，所有人挤出时间共同探讨。我们对每一个重要的知识点进行分析，我们分享着创业的精彩案例，我们设计着创业教学的方式。本书的准备期较长，中间多次增减编写人员和内容。具体编写分工如下。

第 1 章由华南理工大学刘志超、杨菲菲编写；第 2 章由华南理工大学沈敏芳、卢周伟编写；第 3 章由华南理工大学雷雪、唐海凤编写；第 4 章由华南理工大学李红凯、创业导师周兆晴编写；第 5 章由华南理工大学贾建忠、黄泓棱编写；第 6 章由华南理工大学白静、凌嘉慧编写；第 7 章由华南理工大学陈明、华南理工大学广州学院马琦编写；第 8 章由华南理工大学刘志超、雷雪、黄璇编写；第 9 章由华南理工大学沈敏芳、杨菲菲、杨艺编写；第 10 章由广东科贸职业学院施伟凤，华南理工大学杨菲菲、卢周伟编写。

在编写的过程中，还有很多人给予我们各方面的帮助，在此一一感谢。他们是：华南理工大学国家大学科技园副主任、华工科技创业基金总经理陈粤先生，华南理工大学国家大学科技园投融资与企业孵化部部长尹余生先生，广东齐飞投资有限公司董事长唐红兵先生，创新谷董事长许洪波先生，创新谷副总裁何云湘女士，有米传媒创始人、总裁陈第先生，有米传媒创始人、执行副总裁李展铿先生，英特尔中国大学合作经理秦征先生，上海交通大学创业学院副院长桑大伟先生，VChello 创始人/CEO、雷雨资本创始合伙人、广东天使会发起人俞文辉先生，香港浸会大学中小企业研究专家肖伟森教授，IBM 大中华区创新中心技术总监田国良先生，美的集团创新中心张忠耀先生，广州孵客投资管理有限公司冯洪亮先生，乐园创意园孙志彬先生，赛佰乐投资集团罗炜先生，广州芬芳环保科技有限公司董事长胡大为先生，广州劲诺新型材料科技有限公司董事长胡云睿先生，广州新陆程物流有限公司总经理吴少武先生。要感谢的人实在太多，未到之处，敬请谅解。

最后，我要向使用本教材的广大师生表示感谢。通过此书来建立和加深我们之间的沟通。特别是老师们，希望加入创业基础教师群（QQ 群号码：146965576）。我们可以通过此群交流教学方式，丰富案例内容，研讨教学改革和教学创新的新途径。

刘志超

2016 年 5 月